내가 겪은
6·25 피난일기와
광해군의 중립외교

낙서장만총서 3

내가 겪은
6·25 피난일기와
광해군의 중립외교

장기홍 저

장석규 편

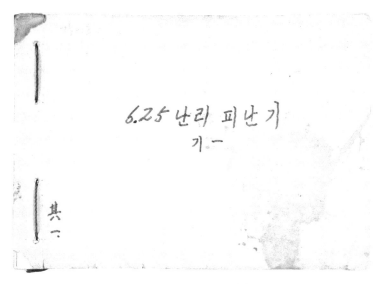

6·25 피난일기 표지 앞장

6·25 피난일기 표지 뒷장
〈대한민국역사박물관 사진〉

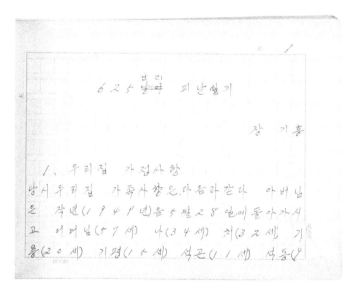

6·25 피난일기 친필본 목록

6·25 피난일기 친필본 본문 첫 장
〈대한민국역사박물관 사진〉

6

1950년 피난시기 저자 장기홍

1950년 피난시기 전매청 청주공장

1972년 정년퇴직시기 저자 장기홍

1972년 서울지방전매청 청주공장

조치원 재건조장 시절의 저자

청주전매서장 경작조합이사회의 기념사진 〈1960년 2월 5일〉

서울 교육 기념사진

전매서 동료들과 서울 정릉에서

기업회계교육 기념사진 〈1968년 6월 12일〉

청주전매서 장기홍 경리계장 정년퇴임 기념사진
앞줄 좌측에서 6번째가 저자 〈1972년 7월 26일〉

머리말

전쟁과 선택의 이야기를 하려고 합니다.

전쟁에서의 선택은 목숨을 걸고 하는 선택입니다. 이 이야기는 전쟁의 고통과 선택의 중요함을 말하려는 것입니다.

"상기하자 6·25!" 무엇을 상기(想起)할 것입니까? 나 하나쯤이야 관계없겠지! 아닙니다. 절대로 관계가 있습니다. 전쟁터에서의 피난민 목숨은 파리 목숨입니다. 그렇지만 피난민 대가족을 이끄는 지도자의 선택은 열네 식구의 목숨을 지킬 수도, 잃을 수도 있을 만큼 중요합니다.

전쟁이라면 누구나 다 싫어할 것이라고 생각합니다. 그 비극적인 죽이고 죽는 처참한 전쟁을 누가 좋아하겠습니까? 그러나 현실에서는 꼭 그렇지만은 않습니다. 전쟁을 원하는 사람도 있다는 말입니다. 사람은 상대를 노예로 부리고자 하는 본능이 있습니다. 반대로 누구의 지배도 받기 싫어하는 본능도 동시에 있습니다. 서로가 상극점에 있는 이 두 개의 본능이 부딪치면서 싸움이 일어납니다. 이 싸움이 커지면 전쟁이 되는 것입니다.

인류 역사상 전쟁은 처음부터 시작하여 그칠 날이 없었습니다. 그렇다면 전쟁은 늘 대비해야 할 것입니다. 대비란 무엇입니까? 전국민이 전쟁에 대한 지식부터 쌓는 일이 대비의 출발입니다.

많은 사람들이 전쟁을 싫어하지만, 상대방이 전쟁을 하자고 대들면 전쟁을 할 수 밖에 없습니다. "전쟁을 막으려면 전쟁을 준비하라!"로 마제국의 플라비우스 베게티우스 레나투스가 저술한 병법서『군사학 논고(De Re Militari)』에서 "Si vis pacem, para bellum[평화를 원한다면 전쟁을 준비하라]"라는 격언이 만들어진 뒤에, 이 말은 이천년 동안 전쟁과 평화에 관한 최고의 가르침으로 전해왔습니다.

그래서 전쟁에는 사전의 대비와 외교력이 중요합니다. 6·25 전쟁 이후에도 우리나라에 몇 번의 고비가 있었지만 전쟁 대비를 잘 해왔습니다. 앞으로도 잘 해나가야 할 것입니다. 그러기 위해서는 국민들이 전쟁에 대한 지식부터 갖추어야 할 것입니다.

전쟁에는 침공자와 수비자 두 주인공이 있습니다. 침공자는 전쟁의 시기와 장소를 자기 마음대로 정하지만, 수비자는 상대의 선택에 따라야 하므로 전쟁 초기엔 매우 불리합니다. 그러나 시간이 지나면서 지리적인 잇점과 국제적인 여론이 형성되면서 유리해지는 면도 있습니다. 임진왜란이 그러했으며 6·25 전쟁도 그러했습니다.

전쟁이란 공격자든 수비자든 그때그때마다의 선택이 매우 중요합니다.

임진왜란 때 지도자인 선조의 오판이 컸지만, 명나라 군사를 참전하게 만든 외교력은 중국 국경 가까이까지 몰렸던 전황을 결정적으로 전환케 만든 공적이었습니다.

6·25 전쟁 때도 지도자인 이승만의 오판이 컸지만, 미국과 유엔군 군대를 참전하게 만든 외교력은 결정적인 전환점이자 국토를 지켜낸 공적이었습니다.

그러나 둘 다 전쟁이 일어난 후의 선택이었습니다. 전쟁 전에 이러한 멋진 외교적인 선택이 있었다면 얼마나 좋았겠습니까?

그러한 전쟁에 있어서 사전에 외교적인 대비가 되려면 AI 같은 치밀한 지도자를 두어야 합니다. 우선 국민들이 전쟁에 대한 올바른 지식을 갖추고 있어야 그러한 지도자가 탄생 될 것입니다.

『내가 겪은 6·25 피난일기』는 열네 식구를 거느리고 피난을 가야 하는 어느 말단 공무원의 피난살이 일기로 시작됩니다. 필자의 선친(장기홍)께서는 전매청 말단 공무원으로서 34세의 나이로 6·25 전쟁을 당하여 열네 식구를 이끌고 청주에서 대구 경산까지 피난길을 나섰습니다. 죽을 고비를 수없이 넘기면서 그 때마다 살 길을 찾아 선택해야 하는 100일간의 피난길을 다녀왔습니다. 그리고는 『피난 일기』를 남기셨습니다.

필자는 당시 2살(생후 10개월)로 아버지와 형님 등에 업혀 피난살이를 같이 하고 왔습니다. 필자는 당시 2살이어서 피난살이가 궁금했지만 기억나는 게 없었는데, 선친이 돌아가시고 유품 속에서 6·25 피난살이 일기가 나왔습니다. 읽어보니 독자분들께도 도움이 되리라 생각되어 이렇게 책으로 엮어서 소개해 드립니다.

『광해군의 중립외교』는 전쟁에서 지도자가 외교적 선택으로 전쟁을 막아낸 이야기입니다. 필자의 저서 『광해의 중립외교와 장만장군』에서 발췌한 전쟁 이야기입니다. 독자분들께도 도움이 될 듯하여 이렇게 소개해 드립니다. 광해군의 중립외교 전략은 당시 체찰사 겸 병조판서인 장만장군이 만든 고도의 국방전략입니다. 하지만 광해군이 이를 받아 들여 전쟁을 막아냈으므로 광해군의 업적이기도 합니다.

"사대(事大)도 살려고 하는 것입니다. 명(明)에 지나치게 치우치면 안됩니다. 전세는 이미 기울었습니다. 청(淸)도 외교적으로 인정해야 합니다. 우리는 이제 중립 외교로 나라를 지켜야 합니다."

이 두 개의 이야기를 묶어서 국민들에게 소개하여 전쟁과 선택에 대한 지식을 같이 얻고자 하였습니다.

광해군은 어떠한 선택을 하여 전쟁을 막았는가?

필자의 부친(장기홍)은 또 어떠한 선택으로 14가족을 이끌었는가?

끝으로 이 책이 나올 수 있게 힘써주신 보고사 김흥국 사장님께 감사의 말씀 드리며, 편집을 도와주신 연세대 허경진 교수님께도 감사의 말씀 드립니다. 그리고 저자(장기홍)의 피난일기 원고를 제공해 주신 장경순 님께도 감사의 말씀 드립니다. 저자(장기홍)의 『6·25 피난일기』 친필 원고는 현재 대한민국 역사박물관에 보존되어 있습니다.

2025년 1월
엮은이 장석규

차례

중립정책과 장만장군

| 1부 |

내가 겪은 6·25 피난일기

나의 가계도

장계환(1890~1949)　　　6·25사변 1년 전에 사망

박채옥(1892~1937)　― 장기영(1912~1992)　　― 장순옥(15세, 1936~)

　　　　　　　　　　　　　　　　　　　 └ 장석주(7세, 1944~)
　　　　　　　　　　　　　　　　　　　　 재일교포2세

김영주(1894~1970)　 ― 장기홍(1917~2003)　― 장석곤(11세, 1940~2015)

　　　　　　　　　　　　　　　　　　　― 장석동(9세, 1942~)

　　　　　　　　　　　　　　　　　　　― 장석성(6세, 1945~)

　　　　　　　　　　　　　　　　　　　― 장석대(4세, 1947~1950)
　　　　　　　　　　　　　　　　　　　 피난지에서 사망

　　　　　　　　　　　　　　　　　　　└ 장석규(2세, 1949~)

　　　　　　　　 ― 장기태(1919~1982)　― 장석준(11세, 1945~2022)

　　　　　　　　　　　　　　　　　　　└ 장석구(3세, 1948~)

　　　　　　　　 ― 장기원(29세, 1922~1950) 보도연맹 행방불명

　　　　　　　　 ― 장기정(27세, 1924~2013) 출가 남일면거주

　　　　　　　　 ― 장기열(23세, 1928~2011) 출가 북이면거주

　　　　　　　　 ― 장기롱(19세, 1932~1950) 보도연맹 행방불명

　　　　　　　　 └ 장기평(15세, 1936~)

장기홍 : 장기홍은 6·25 사변 당시 34세로 청주지방 연초전매지국을

서무주임으로 다녔으며 후에 경리계장을 하였다. 동네 사람들을 연초 공장에 많이 취직시켜 주었다. 고맙다고 돼지고기 소고기를 많이들 사가지고 왔는데 이튿날 모두 다 돌려주었다. 섭섭하다고 되려 욕을 많이 먹었다. 하지만 그 덕에 무사하게 대통령 훈장까지 타고 정년까지 다닐 수가 있었다. 경리계장은 돈을 만지는 자리로 유혹이 많은 자리다. 하지만 철학으로 뇌물을 받지 않았다. 정직과 청렴한 공무가 몸에 밴 공직자로서, 6·25 사변 당시 중산층 말단 계층으로서, 대식구를 거느리고 어려운 피난살이를 겪었다. 요즘 젊은이들에게 참고가 되기를 바라면서 전쟁의 피난일기를 적어본다.

장기영 : 장기영은 장기홍의 이복 형이다. 1940년경에 일본으로 돈 벌러 가서 40년 동안 소식이 없었다. 그래서 차남인 장기홍이 대가족을 이끄는 장손이 된 것이다.

장기태 : 장기태는 장기홍의 바로 밑에 동생이다. 2살 차이로 언변이 좋아서 어려운 결정 때마다 미더운 동지가 되었다. 당시 청주 대마공장을 다니고 있었다.

전매청 직계도

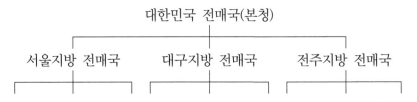

대한민국 전매국(본청)

서울지방 전매국　　대구지방 전매국　　전주지방 전매국

우리 집 상황과 6·25 발발

당시 우리 집 가정 상황

● 1950년 6월 25일

당시 나의 가족은 아버님이 1949년 음력 5월 28일에 돌아가시고 어머님(당시 57세), 본인(34세), 본인의 처(32세), 동생은 기룡(19세), 기평(15세), 그리고 자식은 석곤(11세), 석동(9세), 석성(6세), 석대(4세), 석규(2세)로 10명의 대가족으로 한 집에 살고 있었다. 집은 큰 편으로 방이 열 칸이었다. 그 당시는 사회 전반적으로 자식을 많이 두는 시대이었다. 나의 직장은 전매국 청주 연초제조공장에 다니어 혼자 벌어서 여러 가족의 생계를 해왔다. - 당시는 전기 수도가 없었다.

아래 동생인 기태(32세)는 결혼하여 청주 대마공장에 근무하고 회사 사택에 기거했다. 기태의 가족은 처(셋째 제수)와 자식으로 석준(6세), 석구(3세) 4명이었다.

청주연초제조창 탁아소에서 하루 세 차례 젖 먹이는 시간. 연초제조창은 청주 여성들에게 가장 인기 있는 직장이었다. 〈한겨레 사진〉

그 아래 동생인 기원(29세)이는 결혼하여 연초공장에 다니고 있었으며 신혼살림으로 처(넷째 제수)와 공장 사택에 살고 있었다. 후일 기원의 처도 연초공장에 다녔다.

당시의 사회 실정은 일반 가정에는 전기와 라디오가 없는 정도로 어려운 살림이었다. 석유등잔으로 밤을 지냈다.

1950년 6·25 사변 발발

● 6월 25일

아침은 보통 때와 같이 공장에 출근 하였더니 직원들이 수직실 및 수위실에 모여 라디오에 귀를 기울이고 특별뉴스를 듣고 있었다. 나도 가서 들으니 금일 새벽에 북한의 인민군이 38선을 넘어 쳐들어 온다고 하며 우리 국군이 즉각 격퇴시킬 것이라고 보도하였다. 그러나 온종일 같은 소식만 되풀이하고 격퇴시켰다는 소식은 들리지 않고 하루해가 지나갔다.

● 6월 26일

다음 날 아침 출근하여 뉴스를 들으니 인민군은 소련제 탱크 수십 대를 앞장세워 쳐들어 오는데, 독안에 든 쥐 같이 우리 국군에게 포위되어 곧 격퇴시킬 것이니 국민들은 안심하고 유언비어에 동요되지 말라는 뉴스이다.

그러나 서울에서 내려오는 사람들의 얘기는 뉴스와는 달랐다. 인민군의 병력을 국군이 막아내지 못하고 밀려와 서울도 위험하다는 것이다. 그 당시 우리 국군은 인민군이 쳐들어 오는 탱크 하나 파괴시킬 수 있는 무기도 없었던 모양이다.

서울에 입성하는 북한군 탱크

서울 진입하는 북한 3사단

●6월 27일

또 하루 지난 다음 날 뉴스에는 전략상 부득이 정부가 수원으로 옮기고 한강을 방위선으로 하여 방비를 할 것이니 국민들은 안심하라는 것이다.

순옥이(형님의 딸)를 데리러 일본에서 사람이 오다

●6월 28일

이복 형님(기영)이, 딸 하나를 낳고 일본으로 떠나 형수는 개가하여 순옥이(조카)를 내가 기르고 있기도 하다 개가한 친어머니한테 가 있기도 했다. 그 당시는 일본하고 통신 연락이 안되어 일본으로 가 계신 형님 소식이 없었고, 주소를 몰라 아버지가 돌아가셨어도 연락을 취하지도 못 하였는데, 6월 28일 갑자기 낯모르는 젊은 여자가 일본의 형님이 보내서 심부름을 왔다 하며, 순옥이를 데리고 가겠다는 것이다.

자세히 그 여자의 말을 들어보니, 형님은 살아 있으며 자기는 제주도가 고향이어서 고향에 온 길에 이왕이면 청주까지 가서 자기 딸을 데려오라는 부탁을 받았다고 한다. 일본까지 가는 것은 밀항선으로 간다고 하며 자기는 가끔 다녀서 가는 방법을 잘 안다고 하였다.

●6월 29일

그 때 순옥이는 괴산군 청안면 친어머니한테 가 있어서 다음 날(6월29일) 기룡이 동생을 보내어 데리고 오라고 하였더니 제 어머니가 안 보낸다고 하여 되돌아 왔다.

그래서 일본에서 온 여자는 그냥 가게 되어, 형님한테 아버지(계환)가 돌아가신 기일이 7월 13일(음력 5월 28일)이라는 것을 전해 달라고 하였더니, 그 당시 돈 만원을 내놓고 제사 비용으로 보태 쓰라고 했다. 그리고 그 돈은 일본에 가서 형님한테 받는다고 하며 오후 4시경에 떠났다.

그 뒤 나는 공장으로 돌아가 소식을 들으니 경부선 기차가 먹통이라고 한다. 라디오 방송도 중단 되고 신문도 볼 수 없어 다만 서울에서 내려오는 사람들의 말이 같은 소리이다. 그 여자가 잘 갔는지 걱정이 되어 조치원까지 나가 찾아보았으나 만나지 못하였다.

서울이 인민군에 점령당하다

공장에는 트럭 한 대가 있어 공장의 재료 운반용으로 짐을 싣고 그 위에 많은 사람들을 태워 서울로 왕래하였다. 서울에서 내려 온 사람들에게 서울 소식을 물으면 각자가 본대로 들은 대로 말 하였다. 그러나 전세가 대단히 불리하다는 것만은 사실로 느껴졌다. 정부가 서울에서 피난을 가고 보니 시민들은 불안하여 야단이고 이미 피난길에 오른 사람들이 많았다고 한다. 당시 서울의 인구는 약 300만 명이 되는 것으로 말하고 있었다.[1]

---

[1] 서울연구원에서 공개하는 서울연구데이터서비스에 의하면, 1950년 서울시 인구는 총 1,693,224명으로 남자 850,758명, 여자 842,466명이었다. 피난 중이던

• 6월 30일

다음 날(30일) 서울에서 내려온 사람들의 말에 의하면 서울은 인민군에 점령당하였고, 인민군이 한강을 건너오지 못하도록 하기 위하여 한강 인도교를 폭파하여 끊었는데, 서울 사람들은 한강 이남으로 피난해야 사는지 알고 수십만 명이 캄캄한 밤중에 밀물처럼 한강 인도교로 밀려 나오는데 다리가 끊어져 있어 그대로 강물로 떠 밀려서 죽은 사람이 헤아릴 수 없이 많았다고 한다. 그 당시 서울은 한강을 건너는 데는 인도교 하나와 철교 하나가 전부였다. 둘 다 이미 끊어졌다.

끊어지지 않은 한강 철교를 미 공군이 폭격하고 있다.
〈사진: 미 국립항공우주박물관 제공〉

1951년에는 648,432명, 1952년에는 716,865명이다가 휴전이 성립된 1953년에야 1,010,416명으로 늘어나기 시작하였다. 공식적으로는 1963년에 3,254,630명이 되어 삼백만 명을 넘어섰다.

한강 철교 폭파

북측 두 번째 아치가 폭파된 한강 인도교 〈사진: 전쟁기념관 제공〉

피난민의 행렬

• 7월 1일

7월 1일 피난민들의 말에 따르면 "정부가 대전으로 옮기고 금강을 방위선으로 한다"라는 말이 퍼졌다. 길가에는 경기, 강원 일대에서 내려오는 난민들이 인산(人山) 인해(人海)처럼 밀려 내려오고 서울 사람들

한강 다리가 끊기자 병사들은 제각각 이런 식으로 배를 마련해 도강했다.

폭파된 한강 철교 밑으로 피난민들이 건너오고 있다.

은 한강 다리가 끊긴 후 피난을 나오지 못 하였다고 한다.

난민들의 얘기는 인민군들은 한강을 건너서 남쪽으로 쳐내려 온다고 하며 청주도 위험하니 피난 가려는 사람이 많았다. 그러나 우리는 정부에서 무슨 대책이 있을 것이고 국군이 방비를 하는데 설마 청주까지 내려 밀리지는 않겠지 하는 기대를 가졌다.

그러나 지금 정부가 대전에 있는지, 대구에 있는지, 알 수가 없으며 국민들에게 어떻게 하라고 알려 주는 곳도 없어 부모 잃은 어린아이 같이 어찌할 줄 몰랐다.

차후에 들은 얘기지만 인민군이 한강을 건너오는데, 한강에 있는 배를 서로 연결하면 간단히 부교가 되고 다리도 폭파당한 장소만 보수하면 각종의 차량과 전차 등이 얼마든지 도강할 수 있다는 것이다.

사변 당시의 정부와 군의 실정

적이 쳐 들어온 6월 25일은 일요일이라 일선 장병들은 휴가를 가고 서울에 있는 군 지휘부의 장교들은 상당수가 집에 없었고 25일 새벽에 이 같은 연락을 받았어도 곧바로 대응책을 낼 수가 없었다.

아군 측의 군비는 2차대전 때에 미군이 쓰다 고물이 된 카빈총, 박격포 등이 있었으나 숫자가 얼마 안 되어 군인들에게 다 돌아가지 못하는 실정이었으며 탄약, 식량 및 약품 등은 별로 준비 된 것이 없는 것 같이 보였다.

38선 서부 전선은 미군과 국군이 공동으로 방어하고, 동부 전선은 국군만으로 방어하고 있었으나, 미군은 수도 적고 군비도 별로 많지 못해 제대로 싸우지도 못하고 연일 후퇴만 하는 것 같았다. 전황(戰況)에 대하여 보도해 주는 곳도 없고 국민 들은 다만 전세가 대단히 불리하다는 것만 알 수가 있었다.

보도연맹이란?

남한에는 보도연맹[2]이라는 단체가 있었는데, 8.15 해방 직후에 공산당들이 자유롭게 활동하고 있을 때, 이 자들이 남로당이니 민해청이니 하는 당을 조직하며[3] 각 도시마다 사무실에 간판을 걸고 매일 수십 명 또는 수백 명씩 모집해서 자기네 세상을 만난 것처럼 공산당이 부르는 노래를 부르며 재산이 거저 생기는 줄 알고 야단들이었다. 그리고 각 부락마다 청·장년들을 모아 놓고 "앞으로는 똑같이 먹고 공평하게 잘사는 나라를 만든다"고 선동하며, 자기네 당에 가입하라고 가입원서에 연명으로 도장을 찍도록 유인하였다. 만일에 하나라도 가입하지 않으면 이후 고립되어 곤란하게 될 것이라고 위협을 한 모양이다. 공산당이 무엇인 줄도 모르는 자들이 어리석은 국민들을 죽음으로 내몰고 있었다.

　순진하고 어리석은 청·장년들은 공산당이라는 것이 처음이라 어떤

2　국민보도연맹(國民保導聯盟)의 준말인데, 1949년 4월에 정부가 좌익 전향자를 계몽하고 지도하기 위해 조직한 단체이다. 국민보도연맹 창설 당시 정부는 좌익사상 전향자를 계몽하고 지도해 대한민국 국민으로 받아들이는 것이 조직 목적이라고 밝혔다. 정부는 급증하는 전향자들을 정부가 관리하는 단체에 소속시켜 이들의 사상을 개조하고 관리하기 위해 보도연맹을 창설했다. 그리고 보도연맹은 전향자들을 효과적으로 통제하고 이들을 통해 남아있는 좌익세력을 붕괴시키기 위한 목적도 있었다. 그러나 한국전쟁(6·25전쟁)이 일어나자 정부는 보도연맹원 등을 곧바로 소집 구금하였고, 전황이 불리해지자 후퇴하면서 이들을 집단학살했다. 이는 정부가 위험인물로 분류해오던 보도연맹원을 연행해 법적절차도 없이 살해했다는 점에서 '즉결처형' 형식을 띤 정치적 집단학살이었다.
3　남로당은 1946년에 결성된 남조선노동당(南朝鮮勞動黨)의 준말이고, 민해청은 조선민족해방청년동맹의 준말로 1948년 5월에 단독선거를 반대하며 파업맹휴를 지지하는 성명을 냈다.

清州保導聯盟
不日宣布大會開催

청주 일대에 보도연맹 회원들이 많아서, 전쟁 전에 청주에서 선포대회를 열었다.
〈1950년 2월 19일자 자유신문〉

피난민들의 행렬 〈출처: 한국민족문화대백과〉

것인지 알지도 못하고 개 머루 먹듯이 대중심리에 휩싸여 모두들 도장을 찍었다. 그중에 몇몇 열성분자들은 적극적으로 활동하고 있었으며 동네에서 초상이 나면 찾아와서 상여를 메는 등 협력을 하였으나, 대다수는 당에 나가지도 않았고 그런 활동을 하지 않았다. 이것이 공

산당들의 술책이다. 당시 공산당에 가입한 수는 내 추측으로는 청년
층에서 2/3, 장년층은 1/2 정도 되는 것 같았다.

남로당은 공산주의자 박헌영이 조직하여 그의 지시에 따라 이 방법
으로 남한 전 지역으로 세력을 키워 나갔다. 이때 정부에서는 이대로
두면 얼마 못 가서 전부 공산당이 될 것 같아, 경찰을 동원하여 당
사무실을 없애고 간판도 떼고 모이지도 못 하도록 주모자들을 잡아
가두려 하였으나, 약삭빠른 자들이라 대부분은 도망가고 피하여 일부
만 체포된 것 같다.

보도연맹 : 정부에서는 공산당원 명부를 압수하여 기명된 모두를 보
도연맹이라는 새로운 교화 단체에 가입시켰다. 보도연맹은 과거 공산
당들에게 유혹 되어 남로당이나 민해청에 가입한 것이 잘못임을 뉘우
치게 하고, 다시는 공산당에게 유혹되지 않게 하기 위하여 수시로 교
육을 시키기 위하여 새로 만든 교화단체이다. 삼청교육대 비슷한 형
식이지만 아직까지는 심하게 때리지는 않았다.

이때 서울은 남한에 살고 있으면서 숨어 있던 적색분자들이 인민군
이 점령한 후 인민군의 앞잡이가 되어 경찰, 군인 기타 공무원들의
가족에게 보복행위를 한 것 같다.

● 7월 5일

혹 들은 말로는 "보도연맹들이 모두 인민군에 가담하여 미처 피난가
지 못한 경찰과 군인들 및 공무원 가족들은 모조리 죽인다"는 소문이
있었다. 이 소문이 이쪽(우익측)의 추측인지 알 수는 없으나, 이를 방
비하기 위하여 갑자기 보도연맹들만 따로 피난을 시킬 터니 며칠 분

의 식량만 가지고 모이라는 전달이 7월 5일경 왔다. 이는 보도연맹원
들을 모두 죽이려고 따로 모이게 속인 것이다.

● **동생 기원과 기룡이가 보도연맹에 가입되어 있었다**
그러나 그중에서도 진짜 적색분자들은 눈치가 빠르고 정보가 있어서
따라 가지 않고 도망을 하였다. 그 외의 어리석고 순진한 젊은이들만
따라 나섰다가 억울하게 죽었다. 그 때의 상황으로는 적색분자로 몰
리게 될까 두려워 따라 나서지 않을 수가 없었다. 우리 집에서도 동생
기원이와 기룡이가 가게 되어 며칠 분의 식량과 기태가 용돈을 주어
보냈다.

　보도연맹의 이후 처리는 피난 가면서 내가 보고들은 대로 기록하겠
으며, 피난 갔다 와서 보니 그 가족들의 억울하고 비참함은 이루 말할
수 없었다.

　서울과 부산을 제외하고는 모두 학살하였으니 이는 역사에 지울 수
없는 과오를 범하였을 뿐 아니라 정부가 저지른 실책 중의 실책이며
야만적이고 악질적이라, 훗날에라도 역사를 바로 세우기 위해서는 누
군가가 짚고 넘어가야 할 과제이다.

　억울하게 죽은 많은 영혼들이 구천에서 원통함을 호소하고 있을 터
인데, 수십 년이 지난 오늘까지도 정부에서는 이것을 밝히지 않고 있
으니, 이 땅에 인간의 도덕성이 있는지 의심스럽다.

청원 국민보도연맹 사건

작성일 2008.12.08.

1. 청주·청원지역의 국민보도연맹 결성은 지역 경찰의 주관 하에 진행되었다. 경찰은 좌익단체 가입자 명단을 작성한 뒤 이들을 국민보도연맹에 가입시켰는데, 이때 자술서를 받은 경우도 있고 그렇지 않은 경우도 있었다. 또한, 가입대상자로 지목된 사람들은 경찰의 지시에 따라 마을 구장(이장)이나 마을 책임자들이 나서서 국민보도연맹에 가입시켰다.

2. 국민보도연맹에 가입한 사람들을 경찰은 교육이나 점검 등 여러 가지 이유를 들어 불시에 소집하곤 했으며, 소집을 받으면 언제든지 지서나 경찰서에 출두해야 했다. 국민보도연맹원의 소집은 각 지서에 설치된 비상종(사이렌)을 울리거나 경찰이 직접 주민이 거주하는 마을에 다녀가는 형태로 이루어졌다. 소집된 국민보도연맹원들은 주로 반공강연 등에 동원되었다.

3. 청주·청원지역 국민보도연맹원 등 예비검속자들은 한국전쟁 발발 직후인 1950년 6월 말부터 7월 중순까지 청주경찰서 경찰과 헌병대, 청주CIC 등에 의해 청주경찰서와 각 지서, 청주형무소 등에 소집·구금되었다. 국민보도연맹 가입 후 강연이나 반공교육에 동원되었던 사람들은 전쟁 발발 후의 소집에 별다른 저항 없이 응했다. 피난을 가야하니 쌀이나 여비 등 피난 준비를 하고 모이라는 지시에 국민보도연

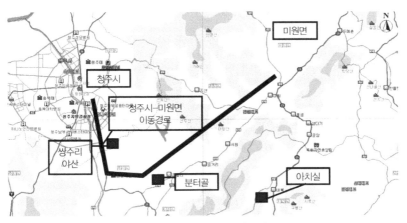

청주지역 보도연맹 회원 이동경로

맹원 등 예비검속자들은 순순히 응했으며 본인들이 죽음을 당할 거라고는 생각하지 못했다. 청주경찰서에 구금된 국민보도연맹원 등 예비검속자들은 가족면회도 가능했고 모인 사람들끼리 농담도 주고받으며 비교적 자유로운 분위기 속에서 구금생활을 했기 때문에 모두들 단순히 피난을 위해 소집된 것으로 알고 있었다.

4. 청주경찰서와 청주형무소에 구금되었던 국민보도연맹원 등 예비검속자들은 충북 청원군 남일면 고은리 분터골과 충북 청원군 남일면 쌍수리 야산, 충북 보은군 아곡면 아곡리 아치실, 청주시에서 미원면으로 가는 방면에서 희생되었다.

보도연맹 회원들이 희생된 곳에 세워진 원혼비

5. 청원군의 각 면에서 소집·구금된 국민보도연맹원 등 예비검속자들은 충북 청원군 강내면 탑연리 야산, 충북 청원군 남일면 고은리 분터골, 충북 청원군 남일면 쌍수리 야산, 충북 보은군 아곡면 아곡리 아치실, 충북 청원군 문의면 덕유리 뽕나무밭, 충북 청원군 낭성면 관정리 머구미고개, 충북 청원군 낭성면 추정리 추정고개, 충북 청원군 부용면 부강리 수리너머고개에서 희생되었다.

6. 조사결과, 희생자로 확인된 사람은 모두 165명이다. 신청인 중 확인된 사람은 오병희 등 150명이며 미신청인 중 희생자로 확인된 사람은 박노현 등 15명이다.
조사결과, 희생추정자는 67명이다. 신청인 중 희생추정자는 최영석 등 15명이며 미신청인 중 희생추정자는 박양섭 등 52명이다.

7. 희생자들은 청주·청원지역의 국민보도연맹원 등 예비검속자들이다. 신청인들과 참고인들의 진술에 의하면 대부분의 희생자는 좌익활동 경력이 전무하고 좌익사상과는 무관한 사람들이었다. 또한 대부분이 20~30대 남성으로 농업종사자들이었다.

8. 희생자들은 1950년 6월 말부터 1950년 7월 초까지 청주경찰서 소속 경찰과 청주형무소 간수들이 주로 소집·구금하였다. 그리고 1950년 7월 초부터 1950년 7월 중순까지 청주경찰서 소속 경찰과 국군 소속 헌병대와 청주CIC 군인들이 살해하였다. 한국전쟁이 발발하기 전부터 CIC는 청주에 사무실을 두고 좌익세력 색출을 위해 활동했고, 청주경찰서는 이들에게 정보를 제공하는 등 적극적으로 협조했던 것

으로 판단된다. 한국전쟁이 발발한 후 CIC는 청주경찰서 경찰을 통해 국민보도연맹원 등을 예비검속하여 경찰서, 지서, 형무소 등에 구금하게 하였고, 구금되어 있던 국민

청주형무소에서도 학살사건이 있었다.

보도연맹원 등 예비검속자들을 헌병대, 경찰 등을 동원하여 살상한 것으로 판단된다.

9. 국민의 기본권이 제한된 전시의 극히 혼란한 상황에서 발생했다고 하더라도, 군경이 적법한 절차 없이 비무장·무저항 상태의 민간인을 소집·구금하여 집단살해한 것은 인도주의에 반한 것이며 헌법에서 보장한 국민의 기본권인 생명권을 침해한 것이다.

−〈진실화해를 위한 과거사정리위원회 보고서〉 개요

청주지역 보도연맹 학살사건 현장에서 발굴된 유해

청주형무소사건 희생지 안내판

피난 전의 청주 실정

• 7월 6일

길가에는 군인, 경찰 또는 군용차들이 계속 후퇴하고 경기 및 강원
지역의 난민들이 밀려오지만, 큰 길은 군경들의 후퇴에만 사용하기
때문에 길에 난민들은 도로로 진입할 수 없어 길 옆의 논두렁이나 밭
도랑으로 인산인해처럼 밀려 내려가고 있었다.

• 7월 7일

청주에서도 멀리 포성이 들렸다. 아마도 진천 이북쯤에서 전투가 벌
어지는 것으로 짐작이 되나, 포 소리는 점점 더 가까이 들렸다.

임시 피난길

• 7월 9일, 어머니를 먼저 피난 보내다

포 소리가 7월 9일에는 아주 가깝게 들려 청주도 위험하니 피난길에
오른 사람들이 많았고, 또한 어린애들과 여자들은 시골로 미리 피난
시키는 사람들도 많았다. 나도 어머니하고 막내 동생 기평이를 남일
면 두리봉 정동만(매부) 집으로 보내고, 아내와 아이들 다섯을 북일면
화죽(처가)으로 보냈다. 포 소리는 점점 더 가깝게 들려 왔다.

　공장에 같이 근무하는 김기호가 내게 말하기를, "어디서 들었는데

보도연맹들은 모두 학살 시켰다"는 것이다. 그는 대단히 분개하며, 내 동생들도 다 죽었을 것이라고 하였다. 이야기를 들은 나는 어이가 없고 한편으로는 사실인지 믿어지지 않았다. 그리고 어디로 쫓아가 확인할 수도 없고, 한편에서는 피난 가느라 야단들이었다.

저녁에는 낮보다 포성이 더 크고 심하게 들렸다. 동네 사람들이 "산에 올라가 보자" 하였다. 지금의 내덕동 천주교 자리가 당시에는 북쪽이 다 트여 잘 보이는 동산이었다. 그곳에 올라가 오창 쪽을 바라보니 포 소리와 소총 소리가 콩 튀듯 들리고, 공중에는 크고 작은 불덩이가 수없이 날아 다녔으며, 가끔 조명탄을 쏘아 그 근처가 낮과 같이 환하게 밝아 졌다가 꺼지곤 했다. 한 동안 서서 구경을 하다 보니 화죽(북쪽)으로 보낸 아내와 아이들을 난리 터로 보낸 것 같아 걱정이 이만저만이 아니어 잠을 자지 못하였다.

1차 피난길

• 7월 10일, 우리도 피난을 떠났다

다음 날 새벽에 화죽으로 가서 가족을 데려 오려고 길을 떠났다. 진천 도로에 난민들이 봇물 터진 듯 밀려오고 있는데, 나만 홀로 북쪽 방향으로 가다 보니 팔결 다리 있는 데서 화죽에서 오는 강둑으로 아내가 보따리를 이고 넷째 아들 석대를 업고 한 손에는 석성이 손을 잡고, 그리고 큰아들 석곤이는 다섯째인 석규를 업고 둘째인 석동이는 혼자 걸어서 피난민 속에 섞여 오는 것을 만났다. 나는 아내가 이고 있는 보따리를 받아 등에 지고 오는데, 아내의 말이 "밤새도록 포 소리와 총 소리가 심하여 곧 죽는 것만 같아 날이 새기를 기다려 애들을 데리고 집으로 와서 아비 있는 곳에 가서 죽는 것이 좋을 것 같이 생각되어 집으로 오는 길"이라고 했다. 부지런히 집으로 돌아 왔으나, "여기도 위험하니 오전 10시까지 청주 남쪽 삼십 리(12km) 밖으로 피난 가라"는 것이다. 소개(疏開) 명령인데 피난민에게서 들었다.

나는 아내에게 "보도연맹들은 다 죽었다"는 말을 하고, 같이 한 동안을 울었다. 10시가 다 되어 혼자 공장으로 갔더니 아무도 없고, 서무과에 같이 있는 김형래 씨 혼자서 정문과 사무실 문을 잠그고, "공장 안에는 아무도 없으니, 문 잠그고 나도 피난을 갈테니 장주임도 빨리 피난 가라"는 것이다. 공장 사람들도 다 피난을 간 모양이다.

곧바로 집으로 돌아와 애들에게 밥을 지어 먹일 사이도 없이 그냥 애들을 데리고 집을 나섰다. 그때 생각으로는 "남일면 두리봉리에 있는 정서방(매부)네 집으로 가서 이삼일 있다가 청주시내에 포격이 끝나면 다시 집으로 돌아오리라" 생각하고, 애들의 옷가지와 밤에 덮을 홑이불과 또 대마로 짠 옷감이 한 필 정도 있었는데 이것이 귀중품이라고 싸서 등에 지고 집을 떠났다.

우리도 피난길에 나서다

가다가 연초공장 사택(관사)에 사는 넷째 제수(기원이 처)를 데리고, 또 대마공장 사택에 사는 기태네 식구들과 같이 갔다.

충주 방면과 진천 방면에서 밀려오는 난민들이 내덕동 삼거리에서 한데 합쳐지고 또 청주 사람들이 동시에 피난길을 오르게 되니, 미원으로 빠지는 도로는 피난민으로 아수라장이며, 후퇴하는 군경들과 군용차량이 벌떼처럼 많은 사람들의 사이를 막 비집고 지나간다. 피난민들은 도로로만 갈 수 없으니 도로 가의 논과 밭으로 달려들어 걸어갈 수밖에 없었다.

가다 보니 사람의 팔을 뒤로 결박하고 머리를 트럭의 바닥에 엎드

한국전쟁 발발 직후 공주형무소 재소자와 국민보도연맹원들이 군경의 감시하에
사형장으로 끌려가고 있다. 〈경향신문 사진〉

보도연맹 회원 처형 사진
〈진실위원회 자료〉

청주지역 보도연맹 희생자들을 위한 합동
위령제나 추모제들이 최근에야 시작되었다.

린 민간인을 가득 싣고, 군인인지 경찰인지 분간할 수 없지만 3~4명씩 감시하는 사람이 가끔 눈에 띄었다. 이것이 보도연맹들을 죽이러 가는 모양인데, 사람의 눈으로는 차마 보지 못할 상황이었다.

두리봉리의 매제 집으로 가서 어머니와 기평이를 만났다. 그 당시 식구가 나와 어머니, 처, 석곤, 석동, 석성, 석대, 석규, 기평, 기태, 셋째 제수, 석준, 석구, 넷째 제수까지 모두 14명이었다. 저녁을 얻어먹고 나서 이웃집들을 보니 집집마다 피난민들로 야단법석이고, 그곳에서도 포 소리는 여전하게 들렸다. 마당에 멍석을 깔고 너무 피로하니 그대로 쓰러져 잠이 들었다.

● 7월 11일

다음 날(7월 11일) 일찍 일어나니 처의 말이 "여러 식구가 매일 얻어먹을 수 없어 오늘 집에 가서 식량과 식기, 수저, 냄비라도 가져오겠다"고 했다. 내가 "어떻게 가느냐?" 되물으니, "다른 집에서도 여자들이 몇몇이 간다"고 하며, 셋째 제수하고 다녀온다고 길을 떠났다. 처가 살림 아이디어가 많다.

그 당시 시내에서 남쪽으로는 갈 수 있으나 북쪽 방향인 청주 시내로 들어가는 것은 인민군을 환영하러 간다는 의심도 받고, 후퇴하는 경찰이나 방위대가 못 가게 하는데, 여자들만은 사정하면 들어간다고 한다. 그러나 점심때가 지나도 돌아오지 않으니 걱정 되고, 짐을 받을 겸해서 기태하고 함께 마중을 갔다.

청주 영운동까지 와서 시내는 더 들어갈 수 없어 길목에서 나오기를 기다리고 있었으나, 처는 보이지 않고 피난민만 봇물 터진 듯 밀려나오고 있었다.

2024년 3월 13일 오전 11시 41분쯤 충북 청주시 서원구 사직3재개발구역 공사현장에서 발견된 미군 포탄을 17전투비행단이 수거하고 있다.
(사진: 17전투비행단)

기다리다 못해 오후 4시경 할 수 없이 되돌아 오는데, 갑자기 비행기가 얕게 떠서 찢어지는 소리를 내며 곧 폭격이라도 할 것 같이 떠다녔다. 후퇴하는 군인과 경찰들이 논두렁과 밭도랑에 먼저 엎드려서 피난민들에게 "흰 옷을 입은 사람들은 빨리 숨으라"고 했다.

그러니까 일반 피난민들은 모두가 엎드려 숨으려고 허둥대는데, 비행기는 어디론가 가 버렸다. 한참 후에 모두들 일어나 또 피난 행렬이 이어졌다.

그때 비행기 모양과 색깔이 처음 경험한 비행기 소리라서 어찌나 크던지 귀청이 터질 것 같았다.

군인과 경찰들의 말에 의하면 "그 비행기는 적기가 아니고 이승만 대통령 부인의 나라인 호주[4]에서 아군을 돕기 위해 보낸 비행기인데,

6·25 전쟁 당시 호주 공군 77대대 소속
글로스터 미티어전투기 모습
〈출처: 호주공군〉

처음 온 비행기라 피난민이 아군인지 인민군인지 구별을 잘못하여 그랬다" 한다.

조금 가다 보니 또 비행기 몇 대가 날아가니 또 기절초풍하고 숨었다가 비행기가 사라진 후 일어나서 갔다. 호주 비행기라고 한 것은

---

4 이승만대통령의 부인 프란체스카 여사의 고국은 대양주에 있는 호주(濠州)가 아니고 유럽에 있는 오스트리아(Austria)이다. 호주는 오스트레일리아(Australia)인데, 사람들이 잘 구별하지 못하고 혼동하였다.

이승만 대통령 부인이 오스트레일리아 사람이라 하여 별명이 호주 댁이라고 했다. 누가 호주가 대통령 부인의 나라라고 했는지 모르나 그당시 모두들 그리 알고 있었다. 잘못된 정보다. 이승만 대통령 부인인프란체스카 여사는 오스트리아 사람이다.

되돌아 두리봉리로 와 보니 처하고 셋째 제수가 이미 와 있었다. 그래서 "어디로 왔느냐?"고 물어보니, "시내로 들어갈 수가 없어서 영우리(현재는 용담동)을 거쳐서 우암산 속으로 들어가 말탄고개(현재 내덕동 청주대 뒤에서 상당산성으로 가는 소로길)로 나와 집에 들어와 보니, 제사 지낼 때 쓰려고 해 놓은 술은 반 정도 퍼 가고 집에서 키우는 돼지도 잡아가 없어졌다"고 했다.

"동네는 텅 비었고 늙은이들 몇 분만 보았다" 하며, "쌀 두 말과 냄비 하나, 양재기와 수저 몇 개씩을 싸서 오던 길로 되돌아 왔다"고했다. 내가 기다렸던 길목과는 다른 곳이라 만나지 못하였다. 그러나저녁에 어두워지니 포 소리와 총 소리가 더욱 심하고 가까이 들려 포탄이 근처에 떨어지는 것 같아 모두들 잠을 못자고 두려움에 떨고 있었다.

그날 저녁에 아군들은 가산리와 문동리 쪽에 있는 산기슭에 진을치고, 인민군은 쌍수리 뒷산에 진을 치고 밤새도록 교전을 한 모양이다.

• 7월 12일

다음 7월 12일 날이 밝아오자, 가산리(범미)와 문동리(동암이)로 피난간다는 것이, 오히려 난리를 마중나간 격으로 간밤에 포탄이 막 떨어져 죽는 줄 알았다고 했다.

청주 사람들은 동암이와 범미 동네로 피난을 많이 갔다. 그 이유는

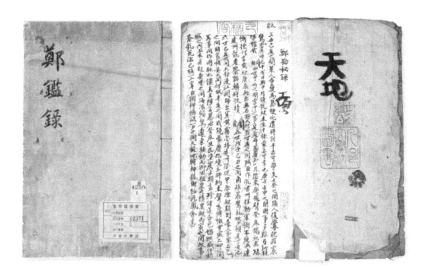

『정감록』〈출처: 규장각〉

『정감록』 비결에 "청남문북(淸南文北)에 만인이 가할지라" 하여 "청주 남쪽과 문의(文義) 북쪽에만 사람이 피할 곳이라 하여 지금의 동암이 와 범미를 말한다"고 전해 오는 말이 있었다.

● 어머니하고 기평이가 오지 못했다

우리가 머물고 있는 두리봉 동네에서도 피난을 가느라고 야단들이었 다. 우리도 아침을 끓여 한 술 떠먹고 또 피난길에 올라야 했다. 어디 로 갈 것이라는 방향도 없이 홍수처럼 밀려가는 사람들 틈 사이에 끼 어 가는데, 좁은 소로길이었으나 복잡하여 논밭과 산으로 달려들어 남들 가는 데로 몰려갔다.

등 뒤에는 여전히 총 소리와 포 소리가 계속 콩 튀듯 들려와 정신이 없었다. 한참 산을 올라가다 보니 어머니하고 기평이가 오지 못했다.

두리봉에서 청주에서 가지고 온 쌀 두 말 중에서 1/3 정도만 갖고 나왔다. 그리고 나머지는 무거워 못 가지고 떠났더니 어머니는 "그것을 어디다 잘 보관하고 갈 테니 너희들이 먼저 가면 내 곧 따라 가겠다"고 했는데 지금까지 오지 않으시니, 그리고 기평이도 어떻게 떨어졌는지 궁금하다.

그래서 기태가 다시 가서 찾아 오겠다고 오던 길로 되돌아 갔다. 우리는 그곳의 들에서 기다리고 있었다. 그러나 저녁때가 되어 어둑어둑한데도 기태는 오지 않고 총소리는 더욱 심하게 났다.

저녁을 끓여 먹으니 기태가 기평(15세)이 만을 데리고 왔다. 어머니는 만나지 못 하였다는 것이다. 기태 말이, "두리봉에 가서 찾아보니 모두들 피난 가고 어머니는 보이지 않고 기평이는 어떤 빈 집의 방구석에 혼자 있는 것을 데리고 오는데 총탄이 가깝게 떨어지고 소가 총탄에 맞아 죽는 것을 보고 겁나고 위험해 기평이를 데리고 막 뛰다시피 해 왔다"고 했다.

그날은 어느 집 마당에 멍석을 깔고 하루 저녁을 묵게 되었는데, 어머니가 걱정되어 잠을 이루지 못하였다. 그날 저녁때 어디서인지 벼락치는 소리가 났다. 저녁에 동네 사람들에게 들으니, "피난민들이 배에 가득 타고 강을 건너는 데 비행기가 폭격을 하여 많은 사람들이 죽었다"고 했다. 그 후에 들은 얘기로 "비행기가 적기가 아니고 호주 비행기인데 피난민을 인민군으로 잘못 알고 폭격을 했다"고 누군가가 들려주는 것을 들었다.

• 7월 13일

새벽에 일어나 조반을 한 술씩 떠먹고 모두들 또 피난을 갔다. 우리만 남아 있을 수 없어 남들과 같이 떠나야 했다.

그때 우리 이웃에 살고 있는 금세영이 식구와 그의 동생 금태영네 식구가 같이 갔다. 그리고 "청주시 안동네 살면서 전매지청에 다니는 안승근이 큰 아들이 가족을 다 잃어버리고 그 애 고모하고 청주에서 나오다가 남일면 쌍수리에서 다리에 총 파편을 맞아 쓰러져 그 애 고모가 옷을 찢어 상처를 동여매 주고 나니 목이 말라 죽겠다고 물을 달라고 하여 그릇도 없고 물도 없어 고무신을 벗어 논물을 퍼 먹었다"고 하며 간신히 붙들고 여기까지 왔다고 했다.

총·포 소리는 계속 꽁무니에 바싹 쫓아오고 피난민은 홍수처럼 밀려 나오는 경황 중에 식구들을 잃어버려 서로를 찾느라고 이름 부르는 애절한 소리가 이곳저곳에서 뒤범벅되어 정신을 차릴 수가 없었다.

가다 가다 저녁때도 되어 다리도 아프고 배도 고파 가련이라는 동네 앞 개울물이 깨끗하여 그곳에서 쉬고 밥을 끓여 먹어야 했다. 다른 피난민도 그곳에서 많이 쉬고 있었다. 그곳에서 하루 저녁을 자는데 포 소리는 계속 뒤를 바싹 쫓아오니 다음날 7월 14일 새벽에 또 다른 곳으로 떠나야 했다.

● 7월 14일

금세영이네 식구와 안승근이 아들도 우리와 같이 가게 되었다. 어머니를 찾을 여가도 없이 밭으로 산으로 남들이 가는 데로 따라 가는데, "어디로 가느냐?"고 누구에게 물으니 "피난할 곳이 있다 하여 그곳으로 가는 것"이라 했다.

저녁때가 다 되어 두만이라는 곳에 도착했다. 여기가 꼭 피난처같

이 동네가 단지 모양이라 예로부터 피난처로 부른 것 같다. 집의 호수
는 십여 호 되는 동네이나, 원체 난민이 많이 들이닥쳐 마당이 넓은
집들은 보리 짚을 마당에 깔고 후퇴하는 군인들이 마당에서 자고 가
는 것이다.

그날 저녁에 새로 도하(渡河)하는 군인이 또 그곳에서 잘 것이고,
동네 사람들은 군인들에게 밥해 주느라 정신이 없는 모양이다. 한 마
당에 수십 명씩 자고, 밥은 주먹밥에 소금하고만 먹는 것 같다. 군인
들이 "배가 고파 밥 좀 해달라"고 하니, 동네에 있는 쌀을 모아서 저녁
과 아침을 해주고 쌀값이나 수고비는 받을 생각조차 할 수 없는 실정
이다.

군인이 들지 않는 집들은 피난민이 마당부터 가득 차 들어 갈 곳이
없어, 동네 입구에 있는 물레방앗간으로 갔다. 그곳에도 여러 가족이
있었으나, 같이 끼어 하루 밤을 지냈다.

후퇴하는 군인들을 보니 총이 없는 사람도 많았고, 박격포를 메고
가는 이, 기관총을 네 사람이 메고 가는 군인, 부상당해 붕대로 다리
나 발을 감고 절룩거리며 가는 부상병도 많이 보이고, 철모도 없이
가는 자, 어떤 군인은 신발도 없이 가는 자도 있고, 더워서인지 상의
는 없이 런닝 차림으로 가는 이도 많았다. 그 당시 군복은 미군 작업
복인데 헌 옷들이 땀에 절어 남루하기 짝이 없고, 모자는 철모를 쓴
이도 있고 천으로 된 모자를 쓴 이도 있었으며 모자가 없는 사람도
있었다.

신발은 군화나 헝겊신을 신었다. 어떤 군인은 머리와 등에다 나무
가지를 많이 꽂고 있는 것도 더러 보였다. 또 물통을 찬 사람도 있었
다. 그러나 무기 외에는 다른 짐들은 별로 없는 듯했다. 그리고 많은

군인이 오고 가는데 일체 떠드는 소리가 없고, 군인들 모두가 풀이 죽어 서로 이야기하는 것도 못 보았다. 패전군이라더니 처량하기보다 참혹한 상황이었다.

● 7월 15일

다음 날 7월 15일에도 피난은 지속되었다. 그러나 우리는 식욕도 많고 다리도 아프고 피로할 뿐 아니라 어머니가 떨어져서 계속 가기만 하는 것도 곤란하다. 어머니가 두리봉 여동생(기정)하고 같이 피난을 가셨는지 혹시 우리를 찾으려고 피난민 속에 섞여 오고 있는지 몰라, 그곳에서 좀 기다리는 것이 좋은지 남들 따라 또 피난을 계속 가야 하는지 망설이다 보니, 다른 사람들은 거의 다 떠나고 몇 사람 남아 있지 않아 허전하고 궁금하여 견딜 수가 없었다.

늦게 떠났지만 조금 가다가 도저히 다리가 아프고 피로가 겹쳐서 못 가겠다고들 하여, 되돌아 와 어제 잤던 방앗간으로 다시 갔다.

그때 금세영이네 식구도 우리를 따라 같이 되돌아 왔다. 낮에는 총포 소리가 잠잠하더니 저녁이 되니 더욱 심하여 밤을 꼬박 새웠다.

● 7월 16일

날이 밝아지자 피난민은 가고 또 다시 계속 밀려왔다. 어느 난민의 얘기가, "금강이 방위선으로 될 모양 같으니 빨리 금강을 건너야지, 만일 늦으면 아군이 인민군들을 못 오게 금강 다리를 끊으면 강을 건너지도 못하고 인민군에게 잡혀 죽는다"고 했다. 그 소리를 들으니 아무리 다리가 아프고 피로해도 이곳을 안 떠날 수 없다.

죽으나 사나 옥천 금강 다리나 건너 놓고 보자고 또 피난길을 떠나,

6·25 동란 때 금강방어선을 구축한 미 제24사단이 그해 7월 13일
인민군의 남침을 저지시키기 위해 폭파한 금강철교(금강교)
〈사진: 공주시지 제공〉

크고 험한 산을 넘고 또 넘어갔다.

　가는 도중 나는 석대를 업고 가죽 가방을 들고 가는데, 어느 군인이
총을 들고 서서 그가 "가방을 보여 달라" 하여 보여 주었더니, 내가
피우려고 넣어 두었던 담배가 나왔다. 군인이 "몇 갑 달라" 하여 몇
갑을 주었더니, "고맙다" 하면서 가버렸다. 그날 저녁에 우리는 남대
문이라는 곳에 닿았다.

　날이 저물어 더 갈 수 없어 그 동네에서 하룻밤을 묵기로 했다. 모
두들 배가 고파 저녁을 지어야 하는데, 식구가 많아 냄비로 두세 번
해야 한 끼를 때울 수 있으며, 반찬이라야 가지고 나선 고추장, 간장,
날된장뿐이다. 밥도 냄비에다 급히 하니 위는 고들밥이고 밑은 타서
화덕 냄새가 나는 것은 항시 있는 일들이고, 어느 때는 퍼지지도 않거
나 생쌀인 때가 다반사였으나, 시장이 반찬이라 밥이 꿀맛이었다. 그

러나 남아 있는 식량도 떨어지고 어디에서 식량을 구해야 할지 캄캄
하였다.

그날 밤 잠을 자는데 모기가 많아 윙~윙~거리며 물어 견딜 수가
없을 지경이나 모깃불을 놓지 못하게 했다. 모깃불을 피우면 인민군
인지 알고 폭격을 한다는 것이다. 그날 밤 모기한테 많이 물렸으나
워낙 피로하여 모두들 골아 떨어졌다.

• 7월 17일

날이 밝아 조반을 한 술씩 떠먹고 곧바로 금강 다리를 건너려고 그곳
으로 길을 재촉했다. 몇 리를 갔는지 어떤 동네에 들어가 하루 밤을
지새게 되었다. 그곳에서 금강 다리가 얼마 안 된다고 한다. "저녁에
는 군인들이 다리를 못 건너가게 막는다"는 것이다. 저녁을 한 술씩
끓여 먹고 나니 누가 쌀을 판다고 하여, 쌀 두 말을 사서 그날 밤을
그곳에서 잤다.

금강 다리를 건너다

• 7월 18일

날이 밝자 조반을 끓여 먹고 얼마를 가보니 금강 다리가 보였다. 다리
가까이 다가가니 국군과 미군 몇 명이, 피난민이 다리를 건너가는데
오열분자(공산당)가 섞여 있는지 감시하며 수상히 보이는 자들은 적발
하는 것 같다.

얼마를 더 가니 옥천읍이 보이는데 국군들과 미군들이 더러 눈에

띄었다. 군인들이 옥천읍으로 못 가게 길을 막고 또 쉬어 가지도 못하게 남쪽으로 쫓아버렸다.

금강을 건너기 전에는 금강만 건너면 좀 편안하고 살 줄 알았는데, 강을 건너보니 쉬어 가지도 못하게 되어 더욱 죽을 지경이었다.

옥천읍도 모두들 피난 가고 텅 비어 있었다. 죽을 지경인데도 참고 갔더니 이원이라는 곳에 다다라 미군들이 전화선을 늘이고 통신하는 것이 눈에 띄었다. 너무나 피로하고 팔다리와 발바닥이 아파서 어디 쉴 곳을 찾아 이원 학교로 들어가 보니, 피난민이 복도와 교실 할 것 없이 차 있었다. 간신히 비집고 들어가 그 틈에 끼어서 누웠다.

저녁마다 마당이나 헛간 같은데서 자다가 모처럼 마루방에 누우니 잠자리가 퍽 편안하였다. 저녁을 끓여 한 술씩 먹고 자는데, 모두들 다리도 아프지만 제일 고통스러운 것은 발바닥이 부르터서 물집이 터지고 또 그 속으로 이중 삼중으로 부르터서 쓰라림이 고통을 더했다.

그날 저녁에 포성이 더욱 심하고 대전쪽의 하늘은 화광이 등천하였다. 모두들 "대전에서 전투가 심한 모양이라"고 하였다. 이곳도 위험하다고들 하여 날이 밝으면 곧 떠나야 한다고 야단법석이었다. 아마 금강 방위선도 다 무너진 것 같다.

• 7월 19일

날이 새자마자 조반 한 술씩 끓여 먹고 길을 재촉했다. 나는 석대를 업고 석곤이는 석규를 업고 석동이와 석성이는 스스로 걸어서 갔다. 기태도 짐을 지고, 셋째 제수는 석구를 업고 석준이는 걸어서 가고, 넷째 제수는 임신 중이라 몸이 무거워 홀몸으로 가는 것도 간신히 따라왔다. 큰 도로는 군인들이 들어서지 못하게 하여 산길이나 조그마한 소로길로만 가게 됐다. 오늘도 해가 저물어 가는 도중에 낯선 마을로 찾아가 어느 집 마당에서 그날 밤을 지새웠다.

대전에서 후퇴한 다음

● 7월 20일

조반을 먹고 또 떠났다. 그곳에는 논을 매는 사람들을 보았다. 가다 보니 미군이 길도 없는 산 속 여기저기에서 나오는 것을 보았다. 자세히 보니 신도 없고 맨발로 걷는 자도 있고, 모자나 철모가 없는 자도 있고, 군복 상의를 입지 못한 자, 총이 없는 자도 많았다.

논에는 일하는 사람들이 새참을 먹는데, 달려들어 손으로 찐 감자를 집어들고 먹는 자도 있었다. 여기저기 모여든 미군들이 십여 명이 되었다. 어디서 왔는지 GM차 한 대가 와서 태워 가는 것을 보았다. 아마 인민군에게 쫓겨 도망하는 것으로만 알뿐이다. 우리도 그런 것을 보고 꼭 도망 갈 방도밖에 없었다.

그곳에서 금산이 얼마 안 된다고 했다. 금산 외가 집이나 찾아 갔으면 좋겠으나 주소도 모르고, 또 미군들이 금산 쪽에서 쫓겨 오고 있으니 금산 방향으로는 갈 수 없었다. 남들 따라 계속 갔더니 어느 강가에 바위가 많고 절벽이 높은 경치 좋은 곳을 지났다.

가다가 대전 쪽에서 피난 온 사람들의 말에 의하면 대전도 인민군에게 점령되었다는 소식이다. 아마 인민군이 미군 뒤꽁무니를 쫓아 올 것이라 한다. 그래서 쉬지도 못하고 계속 갔다. 날이 저물어 어느 마을로 들어가 하룻밤을 지새웠다.

• 딘 소장이 포로로 잡혔다

훗날 대구에 가서 들은 얘기이나, "대전에서 미군들이 밤에 인민군에게 갑자기 습격을 당해 대항도 못하고 미군 사령관 딘 소장이 포로로 잡히고 기타 군인들이 자다가 산으로 뿔뿔이 도망쳐 살은 자도 있고 도망치다 붙들린 자도 있고 죽은 자도 있을 거라"고 누군가 얘기했다.

인민군은 대전을 점령하고 병력을 전라도로 향해 아군의 저항 없이 호남지방 전역을 힘들이지 아니하고 점령하였다. 그때 전라도로도 많이 피난을 갔었다. 어떤 사람은 전라도로 갔다가 다시 대구로 온 사람도 여럿 있었다. 젊고 가족이 없이 단신들이니 그렇게 다닐 수 있었다.

DEAN IN RED PRISON

Wilfred Burchett (left) a Communist correspondent for the Paris newspaper Ce Soir, says this picture shows him with Maj. Gen. William F. Dean when he interviewed him in a prison camp at Pyongyang, North Korea, Dec. 21. In Berkeley, Cal., when Mrs. Dean was shown the picture she exclaimed "that's my husband all right."
(AP Wirephoto)

포로가 된 딘 소장을 평양에서 인터뷰하는 스와르(Ce Sior)지 특파원 월프레드 버체트 〈임재근 제공, 오마이뉴스 사진〉

당시 동부 전선은 김석원 장군이 방어를 하고 있어, 미군이 맡고 있는 서부 전선과 같이 그렇게 쉽게 밀고 내려오지 못했다.

• 7월 21일

사람들이 "영동을 거쳐 직지사 역에서 기차를 타자"하여 직지사 역으로 갔다. 기차를 타려고 사람들이 모여 들었다. 아마 옥천이나 영동 근방까지 군수물자를 싣고 왔다가 내려가는 것 같았다.

그곳에서 괴산 처제를 만났다. 자기 남편이 경찰인데 부상을 당하였다 하며, 그곳에서 기차 타고 피난 가려고 기다리는 중이라 했다.

오랫동안 기다렸더니 기차가 오는데 화물차의 지붕 위에 피난민들이 콩나물시루 모양으로 소복하게 타고 있어 더 올라 갈 도리가 없었다.

기차가 정기적으로 오는 것도 아니고, 어쩌다 온 것이 이 모양이니 아이들하고 떨어질까 위험할 뿐 아니라 또 올라가 탈 방법도 없어, 또 걷기로 했다. 가다가 날이 저물어 어느 마을로 가서 하룻밤을 잤다.

• 7월 22일

"김천이 얼마 안된다" 하여 모두들 그곳을 떠나 김천으로 향했다. 김천 시내를 들어가니 여기는 아직 피난을 가지 않았다. 시내로 피난민들이 몰려 들어가니 집집마다 문을 잠그고 못 들어오게 하여 목이 말라 물을 좀 얻어 먹으려 해도 주는 이가 없었다. 분위기가 냉랭하다.

피난민이 오면 귀찮게 할까봐 그러는지, 혹시 적색 분자가 섞여 있는지 몰라 그러는지, 알 수 없으나 하여튼 인심이 좋지 않았다.

김천 시내에서 떠나가는데 촌 동네마다 방위군들이 목총을 가지고 자기네 동네로 들어가지 못하게 했다. 별 수 없이 강변의 모래사장에

무개화차에 올라탄 피난민들 〈국사편찬위원회 사진〉

기차역에 설 때마다 지붕 위에 올라타는 피난민 〈국민일보 사진〉

서 하룻밤을 지새우는데 달이 유난히 밝아 넓은 모래사장 별들은 원옥같이 비추는데, 애들은 모래 위에 드러누워 자고, 가지고 간 홑이불로 덮어 주었다.

나도 누워 달을 쳐다보니 훤한 달빛이 모래사장을 비춰 천지가 모두 훤하기만 했다. 모두 다 잠이 들고 천지가 고요한데 지금 어머니는 어디서 어떻게 지내시는지 궁금하여 잠 못 이루고, 또 우리가 어디로 가야 할지, 언제까지 이렇게 피난만 다녀야 하는지 이런 생각 저런 생각을 하다 잠이 들었다.

• 7월 23일(비)

이튿날(7월 23일) 날이 밝았다. 어디로 가야 하는지 몰라 그대로 있는데, 그때 기평이가 귀앓이로 귀젖이 부어오르고 있어 어디 약이 있어야지 하고 걱정하던 차에, 가방을 든 어떤 사람이 "치료를 해 준다"고 하더니 가방에서 약과 솜을 꺼내어 닦아 내고 소독을 하여 종이에 초를 칠하고 그 종이를 말아 귓구멍에다 꼽고 끝에다 불을 붙여 귀 속으로 연기를 쏘이고 어지간히 타니 빼내고, 다시 그와 같은 방법을 몇 번 하고 약을 발라 주었는데, 그 후로 완쾌됐다.

그래서 그때 "치료비를 얼마나 드릴까?" 물으니, 자기 명함을 주면서 "대전 도립병원의 외과 과장인데, 애들도 없고 부인과 둘 뿐인데 다른 짐도 없어 약 가방만 가지고 가면 굶어 죽지 않을 것 같다" 하며, 자기도 피난 중이라 약 값을 안 받을 수도 없으니 생각하여 달라기에 얼마인가 치료비를 주었더니 고맙다고 했다.

그곳에 있던 피난민들이 어디론지 떠나기 시작하며 우리도 같이 따라 나섰다. 가다 보니 먼 곳에 동네 사람들이 모여서 구덩이를 파고 있는 것 같았다. 구덩이 모양은 사람이 수십 명씩 들어갈 수 있게 파고 있었다. 어떤 사람의 말인 즉 "저것이 보도연맹으로 학살한 시체를 묻으려고 파는 것이라"고 했다. 가면서 그런 작업을 하는 곳을 몇 군데 보았다.

비가 오기 시작하여 그대로 비를 맞고 고개를 넘는데, 그 고개가 무척이나 길어 하루 종일 갔어도 고개 하나 밖에 넘지 못하였고, 날이 저물자 어떤 집 마당에서 하루 밤을 새웠다. 그 당시 김천 이남에서는 포격 소리가 거의 들리지 않아 사람들이 피난 갈 생각을 하지 않았다. 김천 이남이 조용했던 이유는 김석원 장군이 버티고 있어서 인민군이 쉽게 내려오지 못했던 것이다.

● 7월 24일
날이 밝자 그곳을 떠나야 했다. 남들은 떠나는데 혼자 떨어질 수 없었다. 이번에는 모두들 "낙동강을 건너야 산다"고들 하여 남들 가는 데

낙동강을 사수하는 국군과 유엔군 〈조선일보 사진〉

로 따라 가는 것인데, 길목마다 방위대가 몇 명씩 목총을 들고 동네로 들어가지 못하게 막았다.

어떤 강변에서

한참을 가다 보니 앞으로 못 가게 막아 큰 냇가에 피난민이 수없이 많이 몰려 있었다. 그곳에서 파출소마다 피난민 중에 공산당들이 많이 섞여 있는 줄 알고 부락마다 못 들어가게 막고, 지나가는 피난민을 빨리 자기네 관할 구역에서 쫓아내려고 하며, 또 피난민이 앞으로 가려는 관할 구역에서는 못 오게 막으니, 수십만 명의 난민은 가도 오도 못하고 강변 모래사장에 몰려 있을 수밖에 없었다.

오후 3시경 어떤 놈이 산꼭대기에서 큰 소리로 "지금 인민군이 근처에 와 있으니 피난민은 빨리 피하라"고 소리를 질렀다. 그러니 그렇게 많은 피난민들이 놀래서 벌집을 쑤신 것같이 와글와글 야단들이었다.

어떻게 된 영문인지 잘 알아보니 어느 놈이 거짓말을 한 모양이다. 피난민이 그 구역 내에서만 몰려있어 빨리 다른 구역으로 쫓으려고 거짓말을 한 것이다.

그래 피난민 중에서 젊은이들이 거짓말한 놈을 찾아 팔을 뒤로 결박하여 "이놈이 빨갱이 놈이니 지서로 데리고 가서 넘겨주겠다"고 하는데, 별안간 총소리가 몇 번 나서 쳐다보니 경찰이 총을 쏘며 막 뛰어오고 그 뒤에는 방위대들이 여러 명 뛰어왔다.

피난민은 겁이나 도망가는 자도 있고, 어떤 영문인지 몰라 우두커니 서 있는 사람도 있었다. 경찰은 도망가는 사람에게 총을 쏘았다. 그러니 모두 그 자리에 서 있는 자도 있었다. 경찰과 방위대원들은 돌아다니며 발에 흙이 묻어 있거나 물이 묻어 있어 뛰어다닌 흔적만 확인되면 덮어놓고 끌어내어 몽둥이나 작대기로 개 패듯 때렸다.

또 어떤 사람을 엎드려 놓고 다듬돌만한 큰 돌로 엉덩이를 내려치는 자도 있었다. 아마 즉사했거나 아니면 큰 병신이 됐을 것이다.

우리가 있는 곳으로 순경이 와서 피난민들을 자세히 살펴보는데, 같이 갔던 금세영이는 기겁을 하여 신을 벗어 양손으로 쥐고 팔을 번쩍 쳐들고 섰다. 그러니까 순경은 다른 곳으로 갔다. 그제야 금세영이는 한숨을 쉬고 주저앉았다. 그 모양이 우습기도 하였으나 저편에서는 사람을 막 패니 겁이나 웃을 수도 없었다. 잘못하면 끌려가서 맞아 죽을 수도 있었으니 기절할 노릇이다. - 피난민 처지가 이렇다.

나는 석대를 업고 기태는 짐을 지고 가다가 이 지경이어서 그 자리에 그대로 식구들과 같이 앉아 있었더니 아무 의심이 없었던 모양이었다. 한 동안 그 지경이더니 순경과 방위대원 놈들이 가 버렸다.

이유를 생각해 보니 산에서 소리를 질러 피난민에게 붙잡혀 온 놈이 그 지서(파출소)의 방위대원인 모양인데, 다른 방위대원들이 지서에 가서 아무개가 지금 피난민에게 맞아 죽는다고 한 것 같았다. 그래서 순경과 방위대원들이 총출동하여 피난민들에게 보복을 한 모양이다. 그곳까지 온 피난민들은 난리를 피해 살겠다고 먼 곳에 와서 그놈들한테 맞아 죽은 자도 있을 터이고, 병신이 된 사람도 얼마나 되는지 모르겠으니 억울하기 짝이 없는 일이다.

그 당시 피난민들은 가도 오도 못하게 되었고, 또 날이 몹시 더워서 신을 벗고 맨발로 물가에서 돌아다닌 사람이 많았을 터인데 덮어

놓고 발에 흙이나 물이 묻었다고 사람을 그렇게 개 패듯 하는 것은 야만인이나 할 수 있는 일이다. 참으로 난리 속에서 난리를 만난 것이다.

● 피난민의 가는 길을 순경이 막는다
지서(파출소)에 순경이 부족하니 부락 청년들을 뽑아 방위대를 조직하여 지서에서 활용하고 있는 모양이다. 복장이나 모자를 갖춘 것도 아니고, 다만 팔에다 헝겊으로 된 방위대 완장만 차고 목총이나 작대기를 가진 자가 방위대원이다.

그날은 광장에 모여 있는 피난민의 수가 수십만 명이 넘는 것 같다. 가는 길을 막아놓아서 피난민이 모여 있는 것은 아마 다음 지서 관내로 피난민을 받아들이지 않으려는 심산인 것 같다.

그 상황에서 정부가 어디 있는지도 모르고, 중앙의 명령이나 지휘 계통이 끊어진 곳이 많았다. "경찰관서도 파출소나 지서단위로 각자 방어하다가 후퇴하는 곳은 자기네들도 우리와 똑같은 피난민이 될 텐데 한치 앞도 모르고 저러는구나" 하는 생각이 들었다.

장기간 먹지 못하고 피난길에 시달려 비실비실 쫓겨 가는 난민들에게 저렇게 잔인할 수 있겠는가? 참으로 인간이 그렇게 악독한 것인지 생각이 착잡하다.

그 지경을 당한 피난민들은 그곳에 머물러 있기가 싫어져 빨리 다른 곳으로 떠나야 할 터인데, 가는 길을 막아 가지도 못하고 되돌아올 수도 없어 어디로 가야 할지 망설이고 있던 차에, 저편 멀리서 사람들이 냇물을 건너 작은 소로길로 들어서 산속으로 들어가는 것이 보였다. 그러니까 그곳에 모여 있는 난민들은 모두 그쪽으로 몰려 떠나기 시작했고 우리도 그들 무리와 함께 끼어 떠났다. 아마 그곳은 다른 구역으로 가는 것 같다. 그날은 그런 경황을 치러 얼마 가지도 못하고 하루해가 저물어 어느 동네에 들려 그날 밤을 새웠다.

• 7월 25일

날이 밝자 또 떠나야 했다. 왜관으로 가서 낙동강 다리를 건너야 한다고 그곳으로 가는 것 같다. 방향도 없이 그저 사람들이 가는 곳으로 따라가는 것이다.

그때 포성은 멀리서 들리는데 지금 어디서 전투를 하고 있는지, 또 전황은 어떻게 되어 가는지, 혹시 인민군에게 포위나 안 되었는지, 알 방법이 없었다. 그저 계속 쫓겨 밀려 내려가는 것만 알고 있다.

그곳에서 들리는 말은 "전국의 난민이 대구 쪽으로 몰리니까 대구에 가면 사람 위에 사람이 쌓여 있고, 또 사람의 똥에 사람이 파묻혀 있다."고들 한다. 아마 공산당원들이 섞여 있기 때문에 그런 유언비어를 유포했는지 모르겠다.

• 석대가 병이 났다

그 무렵 석대가 병이 나 자꾸 보채고 먹지도 않았다. 그러나 약도 없고 더위에 계속 다닌 것이 병이 난 것 같다. 그날도 가다가 날이 저물었으나 동네는 찾을 수 없어, 알지 못하는 어느 산 속에 묘가 여럿 있는 곳에서 그날 밤을 지냈다. 아무도 없는 공동묘지에서 13식구 피난민이 밤을 지새운 것이다.

성주 낙동강 변에서

• 7월 26일

날이 밝아지자 난민들과 함께 왜관 쪽으로 갔다. 얼마를 가다보니 폭격 소리가 대단히 크게 들렸다. 무슨 일인지 몰라 서 있으니 누가 "왜관 다리를 끊느라고 포격한 것 같다"고 했다. 그렇다면 왜관으로 가도 낙동강을 건너 갈 수 없으니 큰일이라는 것이다. 다른 방도 는 고령으로 가서 고령 다리를 건너야 하는데, 고령까지 가는

1950년 8월3일 북한군의 남하를 막아내기 위해 폭파된 왜관철교. 총길이 469m 중 왜관 쪽 둘째 경간 63m가 끊어졌다. 왜관철교 폭파 후 아군은 강변에 진지를 구축하고 적의 전차 도하를 저지해 나갔다. 1993년부터 나라를 구한 그날의 기억을 되새기기 위해 '호국의 다리'로 불리고 있다. 〈영남일보〉

길도 멀고 또 가다가 고령 다리도 끊긴다면 그것도 난감한 일이다.

그렇다면 어디로 가야 할지 몰라 야단들인데, 후퇴하는 군인과 경찰들이 성주 쪽으로 가고 있다. 이곳에서 성주는 가깝다. 그것을 보고 난민들도 군경들이 가는 곳으로 몰려가는 것이다.

그렇게 하다 보니 저녁때가 되어서 성주 땅인 낙동강 변에 다다랐다. "대단히 넓은 강변인데" 하는 생각이 들었다. 수십만이 모여 있으니 "인산인해가 바로 이런 것이구나" 하는 생각이 들었다. 여기저기에서 사람 찾는 고함소리가 처참한 지옥 같다. 거기에다 떠드는 소리가 귀를 찢을 지경이고 사람에 걸려 해치고 다닐 수 없는데, 짐을 지고 보따리를 이고 아이를 업고 왔다갔다 와글와글 야단들이다.

소 마차에 쌀과 살림살이를 가득 싣고 와 가지도 못하고 오지도 못하는 사람이 수없이 많았다. 또 트럭에다 쌀을 싣고 와 어떻게 할 방법이 없으니 그대로 버리는 사람도 있었다. – 이게 전쟁속이다.

● 배로 강을 건너가고 있다

13식구 이끌고 사람들 틈새를 비집고 강변으로 가보니 배로 건너가는데, 군경들만 타고 건너가고 있었다. 이삼십 명 실을 수 있는 배가 서너 척 되는데, 군경들만 많이 몰려 있었다. 너무 사람이 많아 자세히 볼 수 없었다.

일반 피난민은 군경들이 다 건넌 다음에 건너 준다고들 하여 배 타는 데는 몇 줄이 되는지 꼭꼭 박아 길게 늘어 앉아 차례 오기를 기다리고 있는 사람이 수없이 많았고, 또 무슨 일인지 왔다 갔다 하는 사람도 많고 밀려 들어오는 사람도 많아 사람에 치어 죽을 지경이다.

나도 가족을 데리고 줄의 중간 정도에 끼어 있었는데, 언제 배를 탈 수 있을지 막연했다. 그렇게 앉아 있으면 배를 빨리 탈 수 있을 것으로 믿고 앉아 기다리는 것이다.

어떤 이는 소 마차에 짐을 잔뜩 싣고 와서 짐을 모두 버리고 감아매고 강물로 소를 몰아 넣으면 소가 헤엄을 잘 쳐서 건너가는 것을 여럿 보았다. 소가 건너가면 저편에서 먼저 간 사람이 소를 잡아 묶어매 두고, 또 다음에 건너오는 소를 받아서 끌어다 매 두는 것을 반복했다.

그런 상황에서 날이 어두워졌다. 그러나 배는 군경들이 계속 타고 있다. 그때는 경찰도 군인과 같은 군복을 입어서 군인인지 경찰인지 구별이 쉽지 않다.

그 무렵 새로운 부대가 들어오는데 큰 소리로 호령하는 사람의 목
소리가 아는 이 같아 쫓아가보니 충북 경찰국 과장으로 있던 한경석
이다. 이 사람은 넷째 제수의 외당숙이다. 너무 반가워 쫓아가 보니
깜짝 놀란다. 우선 자기네 식구를 못 보았느냐고 물었다. 그러나 알
도리가 없었다. 못 보았다고 하니, 하기는 식구가 다 죽었는지 살아
있는지 모르고 전투만 하다 "후퇴하라" 하여 대원들을 인솔하고 이리
로 오는 길이라 했다. 그러나 자세한 이야기를 나눌 사이도 없이 그
사람들은 바로 배를 타고 건너갔다. 그러나 우리는 건널 수가 없었다.

• 낙동강을 건너는 배는 죽음의 길이다

낙동강 피난민의 몸을 수색하는 미군 헌병
1950년 9월 27일

그렇게 앉아 기다리니 자
정이 넘어 군경들이 다 건
너간 것 같다. 그 다음부
터 일반 피난민이 타는 모
양인데, 앞줄에서 무질서
하게 배 위로 막 올라가니
배가 무게를 이기지 못하
고 그 자리에서 가라앉았
다. 그러니 배에 올라탄

수십 명의 사람들이 물에 빠져 처음에는 "사람 살려!"라고 아우성치
더니 잠시 후에는 잠잠해 졌다. 모두가 물속으로 빠진 모양이다. 어
둡고 사람으로 가려 볼 수도 없었다. – 피난길은 사람 목숨이 파리
목숨이다.

● 질서가 없는 무리는 배를 태울 수가 없다

그리고 뱃사공은 헤엄쳐 나와 이런 상황에서는 배를 못 부린다고 하였다. 그곳이 대단히 깊고 온통 어두워 누가 뛰어 들어가 구할 사람도 없다. 뱃사공은 못한다고 도망치는 것을 피난민들이 잡아 왔다.

그렇다면 군경들이 타는 정도로 배에 무리하지 않게 승선 정원을 제한해야 하는데, 누가 그렇게 나서서 할 사람도 없었다. 뱃사공의 말도 듣지 않는다. 필사적으로 먼저 배 위로 막 올라타니 또 전과 같이 가라앉기 시작하여 아우성과 고함소리가 뒤엉키더니 아무 소리 없이 조용해졌다. 또 배가 가라앉고 사람들이 죽은 것이다.

사람들이 너무 많이 둘러싸여 있고 어두워서 잘 보이지도 않았다. 사공을 다시 붙들어 적당하게 태워 건너가자고 강요와 협박을 했다. 어쩔 수 없이 배를 다시 대어 놓으니, 전과 같은 상황이다. 누가 적당한 인원을 제한해 주지 못한다. 그리고 다른 배는 건너편에서 오지를 않는다.

가만히 생각하니, 군경들같이 질서있게 건너가도 이 많은 난민이 언제 다 건널 수 있을지 막연한 상황인데, 현실이 이와 같은 지경에 앉아서 죽지 배 타고 싶은 생각이 없어졌다. 그곳에 앉아 차례

1952년에 제작한 피난민 영화 〈낙동강〉

를 기다리던 사람들도 이리저리 사방으로 흩어졌다. 우리도 어디 넓찍한 곳에 가서 편히 앉자고 했다. 배 타고 건너는 것을 포기한 것이

다. 포기하는 것이 살 길이다.

　사방에 버리고 간 피난 보따리가 너절하게 있었다. 돗자리 두 개와 우산 두 개를 주워서 놓고 편한 곳에다 자리를 깔고 우산을 펴서 밤이슬을 막고 편히 앉아 죽는 길 밖에 없다고 누워 있는데, 아내가 검정 보따리를 하나 주워서 들고 왔다.

● 재봉틀이다

검정색 보자기를 펴 보니 재봉틀 몸통이었다. 아내의 말이, "무엇이 발에 채여 보니 이 보따리라서 들고 왔다" 하며, "가는 데까지 가지고 가자"고 했다. 나는 "짐이 무거워 어떻게 가지고 갈 수 없으니 어디에 버리고 가자" 하였다. 당시 재봉틀 한 대면 어느 집이고 귀중한 재산이다. 여자들이 욕심내는 것도 이해가 간다. 나도 가져가기로 하였다. – 이 재봉틀은 처가 집에까지 이고 갔다. 후일 옷을 만들어 팔아 요긴하게 사용했다.

● 쌀을 얻었다

기태(동생)가 쌀 한 가마를 지고 와 몇 집이 나누었다. 개량 가마라서 나누어 놓은 것이 두 말 가량 남짓했다. 죽을 때 죽더라도 우선 먹어야 하는데, 오는 길에서 두 말 산 쌀도 다 떨어져 피난길의 쌀은 가장 필요하다.

　기태 말이 트럭에다 쌀을 한 차 싣고 와 "강을 건너지 못하니 갔다 먹어라" 하여 한 가마 가져 온 것이라 하며, 순식간에 모두 가져가고 없다는 것이다. 그 난리 중에도 안 먹을 수는 없는 모양이다.

• 금세영이가 이상한 소리를 한다

언제나 금세영이네 식구는 우리를 꼭 따라 다니는데, 금세영이는 없고 그 가족들만 있어 "세영이는 어디 갔느냐?"고 물으니 부인의 말이 "낮에 군경들이 강을 건너갈 때에 끼어 건너갔는지 그때부터 없어서 찾아보니 안 보인다"는 것이다.

그리고 보니 초저녁에 금세영이 한 말이 생각난다. "난리 중에는 전 식구가 다 살려고 하다가는 다 죽는 법이다. 한 사람이라도 피난을 잘하여 차후에 씨를 퍼지게 하는 것이다."라고 했다. 이상한 소리다.

그 사람은 경찰에서 근무하던 사람이라, 경찰 대원들이 건너갈 때 아는 사람들 틈에 끼어 건너갔을 것이다.

• 7월 27일

7월 27일 날이 새기 시작한다. 이제 낙동강을 건너가는 것도 포기하고 보니 강변에 기다리고 있어 봐야 아무 소용이 없어 모두들 동네로 찾아 나서는 것이다. 우리도 동네로 찾아가 쌀은 있으니 밥솥이나 빌려 밥이나 많이 하여 실컷 먹고 죽게 되면 죽어도 원이 없다는 헛심으로 자리를 떴다.

동네로 들어가 솥을 빌려 밥을 많이 하고 된장도 얻어 와서 애들하고 잔뜩 먹고 나니, 아주 늙은 노인이 와서 모두들 낙동강을 건너려면 지팡이로 강쪽을 가리키며, "저곳이 좀 얕아서 물로 걸어서 건너는 모양이니 그리로 가서 강을 건너라"고 했다. 그래 강 쪽을 바라보니 너무 멀어 잘 보이지 않으나, 무엇이 강을 건너가는 것 같았다. 피난민들은 모두 앞 다투어 그리로 몰려갔다. 중간쯤 가다 자세히 볼 수 있어 살펴보니 강물을 건너가는 사람들의 모양이 마치 한 줄로 늘어선 물오리떼 같이 보이는데, 그 수는 수없이 많았다.

낙동강을 건너다

● 물오리떼 모양 한 줄로 서서 물을 건너간다

강에 가깝게 다다르니 물 깊이가 가슴이나 목에 차고 이쪽에서 건너 저편이 수백 미터는 족히 되어 보였다. 그쪽의 사람들은 작은 물개처럼 보이는데 움직였다. 이곳의 강폭은 넓으나 수심은 제일 얕다고 했다. 물속으로 강을 걸어가야 하는데 머리에 보따리를 인 사람, 아이들은 목마 태우거나 큰 아이는 손으로 붙들고 건너갔다.

다시 돌아오는 사람들에게 물으니, "물속이 깊은데도 있고 얕은데도 있으니 잘못 디디면 물에 파묻히게 돼 중심을 잡을 수 없어 단번에 떠내려가 죽는다"고 하며, "앞의 사람이 가는 것을 잘 보고 발을 살살 내밀면서 얕은 데로만 찾아 디뎌야 한다"는 것이다.

본래 사람이 많아서 앞 사람과는 2~3책 간격으로 수십 명이 횡대로 건너편까지 꽉 짜서 건너가고 있었다. 흡사 개미의 역사와 같았다. 우리도 아이를 하나씩 목마하고 아내하고 손을 맞잡고 건넜다. 그러면 한 사람이 발을 잘못 디뎌도 한 쪽에서 잡고 있으므로 덜 위험했다. 다행히 강바닥에는 돌이 없고 모래로만 되어 있어 발을 내디디기는 편한데, 깊고 얕은 데가 고르지 못했다. 다른 사람들도 둘 또는 서넛씩 서로 잡고 건너갔다.

너무 많은 사람이 건너가니 겁도 생기지 않았다. 첫 번째 무사히 건너가 애들을 내려놓고, 잘못하면 애들을 잊어버릴 수 있으니 "꼼짝

부산에서 밥 짓는 피난민들

말고 자리에 있어라" 하고 다시 건너오는데, 어느 군인이 "빨리 강을 건너가라"고 했다. 강 이편의 산속에 인민군이 숨어들어 오는지, 곧 강 저편에서 이편으로 폭격을 한다는 것이다.

누가 자세히 설명해 주는 이도 없다. 피난민들끼리 전하는 말이다. 그래 모두들 빨리 건너느라 야단들이다. 나도 세 번 왕복하여 아이들과 짐을 다 건너 놓았다.

● 기평이가 물에 빠졌다

기평이(15세) 동생이 헤엄쳐 건너간다고 하더니 물에 빠져서 떠내려가는 것을 누군가가 건져 줬다는 것이다. 하도 경황이 없어 누구인지 찾아 고맙다는 인사도 못했다. 하늘이 도운 것이다. 감사했다. 죽음과 삶이 종이 한 장 차이다. 건너가다가 발을 잘못 디디어 머리만 물속으로 들어가면 그대로 쓰러지고 그 상태로 떠내려가면 곧바로 수심이 깊어 자식이 떠내려가도 어찌할 방법이 없이 멀쩡히 쳐다보는 수밖에 없다.

사람은 많아도 모두가 어려우니 남을 욕한다는 것은 쉽지 않고, 구원을 받는 일도 큰 행운이 있어야 한다. 그날 건너다 물에 빠져 죽은 사람도 여러 명 되는 것 같다.

세 번째 건너 갈 때는 강물이 불어서 코와 입까지 찰랑찰랑 하였다. 그 이유는 내려가는 강물을 많은 사람이 가로 막고 건너가니 강물이

미처 내려가지 못하고 차여 강물이 불어난 것이다.

그러고 보니 금세영이네 식구가 금세영이가 없고 아이들하고 여자들뿐이니 건너오지 못했다. 짐이나 한 번 건네줄까 하고 기태하고 둘이서 강 중간쯤 가는데, 별안간 어디서 비행기 두 대가 찢어지는 소리를 내고 낮게 떠서 강위를 떠돌아 다녔다. 강을 건너가던 사람들은 모두 혼비백산이 되었다. 나도 기태하고 "아이고 뜨거워" 하며 되돌아왔다.

강 건너 있는 사람들도 모두 겁이 나서 산으로 도망을 갔다. 우리도 쉴 새 없이 애들과 보따리를 들고 넘어지면서 황급히 산 쪽으로 뛰어갔다. 산으로 거의 다다랐을 때 포 소리가 나기 시작하더니, 계속 강 건너편에 포탄이 떨어지면서 검은 연기를 피웠다.

우리가 건너온 강가에는 다들 건너왔는지 사람들 흔적조차 찾을 수 없었고, 밥 해 먹던 동네도 포탄이 떨어져 연기가 나고 여기저기 집이 타는 것이 보였다. 모두들 빨리 가야 한다고 쉬지도 못하고 막 뛰다가 빠른 걸음으로 걸어야 했다.

● 기태네 네 식구가 안 보인다

크고 작은 산을 수없이 넘어 정신없이 가보니 기태와 셋째 제수가 안 보였다. "뒤에 떨어졌나?" 해서 그곳에서 멈춰서 오기를 기다렸으나 오지 않고 다른 피난민만 수없이 지나갔다. "혹시 우리 앞에 먼저 가지는 않았는지?" 또는 "뒤에서 무슨 일이 생겼는지?" 궁금해 견딜 수가 없었다. 기다리다 못하여 내가 오던 길로 되돌아가 찾아보아도 보이지 않았다. 더욱 걱정이 되어 넘어온 산을 되넘어 정신없이 얼마를 가니 기태가 짐을 지고 짐 위에 석준이를 올려놓고, 셋째 제수는 석구를 업고 머리 위에 보따리를 이고 석준이가 떨어질까 한 손으로 석준이를 잡고 오고 있었다. 석준이가 발이 부르터서 걷지를 못하고, 걸음걸이가 늦어서 할 수 없이 짐 위에 올려놓고 오느라 이렇게 늦었다고 했다.

기태가 지고 온 짐만도 한 짐이 되는데, 그 위에 석준이를 올려놓고 오니 얼마나 무거운지 잘 걷지를 못했다. 그래 내가 짐을 하나 받아 가지고 식구들이 기다리던 곳으로 와서 합류했다.

아내는 강변에서 주운 재봉틀과 쌀을 이고 지고 있는데 그 짐이 대단히 무거웠다. 그리고 나는 석대가 아파서 먹지도 못하고 축 늘어진 것을 업고 가방 보따리를 들고, 석곤이는 석규를 업고 석동이와 석성이는 홀로 가야 했다.

기평이도 보따리를 하나 들고, 어린 것들이 다리가 아파서 죽을 지경이지만 아무 말도 못하고 계속 가야만 했다.

산을 넘고 또 산을 넘어가다 보니 금오강이 있었다. 물 깊이는 허리쯤 차고 강폭은 수십 미터는 되었다. 보따리를 건너다 놓고 다시 와서 애들을 업어 건너 또 가야 했다. 하여튼 낙동강을 건너 "이제는 살았구나!" 하는 생각과 너무 황급한 경우를 당하여 피곤한 것도 잊고 그저 얼떨떨했다.

가다 보니 날이 저물어 어느 집 마당에서 하루 밤을 잤다. 집주인 아주머니는 친절했다. 모두 불쌍하다며 "내일 자기 집에서 키우는 개를 잡아먹고 가라"는 것이다. 그리고 "그곳에서 대구가 얼마 안된다"고 했다. "이 난리 중에도 이렇게 착한 이도 있구나" 하는 생각이 들었다. 개는 사양했다.

● 7월 28일

날이 밝았다. 어서 대구로 가려고 일찍들 출발했다. 우리도 아침을 간단히 하고 그곳을 떠나갔다. 낙동강을 건너면 피난이 끝나는 줄 알았더니, 이곳도 위험해서 대구까지 가야 한다는 것이다.

가는 도중 소나기가 퍼부었으나 피난 가는 사람 수가 많은지라 잠시나마 비를 피할 장소도 없고, 그대로 내리는 비를 맞으며 길을 떠났다.

대구 가까이 가니 미군들이 검문하여 피난민을 통과시키는데 어찌나 시간이 오래 걸리는지 검문을 받으려고 서 있는 피난민의 행렬이 끝이 보이지 않았고, "검문을 언제나 마치고 대구에 도착하려나?" 생각하니 막막하기만 하였다.

대구에서 검문하는 이유는 피난민 속에 인민군이 위장하여 들어오는 것을 막기 위한 것이다. 온몸과 소지품을 자세하게 조사하는 도중 소나기가 와서 그대로 비를 맞고 서 있는 상태로 검문 차례를 기다리고 있으니, 다리도 욱신욱신 하며 쑤시고 배도 몹시 고프고 의복은 비에 젖어 축축하여 견디기 불편하였으나 별다른 도리가 없었다.

대구에 도착

저녁때가 된지 한참 지나서야 우리는 검문을 통과할 수 있었고, 피난민을 따라 대구 시내로 들어갔다. 날이 저물고 해가 넘어간 지 오래라 거리는 무척이나 어두워 잘 보이지 않았다. 그 당시 전력이 부족한 터라 대도시도 가로등을 설치한다는 것은 생각도 못하였고, 민가에도 외등 하나 없어서 캄캄하고 어두워 밤길을 앞서 가는 사람들 따라서 대구 시장으로 갔다. 시장은 넓었으나 피난민으로 가득하였고, 우리는 간신히 자리를 비집고 앉을 수 있었다.

바닥에는 가마니나 갈대 자리 같은 것을 깔아 놓은 데도 있고, 날바닥인데도 있으며, 지붕은 갈대 자리 같은 것으로 덮어 밤이슬은 피할 수 있었다. 저녁이 되니 옷이 눅눅하다 못해 축축하게 젖어 추웠다.

우리가 있는 장소는 낮에 누군가가 밥을 해 먹느라고 불을 피우고 모래로 덮어놓은 자리여서, 그 위에 깔아놓은 가마니 바닥 한 군데가 따뜻하여 춥던 참에 다소 추위를 녹일 수 있는 행운이 있었다.

모두 그날 새벽에 아침을 한 술씩 먹고 점심과 저녁은 굶었으니 대단히 배가 고프나, 밥을 해먹을 도리가 없었다. 땔나무도 없고 사람들로 가득 차서 밥 지을 장소도 없으며, 어두워서 꼼짝할 수 없었다. 다들 그 자리에 쓰러져 있을 수 밖에 없어 그대로 밤을 새웠다.

• 7월 29일

눈을 한 번 뜨고 보니 7월 29일이 밝았다. 나무 시장에 가서 나무 한 단을 사다가 밥을 짓는데 냄비가 작아서 세 번 끓여야 한 끼를 때웠다.

아침 한 술을 먹고 대변을 보고 싶어 공동변소를 찾았더니, 배설한 분뇨가 넘쳐 그득한 정도가 지나쳐 변소 밖의 길바닥까지 밀려 흘렀다. 그 위를 들어서기 위해 돌이나 나무토막을 놓고 그 위를 밟고 대변을 보는데, 나무토막마저 파묻혀서 발을 들여 놓을 수 없을 정도로 변을 볼 수 없었다. 그렇지만 사방에 사람 천지라 아무데서나 변을 볼 수도 없고 대단히 급해 어느 정미소로 들어가 급한 사정을 말하였더니 변소를 안내해 주어서 변을 보고 나니 살 것 같았다.

낙동강을 건너기 전에 "대구에 가면 사람 위에 사람이 있고 사람이 똥에 파묻혔다"는 말이 생각났다. 대구에 와 보니 그렇지는 않았으나 너무 많은 사람이 있어 그 같은 말이 나온 것 같다.

전매국 공무원 월급을 받다

● 전매국 직계도

대구에서 아는 사람은 아무도 없으나 우선 대구지방 전매국이라도 찾아 가야 했다. 그 당시는 전매청을 전매국이라 불렀다.

중앙에 전매국(본청)이 있고 지방에는 서울지방 전매국, 대구지방

1924년에 세워진 대구지방 전매국 관사를 70년대까지 사용하였다.

전매국, 전주지방 전매국 등 3개 지방 전매국이 있었고, 그 산하에 도시마다 각기 연초제조공장이 있었으며, 서울지방 전매국 산하에 청주공장이 있었다.

대구지방 전매국을 어디로 가야 찾을 수 있는지 몰라 누구에게 알아 보려고 하는데, 마침 청주공장의 공원으로 있던 박봉가와 몇 사람이 찾아왔다. 박봉가는 우리 집에서 세를 들어 오랫동안 같이 살아서 한 집안 식구처럼 지냈던 사이다. 어찌나 반가운지 죽은 형제를 만난 기분이었다.

● 직원들이 봉급을 타지 못하고 있다

박봉가는 애들이 없어 두 부부만 피난길에 나섰다. 박봉가와 함께 대구전매국에 와보니 청주공장 공원들은 많이 찾아 와 있으나 정규직 직원들은 아무도 오지 않아 배급과 봉급을 타지 못하고 있었다.

다른 전매국(지금의 전매지청) 직원들은 소속 기관장들이 와서 직원

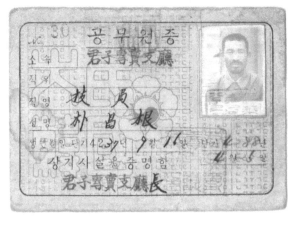

전매지청 공무원증
1955년

임을 확인해 줌으로서 쌀 배급과 월급과 여비를 탔으며 전매인에게 주는 담배까지 준다는데, 청주공장은 공장장이 오지 못해 배급을 탈수 없다고 한다.

그러니 나더러 빨리 가서 확인해 주고 배급과 월급을 찾아 달라는 것이다. 그런 사유로 날마다 직원 누가 오나 하고 기다려도 안 오고 어제 청주공장 사람이 새로 와서 "오는 도중에 장기홍 씨를 보았다." 하여, "간밤에 이 시장으로 들어 왔을까?" 하고 찾았다는 것이다.

• 어머니를 만났다는 소식이다

그리고 "보은 근처에서 어머니를 만났다"고 했다. 박봉가도 그의 어머니와 식구를 데리고 보은 근처까지 왔는데, 나의 어머니가 혼자서 우리를 찾으러 헤매는 것을 만났다 했다. 그때 박봉가도 노모를 데리고 갈 수가 없어 자기 모친과 우리 어머니를 함께, 보은 근방에서 피신하다가 잠잠해지면 집으로 돌아가시라고 부탁하고, 자기네 부부만 길을 떠나 며칠 전에 여기에 도착했다며 "어머니 걱정은 하지 말라"는 것이다. 자기 어머니와 같이 있다가 집으로 가실 거라며, "인민군도 노인들을 어떻게 하겠느냐?" 하며 안심하라는 것이다.

그래 "대구전매국으로 가자"고 자기네가 보따리를 들고 앞장을 서서 모두 따라갔다. 가서 보니 대구전매국 창고 바닥에 담배 거적을 깔고 있었다. 한 쪽 옆에는 담배통이 쌓여 있었다. 사람들이 수백 명이 되는 듯 한데, 전매인 가족이 아닌 사람도 상당히 있었다. 전매인 가족만 수용하는 것이 아니고, 있을 곳이 없는 사람들이 마음대로 다닐 수 있게 문을 개방하여 누구나 그곳을 사용할 수 있었다.

그래 우리 청주공장 사람들이 나와서 나를 보고 반가워했다. 이곳은 전매국 청사 밖에 있는 창고이다. "피난 온 전매국 직원들과 그들의 가족들은 다른 곳에 따로 있다" 하여 가서 보았는데, 그곳은 마루바닥이고 조금은 청결했다. 수십 명이 이미 수용되어 있었다. 이곳이 좁아 창고에도 수용시킨 모양이다.

• 직원들의 봉급을 타 주었다

나는 창고에서 청주공장 사람들과 같이 있게 되었다. "서무과에 가서 등록을 하라" 하여 대구전매국 정문에 갔더니, 모두 순경들이 서서 신분증을 확인하였다. 나는 공무원증을 내 보이고 들어가 청주공장 공원들의 배급과 급료 문제를 상의하니, "소속 기관장의 확인이 필요하다"는 것이다.

"우리네 청주 공장에서는 공장장이 못 왔으니 별다른 방도가 없느냐?"고 사정해 보았으나, "소속장의 확인이 아니면 안 된다"는 것이다. 그 당시 청주공장 공원에게는 공원증명을 발급해 주지 못하여, 인정받을 만한 것이 아무 것도 없었다.

생각다 못하여 그 당시 충주전매지국장으로 있었던 엄지형 씨가 청주전매지국장으로 발령을 받고 부임도 못하고 피난을 나온 분이 있어 찾아가 딱한 사정을 말하고, 청주공장 직원들의 확인을 해 줄 것을 청하였다. 그분 말이 "나도 청주지국에 부임도 못하고 직원들 얼굴도 모르니 청주전매지국에 공장원으로 증명해 주는 일은 인정할 수 없을 뿐 아니라 스스로 못한다"는 것이다.

도리가 없어 별 궁리를 다해 보는데, 서울지방 전매국 제조과장으로 있는 정호진 씨가 보였다. 그분을 찾아가 그 같은 전후 사정을 자세히 설명하고 확인해 줄 것을 부탁하였더니 거절하지 않고, 내가(장기홍) 확인하는 것을 믿고 그대로 인정해 준다며 확인해 주겠다는 것이다.

서무과로 가서 서울지방 전매국 제조과장 정호진 씨의 확인으로 인정받기를 사정했으나 거절당했다. "청주공장원들과 가족이 여기까지 와서 돈도 떨어지고 먹을 것도 없어 죽을 지경이니 좀 사정을 보아달라"고 애원하였더니, 자기들끼리 상의 하더니 "서울전매국 제조과장 정호진 씨로 확인하여 접수하라"는 것이다.

어찌나 고마운지 곧바로 용지를 얻어 가지고 와서 개개인의 접수표를 작성하여 정호진 씨에게 가지고 갔다. 이분 말이 내가 누구인지 잘 모르니 나(장기홍)보고 "먼저 확인을 해주면 자기도 확인을 할 것이니 다음에 오는 사람도 이런 식으로 하자"고 했다.

내가(장기홍) 먼저 도장을 찍고 정호진 씨의 도장을 받아 가지고 서무과로 가서 접수를 하는데, 누가 와서 "정문에서 누가 찾으니 나가 보라"고 했다. 그러나 나는 그곳을 떠날 수 없어 "내가 나갈 수 없으니 들어와서 이야기하라"고 했다. 잠시 후 어떤 순경이 오더니 "장기홍이가 누구냐?"고 찾기에, 나라고 하니, "이리로 오라"고 하며 나를 끌고 수위실 뒤 조그마한 별실로 끌고 들어가 문을 꽉 잠그고 노기가 대단하게 하는 말이 "당신이 누구인데 아무나 들어오라 하느냐?" 하였다.

순경이라 하며 막 얼려 봤다. 나는 너무 어이가 없어서, "그런 것이 아니고 나는 청주 전매 공장에 있는데, 공산당들에게 안 잡히려고 십여 명의 가족을 데리고 죽을 고생 다하며 이곳까지 와보니, 청주공장 직원들이 이미 수십 명이 와 있었으나 공장장이 오지 못해 배급을 못 타 곤란을 겪고 있어 내가 배급 좀 타 줄려고 교섭 중에 누가 찾는다고 하나 내가 나갈 수 없으니 무심코 누군지 들어와 말하라 한 것이다. 오늘 처음 와서 잘 모르고 생긴 일이니 용서해 달라"고 하며 공무원증을 내 보였다.

그리 하였더니 좀 누그러져 하는 말이 "지금 우리는 가족이 다 죽었는지 살았는지 모르고 서울에서 여기까지 쫓겨 와 관공서를 지키느라 이렇게 애를 쓰고 있는데, 그렇게 비협조적으로 하면 되겠느냐?"는 것이다.

● 우기종이 행패를 부리다

나는 그저 "처음이라 몰라 그랬으니 용서해 달라"고 빌었더니 조금 노기가 풀리고, "그런 일이 없도록 하라"며 문을 따 주고 내보내 줘 밖으로 나오니, 정문 있는데서 누가 부르기에 쳐다보니 청주에서 온 우기종이라는 자다. 정문을 나가 만나보니 "자기 안식구가 공장에 다니는데 배급을 타게 해 달라"는 것이다.

"안식구가 어디 있느냐?"고 물으니, 자기 처는 안 오고 자기 혼자서 피난을 왔다는 것이다. 가만히 생각하니 나 또한 또래 순경한테 붙들

려 가서 혼이 나서 얼떨떨한데, 그런 소리를 하니 괘씸하기도 하고 "오지 못한 사람을 왔다고 거짓말하여 배급을 타게 해 줄 수 없다"고 거절하였더니, 그 자가 화를 내며 상스러운 욕으로 "두고 보자!" 위협을 하며 대들었다.

그러나 "거짓말을 해 가며 해 줄 수는 없다"고 버티었더니 막 욕을 하며 대드는데, 청주공장 사람들이 말리고 그 자를 다른 곳으로 끌고 갔다.

그 자에게 봉변을 당하고 서무과로 가서 접수를 다 마치고 나니, 담배 배급을 타 가라는 전갈이 왔다. 몇 사람을 데리고 나와서 수위실의 순경들에게 "배급을 타러 가니 들여보내 달라" 하여, 담배를 타다 직원들에게 나누어 주었더니 모두들 기뻐하였다. 그 당시 전매 공무원에게는 한 달에 목단(모란) 담배 30갑씩 주었다.

● 솥 하나를 사왔다

가족들이 있는 곳으로 와 보니 아내가 장에 가서 우선 밥해 먹을 솥 하나를 사왔다. 집에서 가지고 온 돈은 오는 도중 쌀 사는데 쓰고, 기평이 귀 치료비를 쓰고 남은 돈으로 솥 하나 사고 나니 한 푼도 없다고 했다. 매일 곤란을 받은 것은 솥이 없어 때마다 작은 냄비 하나로 한 끼에 두세 번 밥을 지어야 하니 불편했다는

피난민 촌에서 어린 소녀가 채소가 없어
솥을 씻고 풀뿌리로 밥하는 모습
〈국가기록원〉

것이다. 지금까지 오면서 계속 남의 솥을 빌려 밥을 지었다.

대구 시장의 장사들은 피난민이 많이 와서 장사가 더 잘 된다고 했다. 그러나 시장에는 채소가 없고 부추와 정구지 뿐이다. 저녁에 부추한 단 사고 어디에서 된장을 얻어 냄비에 부추를 넣고 장을 끓이고 솥에 밥을 지어 모처럼 한가하게 밥을 먹었다.

● 석대(넷째)가 병이 났다

석대가 병이 난 것을 약도 못쓰고 더위에 업고만 다녀서 어린애 건강이 말이 아니다. 아내가 병원에 데리고 갔는데 병원에도 약이 없어 치료해 주지 않아, 어느 약국에 가보고 약을 지어다 먹였다. 그때 대구 시내 각 병원이나 약국에는 약이 다른데서 들어오지 못하는데, 피난민이 많이 몰려와 약품이 품절되었다.

그 당시는 약을 지금처럼 흔하게 쓰지 못했으며, 국산 제품만 있을 뿐이고 외국 제품은 밀수로 조금 들어오는 정도로 약이 대단히 귀했다. 그리고 병원이나 한약국, 양약국이 많지 못하였으며, 의사들도 귀한데 군부대에서 데려다 부상병을 치료하고 있는 실정이어서 병원에 의사가 없는 곳이 흔했다. 또 대구나 부산에 있던 약은 거의 군수품으로 가져가 더욱 약이 품절 될 수밖에 없었다. 한약재는 들어오지 못하고 소비만 하니 한약마저 귀했다.

그날도 저물어 전매국 창고에서 첫날밤을 지냈다. 모처럼 집안에 거적이라도 치고 바닥에 깔고 자니 잠자리도 편하고, 내일 다시 피난 갈 걱정이 없으니 잠을 편히 잘 수 있었다.

• 7월 30일

아침을 먹고 전매국 서무과로 가
보니 가족 수에 해당되는 배급
쌀 표와 청주에서 대구까지 오는
여비를 가족 수대로 계산하여 받
고, 그 달의 봉급을 탔다.

대구 전매지국 직원들
〈북성동 문화플랫폼 사진〉

내가 먼저 타고 공장원들에게
타 가도록 했다. 이것은 전매국
외의 다른 기관에서도 똑같이 하

였다. 배급 쌀을 타다 놓고 보니 "하늘이 무너져도 솟아날 구멍이 있
다"더니, "이제야 살았다" 하는 생각이 들고 직장의 고마움을 새삼 느
꼈다.

창고를 관리하는 직원이 창고 옆에 있는 관사에 살고 있어 "내가
청주공장 서무과에 있다"고 하였더니 반가워하며 친절하게 대해 주
고, 저녁에 집에서 술과 안주를 장만하여 나를 대접해 주었다. 저녁에
여럿이 모여 시국 이야기도 하고 함께 걱정도 하고 앉아 있는데, 누가
보도연맹원들을 죽이는 이야기가 나왔다.

누가 하는 말이, "남한 일대 방방곡곡에서 다 죽이고 단지 서울은
미처 죽일 시간이 없었고, 부산에서도 죽이려고 끌고 가다가 미군이
보고 못 죽이게 하여 서울과 부산만 안 죽이고 다른 곳은 모두 죽였
다" 한다. 내가 "참으로 잘못하는 일이다."라고 하였더니, 어떤 놈이
화를 버럭 내며 하는 말이, "무엇이 잘못이냐! 당연히 죽일 놈 죽였는
데 무슨 그런 말이 어디 있느냐?"고 야단이다. - 나는 아무 소리도
못하고 있었다. 자칫 잘못하면 빨갱이로 몰려 잡혀 갈 수도 있다.

그놈이 저쪽으로 가고 한참 되었다. 청주 공장 서무과에 같이 근무한 김학인(여직원)의 아버지가 같이 피난을 나와 있는데, 충북 도청 상공과에 근무하고 있고 연배도 나보다 이십 세 가량 많지만 나하고 잘 아는 처지다. 그 분이 와서 나보고 조용히 귀에 대고 하는 말이, "방금 여기서 장형 보고 야단하던 놈이, 장형을 '공산당'이라고 경찰에 일

대구 전매지국에서 제조하던
파랑새 담배

러서 붙들려 가게 한다' 하기에, 모두들 '그분이 그런 사람이 아니라'고 해도 수긍을 안하고 단단히 벼르고 있으니, 안 보이는 곳으로 피하라" 하기에 창고 담배통 쌓아 놓은 속으로 보이지 않는 곳에 피해 있었다.

● 7월 31일

다음 날 날이 밝아 그놈이 있는가 하고 찾아보아도 어디로 갔는지 보이지 않았다. 그놈은 전매인의 가족이 아니고, 아마 보도연맹원들을 죽이는데 앞장섰던 가족 같다는 생각이 들었다.

공장에 다니는 사람으로 보도연맹인데 그곳까지 온 사람이 있었다. 그 사람의 동생은 경찰에 다니며 전투에 나아가 총상을 입어 어느 정도 치료를 마치고 집에서 간호 받고 있는데, 피난 나올 적에 동생의 간호를 해야 한다고 보도연맹원들을 오라 하는데 못 가서 화를 피했다. 그래서 그 동생하고 대구까지 무사히 피난을 왔다. 그 사람은 동생 덕으로 살게 된 경우다.

• 당시 경찰의 행패가 심했다

가족을 떼어놓고 후퇴한 경찰들은 인민군들이 자기네 가족을 죽일 줄 알고 모두들 걱정 되어, 그들의 행동이 몹시 거칠고 자기네 눈에 조금만 거슬려 보이면 "이 자식 빨갱이나 보도연맹원자라고 무조건 몰아 붙여 당장에 총살한다"는 것이다. 그들의 입에는 총살한다는 말이 입버릇처럼 쓰는 용어이다.

경찰 중에도 그렇지 않은 사람도 있겠지만, 당시의 경찰 수준이 낮고 인격이 황폐된 악질적인 자가 많이 있어 더욱 심했다. 난리 중이라 그렇겠지만 무질서하기 짝이 없고 무법천지라, 누구하나 총살하고 공산당이라고 몰아붙이면 문제 될 여지도 없을 정도로 무시무시한 상황이었다. - 이것이 전쟁이다.

청주전매지국에 근무하는 안승근이를 만났는데 총에 맞은 아들 소식을 물으니 모두 다 데리고 왔다고 했다. 그 사람도 애들이 많아서 오느라고 큰 고생을 하였다.

또 금세영이네 식구들도 우리하고 낙동강을 건너 대구에 와서 금세영이를 만났다. 그리고 대구 시내에는 피난민으로 들끓고, 군인 경찰 미군이 몰려 있어 군 차량과 탱크가 수없이 오고 가며 거리마다 유엔 헌병이 많이 널려 있어 정신 차릴 경황이 없었다.

기태는 근처에 따로 방을 하나 얻어 기거하고 있는데, 하루는 셋째 제수가 와서 "기태를 누가 끌고 간다"는 것이다. 그 당시 나이 사십 미만인 사람은 거리에서 붙잡아 보국대원으로 끌고 가 전투하는데 화약이나 식사 등을 운반하고, 군인들의 심부름꾼 노릇을 하는 반(半)군인으로 군인보다 죽는 경우가 많다고들 했다. 그런 곳으로 끌려가는데 어디로 갔는지 알 도리가 없고 알아 볼 곳도 없었다.

열 세 식구를 여기까지 끌고 와서 기태가 붙들려 가고 보니 팔 한 짝이 툭하고 떨어진 것 같다. 그러니 나도 끌려갈까 봐 나다닐 수도 없고, 처하고 셋째 제수하고 돌아다니며 어디로 갔는지 알아본다고 나갔으나 막연한 노릇이다. 몇 시간을 나다니면서 찾아 헤매었으나 도저히 알 수 없어 그냥 되돌아 왔다.

● 8월 1일

가족들이 모두 모여 근심으로 그날 밤을 새우고, 다음 날(7월 31일) 별다른 방법도 없고 알아 볼 곳도 없으니 온 종일 걱정만 하고 있는데, 저녁나절쯤 되었을 때 기태가 얼굴과 몸뚱이가 새까맣게 되어 돌아왔다. 모두들 "어떻게 돌아왔느냐?" 물으니 통행증을 내 보이며, "나는 이제부터 이것만 가지고 있으면 아무데라도 마음 놓고 다닐 수 있다"고 하며, 그간 겪었던 이야기를 하였다. 그날 어떤 놈들한테 끌려가 어디인지 모르나 창고에 갇히었다. 창고 안이 캄캄해 그 안에 사람이 많이 갇혀 있다고 했다. 저녁도 되고 또 배도 고파 밤인지 낮인지 모르고 바람 한 점 들어올 구멍 하나 없어 어둡고 더워서 죽을 지경이라 참을 수 없었다.

얼마나 지났는지 모르나 문이 열리더니 주먹밥 한 덩이를 주는데, 그것도 서로 먼저 받으려고 야단들이었다. 그것을 한 덩어리 받아 찬도 없이 시장한 참에 한 입으로 다 먹었다. 식사 후 몇 시간이 지났는지 문을 열고 군인이 다들 밖으로 나오라고 하더니, 모두 줄을 세우고 신체검사를 하는 모양이었다.

그 신체검사는 병신만 아니면 다 합격으로 데려 갈 때다. 기태 순서가 와서 검사관이 육군 대위인데, "어디서 왔느냐?"고 물어 보기에,

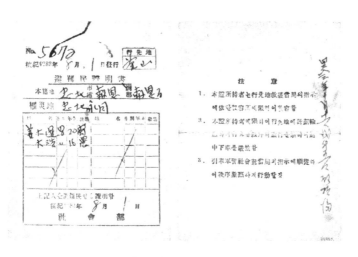

충북 피난민 증명서

"청주에서 왔다"고 하니까 "청주에서 피난 왔느냐?"고 묻기에, "가족을 데리고 피난 왔다"고 하니, 검사관이 "피난민은 데리고 오지 말라고 했는데 피난민을 데리고 왔다"고 야단치며 이 통행증을 해주고 "돌아가라" 하기에 왔다는 것이다. 어찌나 고마운 일인지, 검사관이 보내주지 않고 그대로 끌려갔으면 살아 돌아오기 어려울 지경이었다.

창고 안에서 거의 24시간 갇혀 있는데 더워 땀은 줄줄 흐르고, 창고 속에 무엇을 쌓아 놓았는지 먼지와 거미들 같은 것이 너무 많아서 옷으로 땀을 닦았더니 아주 검둥이가 됐다고 했다. 그 후로 기태는 그 통행증을 가지고 어디든지 마음 놓고 다녔다.

그런데 밤에 자고 있는데 어떤 놈이 들어와 젊은 남자들을 붙들어 가는 것이다. 어제까지는 길에서만 붙들어 가더니, 이제는 피난민이 수용되어 있는 곳까지, 그것도 방에까지 와서 붙잡아 갔다. 그 실정을 알아보니 군부대에서 각 부락 단위로 보국대(報國隊)[5]에 보낼 인원수를 할당하며 징발하니 약삭빠른 장정들은 숨어 버려, 보낼 사람은 부족하고 군에서는 독촉이 심하니 부락 사람들이 자기들 대신에 피난민을 막 붙들어다 군부대에 인원수만 채워서 넘겨주는 모양이다.

피난민이 붙들려 가면 기태같이 모두 되돌려 보내는 것은 아닌 것 같다. 그 당시 보국대에 붙들려 가면 군인으로 있는 것보다 더 위험하다고들 했다. 왜냐하면 군인들은 호(壕)를 파 놓고 그 속에서 총이나 포를 쏘지만, 보국대는 아무리 위험한 곳이라도 화약이나 물자를 지고 군인 있는 곳까지 가져다 주어야 하니 군인보다 더 위험하다는 것이다. 그래 우리가 있는 곳도 젊은 사람이 붙들려 갈까봐 숨어서 잠을 자곤 했다.

•8월 6일

8월 2일부터 그럭저럭 수일간을 그런 형편으로 지냈다. 8월 6일 오후 서너 시경부터 넷째 제수(기원이 처)한테 산기가 있어 어디서 몸을 풀어야 되는데, 창고 바닥은 콩나물시루 모양으로 피난민이 가득 차 있어 곤란하였다. 하는 수 없이 창고에 줄을 매고, 집에서 가지고 간 대마포와 홑이불로 가리고 밤에 아기를 낳았다.

---

5 한국전쟁 동안 민간인들이 군부대에 동원되어 노무력을 제공했는데, 군과 민은 이러한 민간 노무인력 동원 및 전쟁 지원 행위를 '보국대'라고 칭했다. 그러나 해방 이후 한국전쟁이 휴전에 이르기까지, 실체성이 있는 하나의 국가행정조직으로서 '보국대'라는 것은 없었다. 보국대는 법제적 근거가 없는 구어적 표현이고, 일제강점기의 근로보국대라는 명칭이 관습적으로 쓰인 것이다.

• 8월 7일

그 다음 날 창고 뒤에 조그마한 방 비슷한 것이 한 칸 있어 그곳을 빌려 산모와 아기를 옮겼더니, 어떤 놈이 "보도연맹 가족이 여기서 몸을 풀고 있다고 말하는 놈이 있다" 하여 "다른 장소로 옮기는 것이 좋을 것 같다"고 나한테 일러주는 사람이 있어, 셋째 제수가 어떤 동네로 가서 방 한 칸을 얻어 그리로 옮겼다.

그렇게 많이 죽이고서도 경찰 계통에서 경계가 심하여, 일반인들도 보도연맹 가족을 가깝게 하면 자기네까지 의심을 받아 꺼릴 수밖에 없었다.

그간 석대의 병은 며칠간 약을 먹였으나 별로 호전되지 못했다. 본래 발병된 지 오랫동안 약을 쓰지 못했고, 지금 약을 먹여도 너무 늦어 약효가 없는지 약이 귀하니 좋은 약을 못 써서 그런지, 설사를 계속 하면서도 잘 먹지를 못했다.

영양 부족으로 몸에는 종기가 동전 크기만큼씩 여러 군데 생겨났다. 병원에 가도 의사도 없고 약도 없어 치료도 할 수 없고, 한약국을 찾아 약을 지어 먹여도 나아지지 않으니 어찌해야 할지 걱정만 태산 같을 뿐이다.

청주 대덕동에 살고 있는 아버지 친구 분이신 금학제 씨가 오셔서 나보고 "돈을 조금만 빌려 달라"는 것이다. "돈을 꾸어 주면 청주에 가서 갚겠다"는 것이다. 내가 여비와 월급을 탔다는 이야기를 듣고 돈이 많은지 알고 빌리러 온 것이다.

나도 객지에서 여러 식구하고 지내기가 어려운 실정이니 남한테까지 빌려 줄 수 없어 거절하였더니 대단히 서운해 했다.

그 당시 군에서는 전황이 대단히 위급하고 사람은 부족하니 동네마다 징발 인원을 할당하며 징발하려 했으나, 서로들 가지 않으려고 숨은 자가 많으니 보낼 인원이 부족하여 지방인들은 길에서나 또는 난민이 모인 곳이면 찾아와 사람을 붙들어 갔다.

그래서 남자들은 언제 갑자기 붙잡혀 갈지 몰라 창고 안의 담배통 쌓아 놓은 사이나 뒤에 있었으나, 덥고 갑갑하여 견디기가 어려웠다. 그렇게 사람이 부족하니 밤에 자는데 갑자기 와서 몇 사람을 붙잡아 갔다. 그 뒤에는 잠도 창고 안에서 자지 못하고 심부름이나 시장가는 일은 모두 여자들이 도맡았다. 그 다음에도 몇 차례 붙잡혀 갔다. 그 때는 사오십 세까지도 끌려가서 젊은 사람은 군인으로 뽑아 제주도로 보내 몇 주간의 훈련을 마치면 일선으로 보내지는 모양이다. 그래 젊은 사람은 이리저리 숨어 있다가 자원하여 군인을 간 사람도 많이 있었다.

당시의 전황은 인민군이 낙동강을 건너서 팔공산 있는 데에 총 병력을 집결시켜 대구를 점령하려는 분위기였다. 그러나 아군측에서도 병력이 총집중 되고 일본에 있는 미군도 많이 온 것 같다. 수없이 많은 전차가 올라가서 저쪽 팔공산에 포를 막 쏘아 대니, 포 소리가 콩 튀듯이 들리며 극에 달한 전투였다.

● 8월 18일

그때 대구도 위험한 상황이라 많은 사람이 이미 부산으로 떠났다. 그러한 극한 상황의 전투가 며칠 지속 되더니, 8월 18일 저녁에 대구에 포탄이 대 여섯 발 떨어졌다. 하늘에서 불덩이가 휘- 휘- 소리를 내며 날아와 떨어지고 난 다음에 벼락치는 소리가 났다. 사람들은 밤중이고 어두워 어떻게 할 도리가 없으니 쥐 죽은 듯이 꼼짝도 못하고 있었다. 포탄은 대구 역 근처에도 두어 발 떨어 졌는데, 우리가 있는 곳이 역 근방이어서 그날 밤은 불안한 상태로 지새웠다.

● 8월 19일

다음 날 피난민은 물론 지방민들도 부산을 향해 떠났다. 우리도 남들 따라 나섰더니 길마다 사람이 꽉 차서 갈 수가 없어 조금씩 비집고 간신히 시내 변두리까지 와보니, 큰 다리에서 군인이 못 가게 막았다. 너무나 많은 사람이 밀려 나오니 군용 차량이 다닐 수 없어 그랬는지 모르겠으나, 먼저 건너간 사람들이 많으니 못 건넌 사람들은 결사적 으로 건너려 하니, 군인이 못 당해 내니 총자루로 닥치는 대로 패도, 죽기를 각오했는지 건너려고 야단들이다.

왜 못 가게 하는지 알아보려고 어린애를 업고 군인 있는 곳으로 가 까이 다가가니, 총대로 후려치려고 쫓아오기에 냇가로 도망쳐 위기를 간신히 모면했다. 그때 처는 멀리서 내가 두들겨 맞는 줄 알고 애를 태웠다 했다. 그래 가지고 오지도 못하고 길가에서 마냥 기다리고 있 었다.

그런 정황에서 해도 저물어 가고 많던 사람들도 어디로 흩어져 우리 도 갈 곳이 없어, 다시 전매국 창고로 갔더니 아무도 없었다. 우리 식구들만 그곳에서 쉬게 되니 겁도 나고 허전하기가 형언할 수 없었다.

석대 병이 더하여 그대로 그곳에서 더 머무르려고 했는데, 그날 밤 중에 근처에 대여섯 발의 포탄이 떨어져 벌벌 떨며 겁이 나서 견딜 수가 없었다. 여럿이 있을 때 보다 더 무섭고 겁이 났다.

경산 전매서로 가다

● 8월 20일

이내 잠잠하여 창고로 들어가 밤을 새우고 다음 날(8월 20일) 그곳을
떠났다. 어제보다 사람들도 적었고, 군인이 길을 막고 있지도 않아
쉽게 갈 수가 있었다. 경산 전매서를 들렸더니 대구에서 떠난 전매국
사람들이 많이 와 있었고, 일부는 산으로 갔다고 한다. 우리는 석대
병이 더욱 심해져 더 갈 수도 없고 해서 이곳에서 쉬기로 했다.

전매서 마당과 창고, 출하장 같은 데에서 거적을 깔고 틈 하나 없이
꼭 끼어 앉아 있었다. 나도 자리를 비집고 보따리를 풀고 쉬었다. 그
곳에서도 남자들은 곧 잡아 간다고 한다. 그래서 나는 그곳에 있지
못하고 창고 뒤 창고 벽과 담 사이가 서너 자 턱은 되는 데가 있어,
그곳에 가마니와 거적을 깔고 창고벽에 등을 기대서 앉아 있는데 나
도 그곳에 끼어 숨어 있었다.

저녁에 잘 때도 붙들러 왔었다. 창고 뒤에는 좁아서 드러누울 수
없고, 만일 그 사람들에게 탄로 날까 불안하기 짝이 없어 몇 사람은
전매서 뒤 콩밭 고량 또는 뽕나무 사이에 거적을 깔고 숨어 자곤 했
다. 기태는 그 통행증을 가지고 아무데나 마음 놓고 다녔다.

석대 병은 점점 더하여 병원이나 한약방을 찾아보았으나 약이 없
어, 별로 약을 제때에 써 보지도 못하였다.

박봉가는 그곳에서 같이 있지 않고 어느 과수원이 있는 동네에 미
군이 천막을 많이 치고 있는데, 미군이 먹고 남은 식료품이 많이 나
온다고 하며 소고기를 곱게 다진 장조림과 버터, 과자, 땅콩 등을 많
이 가지고 와 맛있게 먹었다. 그 후에도 몇 번을 더 가져와 맛있게

먹었다.

• 경산은 사과가 많이 나는 지방이다

그 지역에서 생산되는 사과가 다른 도시로 출하 되지 못하니 사과 값이 폭락하며 과수원에서 그대로 상하게 되었다. 백 환짜리 한 장만 주면 큰 자루로 한 자루 가득 주고 덤으로 더 주었으나, 무거워 이고 올 수 없다고들 한다. 처와 넷째 제수가 한 자루씩 사다 먹었다.

그 때가 이른 사과가 나올 시기라 그러한지 사과 맛이 대단히 시다. 그리고 먹는 것이 부실하니 항시 속이 비어 다들 먹는다. 떨어지면 또 사와 먹고 또 사오고 하니 너무 많이 먹어서 사과에 물렸다. 애들도 사과 한 개를 한 입만 물어 뜯고 버릴 정도였으며, 또 사과로 김치도 담고 썰어서 끓이는 데 넣어서 먹어 보았으나 별 맛은 없었다.

석대(넷째)가 숨을 거두다

• 8월 24일 [석대가 숨을 거두었다]

석대 병이 더욱 심하여 가더니 8월 24일 밤에 숨을 거두었다. 가지고 갔던 대마천으로 옷을 만들고, 그것으로 싸서 기태가 걸머메고 나하고 우리 동네 사는 신지원이와 함께 삽과 곡괭이를 얻어서 식전에 일찍이 공동묘지로 가서 파묻었다. 불쌍하고 가련한 마음은 말할 수 없으나, 엄청난 경황 중이라 얼떨떨할 뿐이다. 그 피난 중에도 전매국에 있는 직원들이 몇 푼씩 거두어 청주 전매지국장이 부의금이라 하며 건네주기에 받았다.

•8월 25일

피난 중에 불행을 당한 가족에게는 면에서 식량도 특별 배급을 주어 받았다. 이 난리 중에도 그런 인심이 남아 있는 것은 대단히 고마웠다. 8월 25일 월급날이 되었는데, 대구에 있는 대구전매국에서 타와야 하는데 젊은이는 못 가고 나이를 많이 든 분들이 도장을 거두어 가지고 월급과 양곡 배급표를 타다 주었다. 경산에서 대구까지 사십 리나 되는데 걸어 다녀야 했다.

빨래를 자주 못해 입고 여럿이 함께 잠을 자니 몸에 이가 많이 생겨 큰일이다. 그러나 이약(DDT) 같은 것을 파는 곳도 없으며 살 방법도 없었다.

그 당시 정부는 부산에 있었고, 전황은 팔공산 전투에서 인민군이 크게 패한 모양이다. 인민군 병력이 팔공산에 집결하였을 때 아군과 유엔군은 포를 엄청나게 많이 쏘았고, 비행기로 집중 폭격을 하여 대구를 점령하려던 인민군은 거의 전사한 모양이었다.

그러니 인민군은 병력을 밀양으로 집결시켜 대구와 부산의 중간을 끊으려 하고, 한편 부산을 취할 목적으로 인민군이 양쪽에서 협공하며 쳐들어 온다고 했다. 잘못하면 대구와 경산은 인민군에 포위된다고 걱정들이다.

아군과 유엔군 측에도 이제는 상당한 무기가 들어 왔고, 병력도 많이 늘어 방비를 튼튼히 하고 있어 쉽게 쳐들어오지 못하고 공방만 지속되는 모양이다. 그 당시 군인을 많이 뽑았고, 적령자는 자원하여

군에 많이 갔다.

● 나도 이제 전시요원이 되었다

그때는 대구에서부터 부산까지만을 제외하고는 전 국토가 인민군의 손에 점령당하였다. 인민군은 남한 일대를 다 점령하고 조금만 남았는데 이것도 다 점령하는 것은 시간문제라고 생각했을 것 같다. 그래서 인민군도 있는 힘을 다해 싸우는 모양이다.

우리 직장에서도 전시 요원의 신분증을 만들어 준다 하여 사진을 찍어 가져다 주었는데, 정말로 전시요원 신분증을 해왔다. 이제는 이것만 가지고 다니면 잡혀갈 일이 없으니 마음 놓고 다닐 수 있게 됐다.

시장에 모처럼 나가서 보니 우렁이를 까서 삶아 팔고 있었다. 그것이 먹고 싶어서 한 공기 사 먹었더니, 그 후 뱃속이 불편하여 고생을 많이 했다. 그 때 시장에는 채소라고는 부추뿐이고, 생선 등은 동해안에서 잡히는 것이 다른 곳으로 갈 수 없으니 많이 출하 되어 가끔씩 사다 먹을 수 있었다.

한 번은 싱싱한 갈치를 몇 마리 사다 먹었는데 어찌나 맛이 좋았던지, 아내는 45년이 지난 지금도 그 이야기를 가끔씩 하고 있다. 그곳 사람들은 배추나 열무는 채독 걸린다고 생으로는 일제 먹지를 않았다. 그러니 시장에 채소가 없다. 된장이나 간장은 여자들이 촌동네로 다니면서 얻어다 먹었다. 그곳에는 어느 집이고 된장 맛이 좋았으나, 고추장은 아주 귀했다. 부잣집이나 약 항아리 만한데다 담아 놓고 귀한 손님이 올 때에만 조금씩 내놓는다.

피난길 종착지

거처를 경산 사동으로 옮기다

• 9월 8일

9월 초순경이었다. 갈수록 날이 선선해지자 저녁으로는 추워서 밖에서 잘 수 없으니 모두들 시골 동네로 가서 방을 얻어 나가고 있다. 우리도 남들 하는 대로 시골 방을 얻어 나갔다.

경산읍에서 약 2km 되는 곳으로 고개를 넘어가면 사동이라는 마을이 있다. 고개를 사동 고개라 하고, 고개를 넘기 전에 오른쪽 산에 크고 이상한 건물이 있다. 그곳이 코발트 광산이라 한다. 일제 식민통치때 일본인들이 코발트라는 광석을 캐서 외국으로 수출 했다고 한다.

경산 코발트광산 수평굴 입구

•그 동네를 들어가 방 한 칸을 얻었다

그 동네에는 달성 서씨가 많이 살고 있었고 대구지방 전매국 서무과장이 달성 서씨인데 본가가 이 부락이라 한다. 그 동네로 온 사람들은 우리와 안승근, 청주지방 전매국 서무과장으로 있는 조남원과 청주지방 전매국 판매과장인 이경갑, 4가족이 들어 왔다. 안승근과 이경갑은 조금 거리가 떨어진 곳에 있고, 나와 조남원은 이웃집에 있게 됐다.

우리 식구는 많은데 방이 한 칸이라 식구가 방에서 다 잘 수 없어서, 그 집의 외양간을 치우고 나와 기태는 외양간에서 잤다. 그 옆집의 방을 하나 더 얻어 기태네는 그리로 갔다. 나는 집주인이 자는 방에서 함께 잤다. 그 사람들도 면에서 한 집에서 방 한 칸씩 비워서 피난민들에게 내어 주라고 하니, 이왕에 피난민을 주려면 공무원 가족을 두는 것을 좋아했다.

그 동네에는 집집마다 멍석에 콩잎을 따서 말리고 있다. 소먹이로 말리는 줄 알았더니, 사람이 먹으려고 말리는 것이라고 한다. 콩잎도 누런 색깔이 좋으며, 푸른 잎은 먹지 않으니 껄끄러워 먹기가 나쁘다고 한다.

그곳에서는 배추나 열무 같은 채소는 없고, 채소 대신 콩잎으로 국도 끓이고 장도 끓이고 삶아서 먹기도 했다. 그 당시에는 여름이면 대부분의 사람들이 보리밥을 많이 먹어야 했던 시절이다. 우리는 배급으로 쌀과 보리를 타서 섞어 먹었는데, 안 집에는 쌀은 하나도 없고 순전히 보리밥만 먹고, 그 집 노인의 점심은 찬 보리밥 한 공기에 된장에다 풋고추 몇 개 꽂아서 찬 한 그릇으로 때웠다.

나하고 처는 산에 가서 솔방울을 따다가 연료로 사용했다. 그때만 해도 나무가 대단히 귀하여 날마다 처하고 같이 가마니를 가지고 산에 가서 솔방울을 따는 것이 하루 일이었다.

• 석규가 코를 다쳤다

하루는 산에 올라갔다 오니, 기평이가 석규를 보다 앞으로 폭 넘어져 코를 다쳤다. 그때 무슨 약이 있겠는가? 그냥 피만 닦아 주었다. 지금 도 석규 코를 자세히 보면 흉터가 있다.

저녁이면 마당에 멍석을 깔고 나와 기태, 조 과장, 조 과장 집주인 이 모여서 이런 저런 이야기를 했다. 가끔 안승근이가 놀러 왔다. 내 가 묵고 있는 집주인의 이야기가, "여기서도 보도연맹원을 많이 죽였 다"고 하였다. 그곳에서 조금 떨어져 있는 곳에 큰 금광이 하나 있고 굴 깊이가 수백 길이나 되는데, 보도 연행원들을 수십 명씩 끌고 가서 굴속으로 몰아 넣어 빠뜨려 죽이기를 수차례에 걸쳐 수백 명을 죽인 모양이라고 하였다. "그래 그 산 밑에 가면 그 굴속에 죽은 사람의 피가 흘러나와 산도랑 가에 불그레한 물이 흐른다"고 하면서, "사람이 그렇게 악독할 수 있느냐?"는 이야기를 하였다.

조 과장 집주인은 미꾸라지를 잡아다 추어탕을 잘 끓여서 나와 기 태, 조 과장과 저녁 대접을 해주기도 했다. 그곳에는 미꾸라지를 잡아 다 질그릇에서 하루 저녁 담가 두어 미꾸라지 입에 있는 흙물을 모두 토해 내게 한 다음, 다른 그릇에 물을 다시 붓고 미꾸라지를 건져서 담아 두면서 먹을 때마다 푹 과서 얼기미에 걸러 거기에다 나물을 넣 고 국을 끓여 소금을 넣어 먹는데 비린 맛이 없어 좋았다. 이후에도 몇 차례 그런 식으로 해주어서 잘 얻어먹었다.

• 감 장사를 했다

피난민들이 감 장사를 한다고 하여 "우리도 해보자"고 처하고 함께 감을 떼러 가보니, 서 있는 감나무를 그대로 사는 것이다. 큰 나무는 비싸니 작은 나무로 값을 정하여 감을 사 가지고 집으로 와서 떫은맛을 빼내야만 상품으로 될 수 있기 때문에 소금물에 침을 담아, 처하고 셋째 제수가 머리에 이고 경산 시장에 내다 팔았다. 그러기를 몇 차례 하여 몇 푼의 돈을 남긴 것 같다. 우리 윗동네의 어느 집에는 감나무가 얼마나 큰지 나무 둘레가 몇 아름 되고 해마다 감을 판 돈으로 큰 황소 한 마리를 산다고 했다. 아마 몇 백 년은 된 것 같다.

• 모처럼 보리주를 먹었다

"우리 동네 건너편에 외딴 주막이 하나 있는데 그곳에 술이 있다"하여 조 과장과 같이 갔더니 역력한 보리주였다. 한 병 사 가지고 조 과장과 함께 들었는데, 오랫동안 먹지 못하다 모처럼 먹으니 맛이 좋았다. 둘이 이런저런 이야기를 해 가며 한 병을 다 들고 얼큰해 돌아왔다. 그 후로도 몇 번 출출하면 조과장과 같이 가서 한 사발씩 들고 왔다.

지금의 전황은 어떤지 잘 알 수 없고 장에 다니는 동네 사람들의 말로는 "인민군이 영천 근처로 쳐들어 와서 그곳에서 극심한 전투가 벌어졌다"고 했다. "영천은 경산에서 사십 리 밖에 되지 않으니, 만일에 인민군이 그리로 뚫고 들어오면 경산까지 위험하다"고들 하며 불안해 했다. 그때 인민군들은 대구를 점령하려고 하다가 팔공산에서 전멸하니 밀양 방면으로 병력을 돌려 대구와 부산 사이를 끊으려 했지만 여의치 못하여 다시 마산 근방으로 쳐들어와 부산을 점령하려고 하는 것도 잘 안되니, 이번에는 병력을 영천 방면으로 돌려 쳐들어온다고 했다. 그 이유는 인민군들도 보급 노선이 멀어지고 아군들이 후퇴할 때는 식량창고나 창고를 전부 불질러 없애 버리고 철수하니, 식량과 화약 보급이 곤란할 수밖에 없다. 그리고 낮에는 이쪽의 비행기가 폭격을 하니 밤으로나 물자를 운반해야 한다.

그 후 가끔 경산 시장에도 나가고 전매서에도 들려 전쟁 소식을 들을 수 있었다. 신문은 부산에서 발행하고 있으나 흔치 못했고, 라디오 방송은 부산에서 유엔군 방송뿐이었으나 라디오가 원체 귀했다. 그런저런 여러 사람들을 통하여 들려오는 전쟁 소식은 아군에게 점점 유리하게 변하는 것이었다. 영천 싸움에서도 인민군이 전멸했다고 들려왔다. 우리는 신문이나 라디오 같은 것도 없고 직접 보고 들을 수도 없어 남들이 듣고 이야기하는 것만을 들을 뿐이었다.

어느 날 "라디오 뉴스를 들으러 가자" 하여 경산시내 어느 집에 들어가니 사람들이 많이 모여서 뉴스를 듣고 있는데, 잡음이 심하여 무슨 말인지 잘 알아듣지 못했다. 그때의 라디오는 지금처럼 좋지 못하여 잡음 없이 똑똑하게 들리지 않았다. 그러나 전황은 많이 유리해진 것 같다.

그럭저럭 경산 사동으로 온지도 여러 날이 되고 방에서 잠도 자고 또 붙들려 갈 염려도 없으니 피난살이가 조금은 안정이 되었지만, 매일 어머니와 집 생각이 그칠 새가 없으며 언제나 고향에 갈 수 있을지 막연하였다.

인천 상륙작전

인천 상륙작전

● 9월 16일

하루는 경산읍에 나갔더니 "9월 15일에 유엔군이 인천에 상륙했다는 방송이 있었다"고 다들 반가워했다. 그리고 보면 이제 어떻게 될 것인지? 우리도 고향에 가 볼 날이 가까워 오는지 궁금하여 견딜 수가 없었다. 날마다 전쟁 소식을 들으려 읍에 다니는 것이 일이다. 어떤 사람의 말에 의하면 "아군이 지프차로 대구에서부터 대전까지 갔다 왔는데 사람을 하나도 구경하지 못했다"고 하며, "인민군뿐만 아니라 지방민들도 어디로 갔는지 한 사람도 못 보았다고 하더라"고 전했다.

인천에 상륙하는 연합군 군함과 병력 〈연합뉴스 사진〉

서울을 수복하다

● 9월 28일

서울 수복, 며칠 후에는 "유엔군이 서울을 탈환했다는 방송이 있었다"
는 소식이 들려왔다. 그런 후에는 군인과 경찰이 대구에서 밀고 올라
가는 모양이다.

그때 밀고 올라 갈 때 실정은 피난 갔다 와서 직접 보았던 사람들의
말에 의하면, 남한까지 내려온 인민군은 보급이 끊어져 후퇴할 도리
밖에 별 방법이 없었던 모양이고, 온 길로 퇴각하자니 비행기가 폭격
을 하고 또 아군이 밀고 올라가니 어렵게 되어 산으로 숨어서 밤으로
만 도망치다 아군에게 전멸되고 또 풍비박산(風飛雹散)되기도 하여 살
아 도망친 자는 몇 명 안 될 거라고 말하는 사람도 있었다.

서울을 탈환하고 중앙청에 게양한
유엔기와 유엔군

아군들이 밀고 올라 갈 때 어디서 숨어 있다가 "이제는 살았구나" 하고 나와 환영하는 사람도 많이 있는가 하면, 인민군의 앞잡이 노릇을 한 악질 분자들도 있었으며, 이들은 대개 도망갔으나 미처 못 도망간 자는 아군이나 경찰들에게 총살당하고 선량한 사람들 중에도 부득이 인민군에게 붙들려 협조한 자도 이때에 많이 있었다고 한다.

그 당시는 무슨 법에 의해서 사람을 죽이는 것이 아니고, 군인이나 경찰이 살생권을 행사함으로서 억울한 죽음을 당하고도 그 가족이 어디다 호소할 곳이 없다고 했다. 군인이나 경찰이 올라간다고 하니 피난민도 집에 돌아가게 되자, 우선 단신으로 온 젊은 사람들이 먼저 떠나고 그 후 매일 고향으로 돌아갔다.

● 10월 10일
그러나 우리는 애들을 데리고 걸어갈 일이 엄두가 나질 않았다. 날마다 피난민은 떠나고 얼마 남지 않았는데, "우리는 어떻게 해야 하나"

인천상륙작전 성공 후 돌아오는 인천시민들 〈연합뉴스〉

하고 걱정 할 때, 누가 "대구까지만 가면 기차를 타고 갈 수 있다"고
한다.

그래서 우리도 다음 날 아침 일찍 떠나기로 했다. 그날 저녁 집 주
인과 동네 사람들에게 그간 신세져 고마운 인사를 하고, 마지막 하루
밤을 잤다. 자면서 생각하길 혹시나 꿈이나 아닌가? 또 고향에 가면
그간 어떻게 되었는지? 어머니는 살아 계신지? 집은 그대로 남아 있
는지? 이런저런 생각으로 밤을 새웠다.

1차 피난길, 귀환길

귀환길, 사동을 떠나다

• 10월 11일

날이 밝았다. 일찍 아침을 먹고 사동을 떠날 때에 동네 사람들이 나와
전송을 해주고 그간 정이 들어서 서로들 섭섭하게 생각하고 눈물을
흘리는 사람도 있었다. 안승근네와 조 과장네도 같이 떠났다.

집주인이 우마차를 한 대 내어 짐을 싣고, 아이들도 태워서 대구까
지 데려다 주었다. 사동을 떠나 경산을 지나며 생각하니, 피난 나와서
석대를 버리고 가니 불쌍한 생각과 또 집으로 간다니 기쁜 생각을 동
시에 해가며 대구에 도착했다.

우마차를 돌려보내고 대구역에 와 보니 기차 타는 사람들은 없고,

1950년 12월 29일 대구역 피난민열차
〈연합뉴스 사진〉

어디서 기차를 타는지 알 수 없어서 누구에게 물어 보아도 잘 몰랐다.

그런 상황에서 청주전매국 지국장 엄재형 씨 며느리가 어디서 오더니, "기차를 타려면 저쪽으로 가는 것 같다"고 하며 자기네 식구들을 데리고 가기에, 우리도 따라 갔더니 길이 아닌 철로를 넘어서 열차 타는 곳으로 가는 것이다. 가보니 수백 명 이상이 기차 오기를 기다리고 있었다. 그러나 몇 시간을 기다려도 기차는 오지 않았다. 멀미가 나도 그냥 기다렸더니 기차가 왔는데, 전부가 화물 같은 것을 싣고 사람은 화물차의 지붕 위에 가득히 타고 있었다.

기차가 서니 모두들 기차 지붕 위로 기어 올라갔다. 우리도 애를 먹었다. 짐을 먼저 올려놓고 비집고 자리를 잡아 애들을 앉혀 놓았다. 열차 밑으로 떨어질까 걱정되어, 기평이 보고 아이들을 떨어지지 않도록 어린아이를 업는데 쓰는 띠로 아이들을 감아 안쪽으로 모아놓게 하고, 어른들이 바깥쪽으로 에워쌌다.

열차 지붕 위는 편편치 못하고 가운데 배가 불쑥 나와 둥그스레하여 잘못 주의를 기울이면 떨어지기 쉽다. 그런 일을 다 마쳤는데 기차는 떠나지 않는다. 언제쯤 떠나는 지, 얼마쯤 쉬는 지 알아볼 곳도 없고, 마냥 떠나기만을 기다릴 뿐이었다. 기차를 타고만 있으면 수시간 후면 조치원 역에 다다를 줄 알았다.

이 열차는 정기 노선이 아니고 군수물자를 싣고 가는 임시열차로,

폭격에 의해 철로가 파손되었으면 임시로 수리하고 상행선과 하행선 파괴되지 않은 선로를 따라 가기 위해 역마다 선로 변경을 해가며 천천히 그리고 워낙 많은 물자를 싣고 기관차는 석탄을 때서 수증기로 가는 것이라 힘이 모자라는 모양이다.

그런 임시열차도 하루에 한 번 있거나 또는 없기도 한 모양이라고, 먼저 타고 있던 사람들이 말하였다. 어떤 사람은 열차 아래로 내려가 냄비에다 쌀을 넣고 밥물을 넣고 돌멩이로 냄비 밑을 받쳐 놓은 후, 다시 땔나무를 주어다 밥을 짓는 사람도 많았다.

그러다 기관차가 기적 소리를 내면 밥을 끓이다 말고 그대로 엎어 가지고 화물차 지붕위로 기어 올라왔다. 그러다 열차가 떠나지 않으면 또 냄비를 가지고 내려가서 다시 밥을 지었다. 그러다 또 기적 소리만 나면 냄비를 들고 뛰어 올라오는 것을 반복하니 밥은 골아서 제대로 뜸을 들일 수 없지만, 배가 고파서 할 수 없이 그런 식으로 먹어야 했다.

몇 시간을 기다렸는지 이제는 참말로 기차가 떠났다. 열차는 힘있게 달리지 못하고 조심스레 그리고 천천히 갔다. 철로가 안전하지 못한 관계로 빨리 갈 수도 없었다. 누군가가 "저것이 팔공산이다" 하여 쳐다보니 그 넓은 산에 포탄이 떨어진 자리가 빈 곳이 없이 산을 모두 덮었다. 저렇게 퍼부었으니 인민군이 밀고 들어 올 수가 없었다. "그 산에서 인민군이 얼마나 많이 죽었을까?" 하는 생각을 하며 열차는 계속 북쪽으로 달리고, 팔공산은 멀리 희미해져 시야에서 없어졌다.

오는 도중 먼 산들을 쳐다보니 산허리에 길을 닦은 것처럼 이 산 저 산으로 한없이 길게 붉은 흙이 보이는 곳이 많았다. 누군가가 말하기를 "저것이 호(壕)인데 호 깊이는 한 길 정도 되어서 그 호 속으로 물자를 운반하는 통로이다."라고 했다. 저렇게 땅을 파려면 상당한 인력과 시간이 필요할 테고 비행기가 폭격을 하였을 터인데, 어떻게 파 놓았는지 궁금하다. "지방 사람들을 붙잡아다 밤으로 부역을 시켰겠지"하며, 오면서 그런 곳이 많이 눈에 뜨이니 "인민군이 지방민을 얼마나 많이 괴롭혔을까?" 하는 생각이 났다.

가옥들이 폭격 맞아 타 버렸는데 온 동네나 도시 할 것 없이 전부 잿더미이고, 흙벽돌로 쌓은 집들은 붉은 색인 벽만 남아 있었다. 폭격을 맞지 않은 외딴 집이나 촌락들이 더러 있을 뿐이다. 그 때는 도시의 집들도 흙벽돌로 많이 지었다. 기차는 역마다 쉬어 가는데 어느 역에서는 한 두 시간 쉬는 데도 있고, 또 어디서는 몇 시간을 쉬기도 하여 일정치 못하다. 기차가 쉴 때마다 난민들은 냄비와 쌀을 들고 내려와 물을 찾아 밥을 안치고, 땔나무를 주워 밥을 끓이느라 야단들이다.

그래서 우리도 이렇게 몇 차례 밥을 끓여 다소나마 허기를 면해야 했다. 밤이 되면 대단히 추웠다. 아이들은 홑이불을 덮어 주고 바람에 날리지 않게 네 귀에 틀을 잡아 매 놓았다. 어른도 추워서 견딜 수가 없는데, 애들은 얼마나 추웠겠는가, 아이들의 소변은 기차 지붕 위에서 아래를 향하여 누이면 되고, 대변은 업고 내려와 용변을 보이고 다시 업고 올라가야 했다. ‒ 이게 돌아오는 피난길이다.

그래도 걷는 것보다는 나았다. 밤에 아이들은 홑이불 속에서 졸다 깨다 하고, 어른들도 보따리에 기대어 졸다가 "아이들이 떨어지지는 않는가?" 하고 깜짝 놀라서 깨곤 하였다. 추워서 잘 수 없지만 순간순간 깜빡하는 수가 있다.

전쟁 중에 폐허가 된 김천 삼각로터리 〈김천신문〉

그때 석규(2세)가 몸이 아팠는데 밤바람이 몹시 차서 아내가 업고 "아래 화물차 안으로 가 있겠다"고 내려갔다. 얼마 후 궁금하여 내려가 보았더니 화물차 안에 폭탄을 가득 싣고 그 속으로 조금 빈 곳이 있어 거기에 군인이 몇 명 있는데, 아내가 군인들 틈에 끼어 있었다. 그것을 보고 마음이 놓여 다시 올라왔다. 군인들도 애기가 아프니 내쫓지 않고 봐주는 모양이다.

열차는 대구를 출발하여 왜관과 양복(구미시)을 거쳐 김천에 도착하였는데, 오면서 보니 면 소재지나 읍 소재지는 전부 잿더미이고, 도로변의 수십 채씩 있는 부락까지 거의 타 버리고 남은 것은 찾기가 어려울 정도였다. 역마다 건물은 하나도 없었다.

김천 같은 도시가 전부 잿더미였다. 우리가 피난을 갈 때는 김천에서 시내를 못 들어가게 막고 먹을 물을 조금만 달라 해도 문을 잠그고 열어 주지 않던 곳이 그간에 재로 변하였으니 인생무상을 새삼 느끼게 한다.

오는 도중에 탱크나 기차가 폭격을 맞아 길가에나 논밭에 넘어져 있는 것이 흔히 보였다. 김천을 떠나 직지사 역에서는 하루 밤을 그대로 기차에서 있었다. 그래서 밥을 한 끼 해 먹었다.

• 10월 13일

다음 날 아침 직지사 역을 떠나 열차가 굴 속으로 들어가는데, 앞에서 어린 아이가 떨어졌다고 한다. 기차는 그대로 가기만 하니 부모들은 기막힐 노릇이다. - 전쟁터의 사람 목숨은 파리 목숨이다.

그 고생을 하고 피난 생활이 거의 끝나는데 이런 일을 당했으니 얼마나 애통하랴. 그때 아내는 기차 안에 서 있다가 그 소리를 듣고, "우리 집 아이들이 떨어지지 않았는가?" 하고 걱정되어 미칠 것 같아 다음 역에서 열차가 쉬는데 열차 지붕 위로 올라와 나와 아이들이 무사한 것을 보고 마음이 놓인다고 했다.

오면서 김천, 황간, 영동, 옥천 모두 재로 변했고 대전에 도착해 보니 여기도 역시 그 큰 도시가 모두 타 버렸고 변두리에 약간의 집들만 보였다.

• 10월 14일, 대전 역

대전을 지나 어느 역인지 하루 밤을 치렀다. 밤중이고 후미진 곳이어서 공비한테 습격을 당할 염려가 되어 열차가 서 있는 것 같다. 기차에 싣고 온 화물이 폭탄과 휘발유 같은 위험물이니 더욱 염려될 것이다. 사실 피난민도 태우지 말아야 할 것인데, 당시의 사정이 어려워 어찌 할 수 없었다.

• 10월 15일, 조치원 역

다음 날, 날이 밝자 기차는 떠나 아침 사이쯤 되어 조치원 역에 도착하였다. 대구에서 열차를 타고 3일 만에 조치원에 다다랐다. 조치원도 전부 재만 남았다. 우리는 기차에서 내려 청주까지는 걸어야 했다. 조치원 다리를 끊어서 다리 밑으로 가도록 되어 있었고, 물 있는 데는 긴 막대를 걸쳐 그것을 디디고 건넜다. 청주로 향하는 귀향 난민들이 길을 가득 메웠다.

오성에 오니 금융조합(지금의 농협) 마당에서 피난민에게 식사를 대접했다. 아마 그 동네 분들이 돌아오는 난민들에게 식사를 대주는 모양이다. 과연 훈훈한 충청도 인심이다. 그곳의 금융조합 이사가 낙동강에서 만났던 한정석의 둘째 형으로, 넷째 제수의 외당숙이다. 그분은 부인과 함께 반가워했다.

• 어머니 소식을 들었다

어머니가 집에 계신다는 소식을 여기서 처음 들었다. 그리고 밥도 더 가져다 주어서 많이 먹었다. 잠시 쉬었다가 또 걸어 오는데 다리도 아프고 짐을 진 어깨도 아파 간신히 걸어오다 보니 미호천 다리도 끊어놓아 다리 밑으로 다니고 물 있는 곳은 긴 나무를 걸쳐놓아 그리로 건너 다녔다.

길가에는 폭격 당한 차량이 많이 눈에 보였다. 청주를 와보니 무심천 다리도 끊어져 미호천같이 다리 밑으로 다니고, 시내를 들어오니 청주는 다행히도 잿더미가 아니었다. 오다 보니 중앙시장은 전부 타고 다른 곳도 몇 군데 폭격 맞아 타긴 했어도 시가지는 거의 보존되어 있는 상태였다.

대구를 지나 조치원까지 오는데 전부 잿더미가 되었는데, 청주만이 이만한 정도면 다행한 일이다.

1차 피난길에서 집에 돌아오다

드디어 집에 도착하다

• 10월 15일
어둑어둑해 방고개(밤고개)를 들어서니 어머니가 마중을 나와 계셨다. 어머니를 붙들고 식구들이 모두 다 울었다. "석대는 죽어서 파묻고 왔다"고 하니 더욱 더 울었다. 우리가 온다는 소식을 안덕벌 사람들이 먼저 와서 전해 주어 마중 나왔다고 하셨다.

연초공장 앞 도로변에도 폭격 맞은 자리가 여러 곳이 있었고, 삼거리는 폭격으로 여러 집이 타 버렸다. 집에 들어와서 사랑방에 아버지의 지청[祭廳] 앞에 엎드려 한참을 통곡하였다. 일어나 집을 둘러보니 집은 별 이상이 없었다. 그러나 아버지가 쓰셨던 의장, 책상과 서랍 기타 궤짝을 잠그고 나갔는데, 어느 놈이 자물쇠를 부수고 값나가는 물건 몇 가지는 가져갔다.

어머니 말씀이 두리봉(매제집)에서 우리와 떨어져 찾으려고 보은 까지 가서 박봉기를 만났다고 하시며, 오는 도중 옥화대 당숙 집에 우리가 있나 하여 가 보았으나 없어서 그냥 집으로 돌아 왔다고 하셨다.

인민군이 우리 집이 넓으니 사무실을 차려 놓고 있었는데, 어머니께서 "다른 곳으로 나가라고 하여 내 보냈다"고 하신다. "그때 인민군이 들락거리면 혹시 아군 비행기가 보고 폭격을 하면 어떻게 하나 걱정이 되어 내보낼 수밖에 없었다"고 하신다.

그리고 뒷방에 농과 옷장 같은 것은 잠가놓은 것을 부수어 열고 무엇을 가져갔는지 잘 모르겠으나, 아버지 제사 때 쓰려고 쌀을 부엌의 광에 두었는데 누가 다 가져가 버렸고, 제사용으로 해 놓은 술도 빈 독뿐이었다고 하신다. 어머니가 집으로 들어오셔서 집을 지켜 다행히 집은 온전했다.

우리가 왔다고 하니 이웃 사람들이 찾아와 반가워하며 피난 이야기를 나누느라 바빴다. 그간 어머니는 자식들을 다 잊어버려 낙심되어 계신 것을 검동굴(작은매제집) 여동생(기열)이 자주 와서 보살피고 간호도 해주어 도움이 많았다고 하신다.

먹을 것이 없어 버들구지 구장이 우리 밭을 부치는데(소작인) "밭 도지 대신으로 식량을 조금 달라"고 갔었으나 주지 않아 그냥 돌아왔다고 하신다.

인민군이 점령한 후 동네에 식량이 없는 집에 식량 배급을 주는데, 우리 동네에 사는 김장호가 배급을 주게 되어 어머니를 배급받게 해주어 배급을 받아먹었다 하신다.

당시의 연초공장 실정

• 10월 16일

다음 날 공장에 나가니 직원들이 다 나와 있고, 내가 제일 늦게 나온 것 같다. 그 당시 공장장(工場長)은 이내풍 씨이고, 서무계장은 조세원이며, 작업계장은 조학년이었다. 나는 서무 및 회계 업무를 담당하고 있었다. 그래 공장을 들러 보겠다고 공원들을 출근시켜 기계를 손질하고 있었다. 그때 공장은 다행히도 큰 피해가 없었다. 목조 창고 백 평짜리 두 채가 폭격으로 타고, 그 안에 쌓여 있던 엽연초(葉煙草)가 소실되었다. 장비로는 일제 때 서울 공장에서 사용하던 것을 대동아 전쟁 때 청주로 이전해 온 권각기(卷刻機) 두 대와 권상기(捲上機) 열 대 외에 가행기기 및 냉각기(冷却機) 등이었고, 보일러는 전 재건조장 (再乾燥場)에서 사용하던 것을 그대로 쓰고 있었다.

풍년초

장수연

1946년에 처음 제작한 백두산 담배

공원은 200명 정도였고, 담배 제품은 권련으로 백두산이 있었는데 고무인으로 백두산이라고 찍고 600본을 한 봉지에 낱개로 담아 한 보루(box)씩 40보루를 나무 궤짝에 넣어 전매서로 보낸다. 그러면 소매인들은 20개씩 끈으로 묶어 소비자에게 판다. 그러면 양끝으로 담배 가루가 부서지면서 빠져 나온다. 그리고 봉초(封草)는 풍년초와 장수연 두 가지가 있다. 담배를 곱게 썰어 담은 것은 풍년초이고, 거칠게 썰어 담은 것은 장수연이다. 이것도 풍년초, 장수연을 봉지에다 고무인으로 찍어서 봉지 담배를 나무 상자에 담아 전매서로 보낸다. 국내에 포장 재료가 없어서 이렇게 할 수밖에 없다. 그러다 포장용 재료를 수입하였다. 서울 인쇄공장에서 포장용지를 인쇄한 것을 가져다 사용하였다.

그간 전황은 유엔군이 38선을 넘어 평양 및 청진 등을 점령하여 기뻐하였고, 백두산에 태극기를 꼽는다고 했으며, 지방민들이 나와 유엔군을 환영한다고 하더니, 얼마 후에는 중공군의 많은 병력이 참전하며 다시 후퇴한다는 것이다. 그 당시 후퇴한 군인들의 말을 들어보면 평양에서는 전부 후퇴를 한 모양이다. 청진 방면은 인민군에게 포위되어 꼼짝도 못하게 하고 바다에다 배를 대고 간신히 빠져 나온 모양이다.

여기서 쳐들어 갈 때는 인민군이 모두 숨었다가 이쪽에서 깊숙이 들어 간 후에 인민군이 모두 나와 청진을 포위한 모양이다. 중공군은 압록강을 건너 평양을 항해 오는데 낮에는 아군의 비행기 폭격으로 숨어 있다가 밤이면 사방에서 나팔을 불고 꽹과리와 북을 치며 습격해 들어오니, 중공군의 병력을 파악할 수도 없고 굉장히 많은 병력으로만 생각하고 유엔군은 후퇴한 모양이다. 그 당시 유엔군이 후퇴할 때에 민간인들도 많이 월남하였다.

이때 월남한 사람들의 얘기를 들으면, "어느 날 지녁에 잠을 자고 있는데 갑자기 유엔군이 후퇴하므로 민간인들도 자다가 유엔군을 따라 오는데 뒤에서는 총을 마구 쏘아 많이 죽기도 하고 가족끼리도 서로 떨어서 생사를 모르고 부모 자식 간에도 이별하여 이 지경이 되었다" 한다.

평양에서 후퇴할 때에 어두워 잘 보이지는 않는데 죽은 시체를 밟고 유엔군을 따라와 월남하였다는 것이다. 시체를 밟고 도망쳐 나올 적에 어떤 여자가 어린아이를 업고 나오다가 여자는 총에 맞아 쓰러지고 어린아이는 살아서 등에서 빠져 나와 어미 젖가슴을 잡고 울고 있는 것을 보았으나 누구하나 보살펴 주는 사람이 없어, 다들 모른체하고 지나 갈 수밖에 없었다고 했다.

더욱이 밤이면 날은 추워 어린아이도 살지 못했을 것이라 한다. 자다가 갑작스럽게 당한 일이라 한 집에 살아도 부부간이나 부자 형제간에 서로 떨어진 사람도 많은데, 따로 사는 사람은 더 말할 것도 없이 그 때의 이별이 지금까지 영원한 이별이 될 줄이야 누가 알았으랴.

공금 강도를 당하다

공금 강도를 당하다

회계 업무는 위험한 일이다. 공장은 기계를 손질하여 작업하고 있으나 자금이 없어 직원과 공원들의 급료를 못 주고 업자들한테 빌려다 쓴 물건의 대금을 주지 못하고 서울지방 전매국에서 자금을 보내 주기만을 기다리다 못하여, 공장장이 나보고 서울로 가서 자금을 가져 오라고 하였다.

당시는 서울이나 지방이나 송금이 안 되어 서울에서 현금을 직접 가지고 와야 했다. 그리고 교통편의도 기차나 버스는 없었고 개인용 트럭을 타고 다녔는데, 서울에서 내려온 사람들의 말을 빌리면 서울은 다시 피난을 나온다는 소식이었다. 그 소식을 듣고 보니 혼자서 현금을 가지고 오기가 곤란한 것 같아, 공장장에게 한 사람 더 보내 둘이 가기를 청하였더니, 공장장의 말이 "서울지방 전매국에서 트럭을 한 대 내달라 하여 권지(담배를 둥글게 말아 붙이는 종이) 한 차 싣고 자금을 얻어 가지고 그 차에 타고 오면 될 것을 두 사람씩 갈 필요가 없다"는 것이다. "청주공장에도 트럭 한 대가 있었는데 인민군이 징발해 갔는지 피난을 갔다 오니 없어졌다"는 것이다.

할 수 없이 혼자 가야 했다. 서울 올라가는 차를 각 처에 알아보니, 어느 개인 트럭이 다음 날 열 시쯤 모처에서 출발한다 하여 다음 날 그 시간에 그 장소로 갔더니, 여러 가지 준비 및 차량 손질 관계로 늦어져 점심 먹고 한 시쯤 떠났다.

그 당시는 서울 가는 길이 국도라 좁을뿐더러, 전국이 비포장인데 비온 후 도로가 파지는 것을 막기 위배 도로 표면에 감자만한 돌을 깔아서 트럭 위에 타고 가면 너무 털털거려 내장이 뒤집힐 정도이고 흙먼지 속에서 눈만 빠끔할 정도이다.

1.5t의 소형 자동차라 운전석에는 운전사와 차 주인이 타고, 트럭 위에는 짐을 싣고 사람이 그 위에 탔는데 나하고 다른 분이 몇 명 있었다.

해방 후 무질서한 때라 순경들은 자동차 운전사를 뜯어 먹는 시절이라 아무 잘못 없어도 공공연하게 금품을 요구하였다. 만일에 금품을 주지 않으면 차를 붙잡아 놓고 못 가게 하니 사업하는 사람들은 할 수 없이 몇 푼 주고 가는 것이 편하다는 것이다.

그 당시 경찰의 행패는 어디나 다 그런 식으로 아주 당연한 상황이라 했다. 청주에서 서울까지 가자면 그런 검문을 여러 곳에서 받았고 가는 시간이 6~7시간 이상 걸렸다. 천안을 조금 지나가서 어떤 이들이 길가에다 승용차를 세워 놓고 수리하는데 잘 안되는지, 그 차에 탔던 사람들 4~5명이 우리 차를 세우고 같이 타고 가기를 부탁하여 함께 타기로 했다.

그 당시는 통행금지 시간이 오후 9시이다. 모두 통금 시간 내에 서울에 도착하게 될 수 있을는지 걱정하였는데, 서울역 근방까지 올라가니 9시가 거의 다 되어 여관을 찾아 들어섰다.

● 조화양조장 사장을 만나다

천안을 지나 중간에서 타고 온 사람이 나보고 "어디까지 가느냐?"고 묻기에 "종로 4가까지 간다"고 하니, "통금 시간이 지나면 미군들이 총을 마구 쏘아 일체 통행을 못하니, 자기가 아는 여관이 여기서 가까우니 여관에 가서 쉬고 내일 일을 보라" 하여 그 사람을 따라 여관으로 들어갔다. 청주에서 타고 같이 온 사람들도 같은 여관으로 들었다.

여관에 들어가 그 사람들하고 인사를 하고 보니, 한 사람은 군산 조화양조장 사장이고, 그 외 분들은 회사 직원들 같았다. 나는 청주 전매국에 다니는 아무개라고 신분을 밝혔다. 그 당시 정종 중에 '조화'라고 하면 지금의 백화수복같이 고급술이고, 또 당시 누룩과 쌀만으로 만들어 일제 때의 정종과 똑같이 술 맛이 대단히 좋았다. 그리고 군산 조화양조장이라 하면 전국에서도 유명하였다. 그 사장이 여관에 들어가니 누군가 "사장님 오기를 기다린다"고 인사하며 대단히 반겼다.

여러 사람들이 모여 들었다. 자기네끼리 하는 말이 "이제 어찌할 도리가 없으니 각 처에 쌓여 있는 물건은 그대로 창고에 두고, 창고 문이나 잠그고 내일 차 한 대 내서 모두 타고 내려갈 도리밖에 없다"는 것이다. 그 내용을 알아보니 그 당시 서울에서 소비되는 정종은 거의 군산에서 올라오는 모양이라 이 회사 물건이 서울에 많이 쌓여 있는데, 또 후퇴하게 될 형편이라 이 술을 다시 실어 내려고 사장과 직원들이 올라 왔는데, 서울에 있는 사람들의 말이 "술은 고사하고 사람들 피난하기도 어렵고 급하게 되었으니 물건은 그대로 두고 사람들이나 차에 타고 가자"는 것이다.

조금 있다가 술상이 나왔는데 좋은 안주도 많고 술도 정종으로 나와 술 좌석이 벌어졌다. 그 사장이 나에게도 술을 권했다. 그 사장이 나보고 "무슨 급한 일이 있기에 이렇게 서울엘 가느냐?"고 물어, 사실대로 "직원들 월급 줄 자금을 가지러 왔다"고 하니, "아무리 공적인 일이라 하더라도 내가 먼저 살아야 하는 법인데 이 난리 중에 어떻게 자금을 타서 가느냐?"고 하며, "포기하고 내일 자기네 차로 함께 내려 가자"는 것이다. 그래 고맙기도 하고 서울이 대단히 위급한 것 같아 사장 말대로 자금은 포기하고 그 사람들과 함께 내려 갈 생각을 하고 잠을 잤다.

그 다음 날이 밝자 서울 거리는 피난 보따리를 지고 오고 가는 사람이 많았는데, 그것을 보니 간밤의 생각이 달라졌다. 서울지방 전매국으로 가서 차를 한 대 얻어 재료를 싣고 자금을 타서 내려가야지, 여기까지 왔다가 그대로 갈 수 없다는 생각이 들어 그 사장에게 그런 이야기를 하고 작별한 후 나는 서울지방 전매국에 들렸다.

거리마다 피난짐들을 가지고 왔다 갔다 야단들인데, 전매국에는 여전히 사무를 보고 있으나 한편으로는 피난 갈 준비들을 하는 것 같았다. 우선 운수계에 가서 차 한 대를 배차해 줄 것을 요청하였으나, 차가 한 대도 없어 배차를 못한다는 것이다.

원래 운수계의 차가 여러 대 있었는데, 인민군이 징발해 갔는지 한 대도 없다는 것이다. 경리계로 가서 자금을 요청하였더니, "자금은 얼마든지 줄 테니 가져가라"는 것이다. 서울지방 전매국에도 자금 보관이 곤란하였던 모양이다. 그러나 현금을 가지고 가야 하는데 차량 없이는 많이 가지고 갈 방법이 없어, 우선 300백만[6] 원만 가지고 가면 한 달 급료는 될 것 같고 또 그 정도는 가방 속으로 들어가니 들고 가기에 편리한 것 같아 300백만 원만 찾아 가지고 여기 저기 다니며 내려가는 차를 알아보았으나 차가 없었다.

그때 서울에서 부산까지 가는데 차 한 대에 700백만 원이라도 차가 없다는 것이다. 또 있다 해도 비밀이라 몇 사람만이 특정한 장소에 모이도록 연락하여 그곳에서 태워 가니 알 수가 없었다. 피난 갈 사람은 많았고 차는 귀하니 이런 상황이 벌어졌다. 할 수 없이 여관에 들려 그날 밤을 잤다.

다음 날 또 차를 알아보려고 다니는데, 아무 차라도 있으면 나 혼자 몸이야 비집고 올라 탈 작정을 하였으나 차가 눈에 띄지 아니했다. 그런 상황에서 아는 사람을 만나게 되어 사실을 이야기 하였더니, "마침 내려가는 차가 한 대 있으니 몇 시경에 어디로 오라"는 것이다.

그 시각에 그곳을 가보니 바로 국방경비대 본부 사무실이었다. 어느 집 이층에 사무실이 있고 군복을 입은 사람들이 여러 명이 드나들었다. 그곳에서 기다렸더니 한참 있다가 차가 한 대 왔다. 그런데 국방경비대 사람들이 타고 가려고 그래서인지 출발 준비가 덜 되어서인지 출발을 아니 하였다. 몇 시간을 기다렸는데 운전사가 화가 나서 안간다고 하며 차를 가지고 어디론지 가 버렸다. 할 수 없이 다시 여관으로 와서 하루를 더 묵고 다음 날 본청(전매청)에 들렀다.

본청(전매청) 총무과장으로 있는 김동회 씨를 찾았다. 이분은 아버지와 잘 아는 처지고 일제 때 내가 전매국에 들어간 것도 이분의 소개를 받았으며, 그 후 청주 재건조장 장장으로 내가 모셨던 분이다.

---

6 '3백만'을 이렇게 쓴 듯하다. 다음 페이지의 '700백만'도 마찬가지이다.

그 당시 전매국 직제는 본청에 전매국장이 있고 각 과가 있을 뿐이다. 총무과장을 찾아가 인사를 하고, "자금을 가지고 가야할 터인데 차가 없어 내려가지 못했다"는 이야기를 하고 무슨 방법이 없는지 여쭈어 보았더니, 그 말씀이 "사흘 후에는 차가 있다"고 하시며, "내가 부탁을 해 놓을 테니 그 차를 이용하라"는 것이다.

그래서 그 차를 알아보니, 당시 본청 업무과장으로 계신 이종래 씨가 전주지방 전매국장으로 발령이 났는데, 전주지방 전매국에서 이길남이라고 하는 직원이 새로 발령된 이종래 국장을 모시러 오는 차다.

전주지방 전매국에도 인민군에게 차를 다 빼앗기고 갖고 있는 차가 없어 부산에 가서 미군이 매각 처분한 GMC 트럭을 싸게 사서 수리 중인데, 3일 걸린다고 한다. 그래 그동안 여관에서 쉬게 되는데, 전주에서 올라온 이길남이 하고 차 운전사와 조수들도 한 여관에서 쉬게 되어 함께 인사를 나누고 저녁에는 같이 놀고 이야기도 나누어 잘 알게 되었다.

그간 낮에는 본청에 자주 들리게 되었는데 하루는 본청 제조과에 있는 이장석 씨가 나를 보고 "돈 300백만 원을 청주 김기설에게 전해 달라"고 부탁하였다. 나보다 십여 세 연장자이고 우리 직속 상급과에 있는 분의 부탁이라 거절할 수가 없었다. 무슨 돈이냐고 물었더니 "줍지(담배통 재료) 입찰 보증금으로 자기한테 맡긴 것인데 시국도 어지러우니 남의 돈을 맡아 가지고 어떻게 될지 모르니 본인에게 돌려 줘야겠다"는 것이다.

그 300백만 원을 받아보니 가지고 있던 공급 300백만 원 하고 모두 600백만 원인데, 가방에다 400백만 원을 넣고 200백만 원은 따로 보자기에 쌌다. 그러나 "전주에 가는 차만 온다면 조치원 가서 내려 가지고 걸어서라도 청주에 가겠지” 하는 생각이 들었다. 차를 다 수리하여 떠나는 날 총무과장에게 갔더니 나를 이종래 씨에게 인사를 시키고, “부탁한 사람이 이 사람이니 잘 부탁한다”고 전했다.

차를 타는데 운전석에는 운전사와 이종래 씨 부인과 아들 하나를 태우고, 짐차에는 이삿짐을 싣고 그 위에 올라타는 것이다. 이종래 씨도 방한모를 쓰고 이삿짐 위에 앉아서 있었는데, 본청 직원들이 나와 이종래 씨에게 작별 인사를 했다. 그리고 사람들이 차 위에 가득히 탔다. 대부분 전매국 직원의 가족들이었다.

차가 출발하였는데, 그 시간이 오후 2시를 조금 지난 것 같았다. 서울 거리마다 피난 가느라고 야단들이며, 한강은 빈 드럼통을 물 위에 띄워 밧줄로 연결하여 부교를 놓았다. 그 다리로 사람과 차가 모두 건너 다녔다. 서울 시내를 지나서는 길가에 피난 가는 사람이 천지고, 유엔 헌병들이 가끔 교통 정리하는 것이 눈에 띄었다. 안양 근방서부터 미군들이 많이 눈에 띄었다.

한강 부교를 통해 도강하는 자동차들

수원을 지나 오산을 오니 진눈깨비가 막 쏟아지더니, 미군 두 명이 차를 세우고 운전사를 내 쫓고 위에 탄 사람을 내리라 하고는 자기가 운전하여 오산 역 광장에다 차를 세우고 차 위에 있는 이삿짐을 질퍽 질퍽한 땅 바닥에 막 내던져 내려놓은 다음, 차를 끌고 어디론지 가 버렸다. 그러고 보니 진눈깨비는 퍼붓고 날은 어두워졌다.

모두들 어디 들어갈 곳도 없고 너무도 어이가 없어 어찌할 수 없었다. 타고 왔던 인원은 20여 명 정도 되었다. 거기에서 누군가가 "이런 상태로 밤을 새울 수 없으니 저기 보이는 동네로 들어가서 앉을 곳을 구해 보자"는 것이다. 그래 그 사람이 다녀오더니 "방을 구했으니 그리 가자" 하여 모두 함께 가게 되었다.

이삿짐은 질퍽한 땅 바닥에 진눈깨비를 맞고 있어도 어디 들여놓을 곳이 없어 운전사와 조수가 지키도록 하고 모두들 그리로 가는데, 그 동네는 불과 200여 미터 밖에 안 되는데 길이 좁아서 한 줄로 서서 가는데 나도 중간에 끼어 갔다. 모두 빈 몸으로 가고, 또 부인네는 어린애를 업고 가고 있고, 가방과 보자기에 짐을 싸서 든 사람은 나뿐이었다.

권총 강도를 당하다

그때는 그런 생각도 못하고 가는데 길옆에 측백나무가 길가로 늘어서 있는데 그 속에서 미군이 뛰어 나오더니 나를 잡고 끌고 갔다. 아무도 보이지 않는 곳에 세워 놓고 전지 불을 비추며 무어라고 지껄이는데 말을 알 수 없었다. 그런 후 누가 오는가 하고 사방을 전지 불로 비추어 보더니 내게 불을 비춰 몸수색을 했다. 공무원증 뒷면에 영어로 기록되어 있어 전매국 공무원인 줄은 알았을 것이다.

누가 오는가 하고 대단히 의심하고 사방을 살펴보더니 가방 속에 무엇이 들어 있느냐는 것 같다. 가방과 보자기를 풀어보라는 흉내를 냈다. 그래 다 풀어 보이니 돈을 보고 좋아하는 것 같았다. 그런 후 다시 싸라는 시늉을 하여 되 쌌다.

그런 후 무엇이라고 하더니 권총을 쑥 빼어 내 가슴에 들여대는 순간, "이제는 죽는구나" 하는 생각과 집에 있는 가족들의 생각이 머리에 떠올랐다. 정신을 차려 눈을 떠보니 그놈은 권총을 다시 집어넣었다. 그 후 무엇이라고 지껄이더니 제 손으로 자기 입을 가리키며 지껄이는 소리가, "소리치면 죽인다"는 것 같이 느꼈다. 방금 전에도 그런 의미로 생각되었다. 그렇지 않아도 내가 소리를 지르면 그놈이 단번에 총을 쏠 것 같은 생각이 들었다. 그리고 그놈이 누가 오는지 의심을 하고 전등으로 사방을 비춰 보았다.

그런 와중에도 언뜻 내 생각에는 "돈은 다 빼앗겨도 목숨은 살아야 한다"는 생각이 들어 가방과 보자기에 싼 보따리를 네게 다 준다고 손짓을 하였더니, 그놈이 알아들었는지 무슨 소리로 화를 내는 것이다.

내 생각으로는 "돈을 빼앗을 도둑놈으로 생각하느냐?"고 화를 내는 것 같이 들렸다. 이놈이 나를 죽이고 돈을 빼앗을 것인지, 아니면 돈만 빼앗고 사람은 살려 보낼 것인지 의심스럽다.

손전등으로 사방을 살펴보고 몇 번이고 전등을 내 얼굴에 비춰 나를 쳐다보았다. 그것은 내 얼굴을 보고 나의 의도를 알자는 것 같다. 그런 후 다시 무어라 하며 권총을 쓱 빼서 내 가슴에 들이대는데, "이제는 죽는다"는 생각과 집에 있는 가족들 생각이 엉키었다. 그러더니 권총을 다시 집어넣었다. 그 때 나는 죽었는지 살았는지 정신이 있는지 없는지 분명하지 못했다. "사형 집행을 할 때 처형당하는 사람들의 심정이 나와 마찬 가지로구나" 하며 이제는 가족 생각을 하면서 죽는 것이라고 했다.

그놈이 또 가방과 보자기를 풀어 보라고 손짓을 했다. 그래 모두 풀러 돈을 꺼내 놓았더니 그놈이 "보자기에다 백만 원 짜리 네 개만 싸라"는 것이었다. 목침만 한 것을 네 개 싸니 네 귀가 딱 맞아 책을 싼 책보 같았다. 두 개는 제 손으로 가방에 넣어 가방을 나를 주며 오산 역 반대 방향으로 가라고 손짓을 하기에 가방을 받아 들고 가려고 돌아서는 순간, 그놈이 권총을 쓱 빼 들고 나를 향해 쏘는데 정신 없이 한참을 막 뛰어 갔다. 진눈깨비는 눈으로 변하여 조금 쌓여 눈빛에 반사되어 한참 가다보니 사람은 없고 어둠이 약간은 훤한 정도로 근방이 보였다.

아마도 정신을 채려보니 길가 높은 위치에 밭이 있고 밭 위에 민가가 있는 것 같았다. 그래 밭으로 올라가 보니 민가 몇 집이 있었는데 아무 집이나 들어가려고 하였더니 불빛도 없고 문은 꼭 잠겨 있었다. 그런 상황에 저 쪽에서 사람 소리가 두런거리는 것 같아 무심코 길도 없는데 밭으로 뛰어 갔더니, 우리하고 같이 오던 일행이 숨어서 동정을 살피다가 내가 저쪽으로 막 뛰어 가는 것을 보고 이리 오라고 연락을 하려던 중에 마침 이리로 잘 왔다는 것이다.

그 사람들이 나를 붙들고 어느 집 방안으로 갔는데, 우선 냉수를 두 그릇 마시고 그만 정신을 잃고 한 동안 누워 있다가 정신을 차려보니 같이 차를 타고 왔던 일행들이고, 전주전매국장 이종래 씨도 이곳에 같이 있었는데 방 두 칸에 꼭 끼어 앉아 밤을 새우고 있었다.

모두들 나를 보고 "목숨만 산 것이 다행이다" 하며 그 집주인의 말이 지금 오산에 미군이 많이 와 있는데 미군들이 행패가 심하여 저녁이면 집집마다 일찍 문을 잠그고 불도 켜지 않고 꼼짝 못한다고 한다. 그리고 이 근방으로는 미군이 사람 죽이기를 파리 잡듯 한다는 것이다. 방금 전에 미군한테 내가 붙들려 가는 것을 보고 앞에 가던 사람들은 겁이 나서 빨리 가고 뒤에 오던 사람들은 오산 역으로 되돌아서 도망쳐 통행하는 사람이 딱 끊어졌다가, 내가 달아난 후 뒤에 오던 사람들도 그 집으로 들어 왔다는 것이다. 나는 정신을 차렸으나 너무 놀라서 몸이 떨려 견딜 수가 없었다.

어떻게 할 바를 몰라 한 참 있다가 그 집 주인이, "내일 날이 밝으면 부대장한테 가서 차와 돈을 빼앗겼으니 찾아 달라고 이야기를 하라"는 것이다. 그곳에 온 부대장이 좋은 사람이라고 하며, 이야기 하면 찾아 줄 것이라 했다. 그러나 나는 아무 생각 할 겨를이 없었다. 그날 밤은 그렇게 끼어 앉아서 서로 기대어 다리를 포개 놓고 남녀 구별할 여지도 없이 눈을 부치기도 하다 자리가 불편하면 잠이 깨기도 하다 하면서 밤을 새웠다.

다음 날이 밝자 오산 역으로 돌아갔더니 누가 식전에 수원을 가서 3/4톤 트럭(트리쿼터) 한 대를 구하여 짐을 싣고 그 차로 내려가게 되었는데, 운전사가 나더러 "이 차로 가지 말고 자기와 함께 부대장에게 찾아가서 돈과 차를 찾아보자"는 것이다. 나도 그렇게 하기로 하고 내가 가지고 있는 돈 가방을 가지고 다니는 것이 겁이 나 이종래 씨에게 주면서 "미안하지만 이것을 가지고 가시다가 조치원 전매서장에게 맡겨 달라"고 부탁을 하였더니 그리 하겠다고 가방을 받아 길

트리쿼터(삼륜차) 〈경인일보〉

을 떠났다.

그 난리 중에도 국밥을 파는 집이 있어 운전사와 국밥을 한 그릇씩 먹고 나니 다른 사람들의 말이, "미군 부대장한테 가기 전에 이곳의 지서에 먼저 가서 신고하고 오라"고 하기에 나 혼자 지서를 갔더니 순경 한 사람과 민간인 몇 사람이 있는데, 순경에게 간밤에 돈 빼앗긴 이야기를 하였더니 내 이야기도 다 듣지 않고 갑자기 "이 자식아. 어제 밤에 그런 것을 이제 와서 이야기 하느냐?" 하고 야단하며 "지금 지서에 사건이 많아 바빠 죽을 지경인데 이 자식아 왜 돈을 빼앗겼냐?"고 상스러운 욕을 퍼부었다.

하는 수 없이 신고도 못하고 지서를 나와 운전사와 함께 미군 부대장이 있는 천막을 찾아가 한국 사람의 통역을 찾아 사실을 이야기 하였더니, 통역관 말이 대단히 딱한 일이라고 동정을 하며 "성의껏 부대장에게 부탁을 해 보겠지만 찾을 수 있을지 모르겠다"는 것이다. 미군

부대장에게 나와 운전자를 데리고 가서 통역이 우리들의 이야기를 하는 모양이다. "자동차는 불하(매각) 증명이 있느냐?"고 묻기에 운전사는 "불하 증명이 없다"고 하였다.

그리고 나보고는 "어제 밤에 돈을 빼앗아 간 놈의 얼굴을 알 수 있느냐?"고 물었다. "어둡고 손전등 불을 자주 내게로 비춰서 얼굴이 잘 보이지 않아 잘 모르겠다"고 하니, "그래도 대충 짐작이라도 할 것 아니냐?"는 것이다. 한참 있다가 다른 군인을 불러서 무슨 소리를 하더니 통역이 나보고 "이 사람과 같이 다니면서 흡사한 사람이 있거든 눈짓을 하라"는 것이다.

그 군인이 나를 데리고 각 처의 천막을 다니면서 아무나 보고 가리키며 "이 사람 아니냐?"고 묻는다. 거기에 있는 천막을 다 돌아보고 또 "찝차를 타라"는 것이다. 그 군인과 차를 타고 다른 천막으로 가서 전과 같이 그런 식으로 돌아보았으나, 아무나 "요 놈 같다"고 할 수 없으니 아니라고 밖에 할 수 없었다.

그곳의 천막을 다 돌아보고 차를 타고 다른 천막으로 가서 전과 같이 다녔다. 그곳의 천막을 다 돌아보고 차를 타고 와서 결과를 말하는 모양이다. 부대장은 무엇인지 한참을 생각 하더니 나보고 "역에서 열시 경 총소리가 많이 났는데 그 소리를 들었느냐?"고 묻는다. 내 대답이 "그 지경을 당해 정신이 없어 그런지 못 들었다"고 하니 부대장은 그렇게 많은 총소리를 듣지 못했다니 그 후 아무 말이 없다.

그때 내 생각에는 "부대장이 내가 거짓말을 하는가 하고 시험해 보려고 공연히 총소리가 났다고 하고 나보고 그 소리를 들었느냐고 묻는 것 같다"는 생각이 들었다. 조금 후에 부대장은 다른 곳에 일이 있어 간 모양인데, 어떤 군인이 오더니 그곳에 있는 군인보고 나를 가르치며 "무엇 하는 사람이냐?"고 묻는 것 같다. 그 군인이 사실을 이야기하는 모양 같다. 내 생각에는 "요놈이 공연히 자기네를 의심받게 했다"는 것 같기도 하고, 또는 "그놈이 간밤에 돈을 빼앗아 간 놈이 아닌가" 하는 생각도 들었지만, 그렇다고 어떻게 할 방법이 없었다.

곰곰이 생각하니 도저히 돈을 찾기란 틀린 것 같아 슬그머니 그곳을 빠져 나와 보니, 운전사도 어디 있는지 모르겠고 나 혼자가 되었다. 어떻게든 청주를 갈 작정을 하고 아무 차나 내려가는 것만 있으면 매달려 가야할 형편인데, 차는 내려 오더라도 쉬지 않고 그대로 통과하거나 혹간 섰다 해도 사람이 많아 매달려 위로 올라 설 수 없다. 내려오는 차마다 사람들이 가득히 매달려 왔다.

기차도 부산에서 군수물자를 싣고 올라 왔다가 되돌아가는 모양인데, 지붕이고 올라가는 발판이고 할 것 없이 사람들로 가득히 매달려 가는데 위험하기 그지 없었다.

• 군용차를 타고오다

그러다가 저녁때가 되었는데 한 사람도 타지 않은 군용 차량이 오더니 저쪽에 사람이 없는 곳에 세웠다. 나는 그리로 쫓아가 무조건 탔더니 군인이 아무 소리도 안했다. 그러자 지켜보고 있던 사람들이 몰려와서 한 차 가득히 탔다. 차에는 철판을 적재함 높이만큼 실었다. 군인은 차를 조금 손질하더니 곧바로 떠났다. 전날 흐렸다가 개이니 날씨가 대단히 춥고 차는 정신없이 달려 차 위에는 차가운 밤바람이 살을 에는 것 같았고 철판 위에 앉아 있으니 발과 엉덩이가 깨지는 것처럼 추웠다. 길바닥은 자갈을 깔아서 털털거리기가 간이 떨어질 지경이다.

그런 중에도 여자가 애기를 업고 타고 있으니 그 딱한 실정을 일일이 헤아릴 수 없었다. 어디 붙잡을 것도 없이 차가 너무 많이 뛰니까 떨어지지 않으려고 남녀 체면도 없이 서로 끌어안기도 하고 옷자락을 붙들기도 했다. 나도 추워서 바람을 막으려고 외투를 벗어 머리 위로 뒤집어쓰고 앉아 있는데 발과 엉덩이는 완전히 감각이 없는 얼음덩이가 되었다.

아침에 국밥을 한 그릇 먹고 점심과 저녁을 굶었으니 허기진 것은 말이 아니지만 배가 고픈 것은 둘째이다. 캄캄하여 어디를 얼마나 왔는지 알 수 없는데, 차 앞에 유엔 헌병이 서서 길을 막고 옆길로 차의 방향을 돌리도록 했다. 가만히 생각하니 그곳이 소정리를 지나 공주로 향하는 분기점인 행정리이다. 거기에 탄 사람의 말을 빌리면, 전의 고개에 공비가 나타나 전투 중이라 전의 방향으로 통행을 막고 공주 방향으로 대전을 가도록 유도하는 모양이다.

나는 전의 쪽으로 조금만 더 가 조치원에서 내리면 될 것을 공주로 해서 대전을 가면 곤란한 것 같아 그곳에서 내려 처가가 수백 메타 밖에 안 되니 처가에서 자고 다음 날 걸어서 청주로 가려고 생각해 보았으나 내릴 수도 없었다.

이때 "여기에서 내려 혼자 걸어가면 미군이 단번에 총을 쏘아 밤에는 일체 조금도 움직이지 못한다"고 했다. 하는 수 없이 대전으로 돌아갈 수밖에 없었다.

얼마를 갔는데 누군가가 여기가 공주라고 했다. 얼굴을 들고 보니 어둠 속에서도 공주 금강다리의 난간이 희미하게 보였다. 그 시간은 새벽 5시쯤 된 것 같다. 점심과 저녁까지 굶고 날씨가 몹시 추워 사시나무 떨듯했다.

차가 대전을 다 온 모양인데 어디인지 널찍한 광장에다 차를 세우고 군인이 하는 말이 "여기가 대전역인데 여기서 다들 내리고, 일체 다른 곳으로 가면 미군이 총을 쏘니 여기서 기다리고 있다가 날이 밝으면 각자 갈 곳으로 가라"는 이야기이다. 그리고 군인은 차를 끌고 가 버렸다. "이 난리 중에도 저렇게 고마운 사람이 있구나!" 하는 생각을 해보았다.

사방을 쳐다보니 대전역은 건물도 없어지고 넓은 광장에 사람들이 더러 보였다. 우리 일행은 모두들 서 있으니 추워서 견디기가 어려웠다. 그런데 사람들이 역 지하도로 들락거리는 것이 보여 그리로 가보니, 지하도에도 사람들로 꽉 차 있었다. 모두들 피난민들이다. 가끔 불을 켜 놓아 희미하게 보이는데 바닥이 젖어 무엇을 깔고 앉아 있는 사람, 드러누워 있는 사람들이 콩나물같이 들어 있다. 나는 입구에 서 있으니 춥기는 마찬가지라 도로 나오니, 저 편에서 무슨 일인지 사람들이 많이 모여 있어 궁금하여 그 쪽으로 가 보았다.

어느 여자가 팥죽을 팔고 있는데 나도 사람들 틈에 끼어 밀치고 들어가 한 그릇 사서 따끈따끈한 죽을 마시니 조금은 살 것 같았다. 한 그릇을 더 사 먹었으면 좋겠는데 워낙 사람이 많아 더 살 수 없었고, 잠시 후 다 팔고 어디론지 갔다. 팥죽 한 그릇이 막걸리 잔 크기만 한 공기인데 백 환씩 받았다.

그럭저럭 날이 새기 시작했다. 남들이 날이 완전히 맑아지면 역 옥내에서 나가라는 것이다. 대전역 옥내를 나와 우선 대전 전매지국을 찾아갔다. 수직원에게 인사를 하니 "날씨가 춥다"고 하며 수직실로 들어가자고 하여 수직실로 안내 받았다. 수직원의 말이 "어제 전주지방 전매국장님한테서 이야기를 잘 듣고 돈 가방도 여기 서무과장에게 맡겨 놓았다"고 한다. 아마 그 차도 우리가 공주로 돌아왔던 길로 온 모양이다. 수직원이 우선 아침을 사 주고, "식사를 한 다음 전매지국으로 오라"는 것이다. 식사를 하고 나니 좀 살 것 같았다.

그 길로 대전 전매지국으로 가서 서무과장님을 만나 돈 가방을 인수받고 청주로 올 걱정을 하니, 차가 모두 내려가고 올라가는 차는 없는 모양이다. 서무과장한테 인사하고 전매국을 나와서 조치원 방면으로 가는 길목에 가서 "혹시 올라가는 차가 있는가" 하고 한 나절이나 기다리고 있었으나 한 대도 없었다.

할 수 없이 대전역으로 가 보니 그곳에는 올라가는 기차를 타려고 기다리는 사람이 많이 있었다. 천지가 피난 내려오는 사람들만 보았는데 여기는 올라가려는 사람들도 수 백 명이나 되었다. 서울이나 또는 외처에서 사는 가족들의 소식이 궁금하여 올라가는 이, 남아 있는 가족을 데리러 가는 이, 여러 가지 급한 사정이 있는 것 같다.

얼마를 기다리니 군수 물자를 실은 기차가 들어와 서니 사람들은 막 달려들어 화물차 위로 올라가는 것을 미군이 못 올라가게 했다. 그래도 아랑곳하지 않으니 공중에 대고 공포를 쏴 대니 올라간 사람들이 모두 내려왔다. 조금 있다가 기차는 떠났다.

이제는 기차도 못 타는 것 같아 차라리 아침 일찍이 걸어갔으면 하는 생각도 드나, 이제는 늦어 걸을 수도 없어 어찌할 바를 몰랐다. 그곳에 있는 사람들도 나와 같이 막막하게 기다리고 있는 상태이다. 그렇게 기다리고 있는 동안 해는 서산에 기울어질 때에 멀리서 기차 오는 소리가 들렸다. 모두 그 쪽을 바라보고 서 있는데 점점 기차가 보이기 시작하였다. 열차 위에 사람들이 탄 것 같았다.

모두들 반가워 발을 구르는데, 기차가 가까이 와 멈추니 지붕이 없는 차에 무연탄이 실렸다. 사람들은 무연탄 위에 종이 비슷한 것을 깔고 앉은 사람도 있고, 무연탄 위에 그냥 편히 주저앉은 사람도 있으나, 모두가 새까맣게 연탄 먼지를 뒤집어썼다.

여기에서 기다리던 사람들도 모두들 올라갔다. 나도 하루 종일 서 있어서 그냥 무연탄 더미에 펄썩 주저앉았다. 이 열차에는 올라가지 못하게 막는 헌병이 없었다.

이 무연탄이 군용인지 모르나, 그 당시에는 군수품 외에는 전혀 수송할 수 없었다. 기차가 서서히 출발했다. 바람에 가루가 날려서 새로 올라탄 사람들도 함께 깜둥이로 변했다. 해가 넘어가니 몹시 추워졌다. 점심도 굶고 저녁도 먹지 못하였으니 시장기가 겹치며 추위가 더욱 몸속으로 파고들었다. 몇 시간을 왔는지 여기가 조치원이라 하여 재빨리 나갔더니, 누구든지 차에서 내린 사람들은 저 집으로 들어가야지 다른 곳으로는 일절 갈 수 없다고 했다. 그때 시간은 9시 통행금지 시간이 지나서였다. 통금 시간이 지난 뒤에 다니면 미군들이 무조건 총을 쏜다고 한다.

그 집으로 들어가 보니 바로 역청사 옆에다 개인이 흙벽돌로 창고 모양으로 임시로 길게 지은 대기소인데, 쌓아 놓은 벽은 흙으로 마르지도 못해 흙벽돌이 그대로 노출되어 있는 상태이다. 그래도 바닥은 온돌을 놓았는데 흙을 덮고 거적을 위에 깔았다. 부엌이나 방이 모두 한 칸으로 되어 있다. 서 있는 이, 앉은 이 할 것 없이 방으로 가득 차 있었다.

군데군데 호야 불을 켜 놓고 있었다. 한쪽에 비집고 들어가 앉아보니 바닥이 따뜻하여 온종일 얼었던 몸을 녹였다. 우선 배가 고파 식사를 달라고 하였더니 국밥을 내왔다. 뚝배기에 가득히 담아 주었는데 고기도 상당히 들어 있고 맛도 좋았다. 한 잔 생각이 나서 술을 달라고 하였더니 큰 대접에 밀주를 가득히 채워 줬다. 받아서 한숨에 다들여 마셨더니 술맛이 아주 좋았다. 그리고 국밥을 한 그릇 다 먹고 따뜻한데 앉아 있으니 피로가 조금은 풀리는 것 같다.

그 집 남편이 한 사십 세 되어 보이는데 나보고 "어디까지 가느냐?"고 물었다. "청주까지 간다"고 하니 "청주에 장해진을 아느냐?"고 다시 묻기에 "청주전매공장에 같이 있다"고 하니 대단히 반가워하며 장해진이는 자기 일가라고 했다. 그래 나도 장가라고 하며 인사를 하고 서로 반가워 이야기를 나누고 있는데, 기차가 내려온 모양인지 차 소리가 난다. 조금 후에 차에서 내린 사람들이 문을 열고 몇 사람이 들어왔다.

• 정처 없는 피난민

한 삼십여 세 되어 보이는 남자인데 아이들이 셋이 딸렸다. 큰 애는 열 살 정도, 둘째는 7~8세, 셋째는 5~6세가량 되어 보였다. 집주인이 그를 보고 "어디서 왔느냐?"고 묻는다. "서울에서 온다"고 했다. 그런데 평안도 말씨이다. 집주인이 "애들 엄마는 안 오느냐?"고 물으니, "내 안식구는 평양에서 떠날 때에 떨어져 어떻게 되었는지 모른다"는 것이다. 집주인이 "그러면 이번에 유엔군이 후퇴할 때에 따라 나왔느냐?"고 하니 "그렇다"고 대답했다. "그래 그간 어디 있었느냐?"고 하니, "그때 군인들을 따라 나온 사람들이 많이 있었는데 간신히 서울까지 왔더니 어느 수용소로 보내져 며칠 있은 후 거기도 후퇴하게 되었으니 모두들 다른 곳으로 가라고 해서 어디로 가야 할 지 알지 못하여 덮어놓고 남들 따라 서울역에 왔더니 사람들이 화물열차 지붕 위에 가득 타고 있어 자기도 덮어놓고 올라 탔다"는 것이다. – 이게 정처 없는 피난민들이다.

"기차가 떠나 오는데 어디에서 내려야 할지 모르고 또 계속 내려가기만 하면 어떻게 하나 하는 생각도 들고 또 추워서 견딜 수도 없어 아무데나 내려 보자 하여 이리로 왔다" 하며, "수용소에 같이 있던 사람들도 다들 어디 있는지 헤어진 후 모르겠다"는 것이다. 집주인이 "평양에서 무엇을 하고 떠날 때에는 어떻게 나왔느냐?"고 물으니, "나는 평양에서 초등학교 선생이었으며, 식구는 부인과 애들이 넷이 밤중에 자고 있는데 이웃 사람들이 떠들며 빨리 피난을 가라고 야단들이고 한쪽에서는 총소리가 요란해 자고 있는 애는 집사람이 업고 자기는 애들 셋을 데리고 나오다 평양시 사람들이 물밀 듯이 밀려 나오는 와중에 부인하고 떨어져 지금까지 못 만났다"고 한다.

"평양에는 부모도 있고 형제도 여럿 있는데 따로 살고 있어 어떻게 되었는지 소식을 모른다"는 것이다. 그리고 앞으로 어디로 가야 할지, 어떻게 살아야 할지 걱정이다. 그 집 주인 말이 참 딱한 일이라 하며 "오늘 밤은 여기서 자고 내일 피난민 수용소를 찾아가 보라"고 일렀다. 이 난리 중에 피난민 수용소가 어디 있을 리 없다. 피난민을 위해 당연히 있어야 하나 그 당시 정부가 그런데 피난민까지 생각할 여지가 없었다.

그럭저럭 이야기하다 잠을 자고 아침에 일어나 국밥 한 그릇을 사 먹고 일찍이 청주를 향해 걸어갔다. 오전 열한 시쯤 공장에 도착하여 사무실 문을 열고 그 자리에 그대로 쓸어져 울음이 터져 나왔다. 직원들이 나를 붙들어 앉혀 놓고 어찌된 일이냐고 묻는데, 얼른 대답을 못하였다.

공장장도 눈이 휘둥그레져 나를 쳐다보고 있고, 다른 사람들이 돈을 잊어버린 모양이라고 했다. 나는 잠시 후 정신을 차리고 사실대로 이야기를 하였다. 그리고 내 얼굴과 몸이 깜둥이가 되어 우선 목욕부터 하고 나오니, 서무계장 조세원이가 "식사를 하러 가자" 하며 공장 앞의 논 가운데 있는 이복수 씨 집에 가서 점심을 들고 나오니 누가 연락을 했는지 아내가 찾아와 "얼마나 고생이 심하였느냐?"고 했다.

아내를 집으로 보내고 사무실로 들어가니 공장장 이내풍 씨가 나를 보고, "지금 곧 서울로 가자"는 것이다. 하도 어이가 없어 "못 가겠다"고 하니, 내가 가지 않으면 안 된다고 하며 "본국과 서울지방 전매국에 보고하여야 한다"고 자기도 가고, 또 마침 서울로 가는 차가 한 대 있으니 같이 가자는 것이다. 하는 수 없이 가기로 하고 우리 집에 연락이나 해 달라고 하고, 마침 서울 가는 차가 공장에 와 있어 그 차로 서울로 떠났다.

용인전매지국장 이시영 씨와 청주 공장장 이내풍 씨가 운전석 옆에 타고, 서울로 올라가는 본국 직원이 몇 명 있어 나하고 같이 뒤에 탔다. 이시영 씨와 본국 직원들도 서울에서 아직 나오지 못한 가족들을 데리러 가는 모양이다. 그때 서울을 들어가는데 한강을 건너려면 계엄사령관의 도강허가 증명이 있어야 건널 수 있는데, 사사로운 일에 도강 증명을 발급 받기가 어려울 뿐만 아니라 시일도 없었다.

그래 걱정을 하고 있는데 마포 쪽으로는 미군이 빈 드럼통을 연결하여 부교를 놓고 다니고 있지만 도강 증명이 있어야 건널 것이라 하며, 광나루로 가면 배로 건너는데 도강증명 없이도 갈 수 있을 것 같다고 누가 이야기 하여 광나루 쪽으로 가다가 어느 지서에서 순경이 차를 못 가게 막았다. 순경 말이 "통금 시간이 얼마 남지 않았는데 미군들 만나면 무조건 총을 쏘니 더 가지 말라"는 것이다. 거기서 광나루가 얼마 안 되어 운전사는 통금 시간 안에 광나루까지라도 건너려고 서둘러 가는 중인데, 길을 막아 차에서 내려 와보니 들어갈 곳이 없었다. 할 수 없이 지서로 가서 밤을 새웠다.

지서에는 순경이 둘 있었다. 난로에 생나무 장작을 넣어 잘 타지 않으니 연기가 지서 안을 꽉 차 문을 열어 놓으니 춥기가 밖이나 마찬가지다. 그래도 순경들은 친절하게 대해 주어 다행이었다. 모두들 막대 의자에 웅성거리고 앉아 졸면서 밤을 새웠다.

용인전매지국장 이시영 씨는 나를 대단히 동정하며, "죽을 고생을 한 사람을 또 이렇게 고생을 시켜 안타깝다"고 수차례 이야기를 했다.

이튿날 날이 밝자 차를 타고 가는데 식전바람이 추워서 견딜 수 없었다. 얼마를 가다가 광나루에 도착하였다. 강물이 얼어서 사공이 긴 나무장대로 얼음을 깨 가며 배를 밀고 있다. 우리도 배에 타고 차도 배 위로 올라갔다. 바로 배로 건너서 모두들 내렸는데 군인들이 검문소로 가도록 요구하였다. 검문소로 가서 별 일 없이 검문을 마치고 차를 타고 시내에 들어와 어느 음식점에 들려 아침을 한 술씩 먹고 서울지방 전매국에 들렸더니, 직원들이 모두 피난 짐을 싸느라고 야단들이다.

피난 짐은 개인 것이 아니고 전매국의 문서들로, 전시에 소개시킬 채비를 갖추고 있는 것이다. 나는 공장장과 함께 서울지방 전매국장 정도영 씨에게 가서 보고를 하였더니, "불가항력이었으니 내려가다가 그곳의 지서장에 확인서나 한 장 받아 놓으라"고 했다. 그 길로 전매국장실을 나와 전매국 본청으로 갔다. 본청에도 모두 피난 짐을 싸 놓고 대기 상태에 있다.

지방국이나 본청 직원들의 가족들은 대부분 미리 시골 고향 등으로 많이 보내고, 피난 짐은 본청 및 지방국 서류 보따리이다. 본청 총무과장 김동희 씨에게 사실을 보고하고, 연초과장 정래인 씨에게도 사실을 보고하였다. 도로 내려가는 차가 부족하며 큰 문제인 것 같다. 그 당시 본청 직원들은 부산 전매지국으로 집결하고, 서울지방 전매국은 관할이 청주가 제일 남쪽이므로 청주 전매지국으로 직원들을 집결하라는 것인데, 각자가 알아서 하라는 것이다.

　그때 공장장하고 나는 본청에 인사를 마치고 지방국으로 와서 내려가는 차를 알아보았더니, "몇 시에 모처에서 떠나는 차가 한 대 있다"고 친한 사람이 알려 줬다. "이 차도 비밀리에 출발해야지 공개하면 너무 많은 사람들이 몰려와 곤란하다"는 것이다. 시간을 맞추어 그 장소에 갔더니 이미 차에 가득히 타고 있었다. 우리도 함께 올라타고 있으니 잠시 후에 출발하였다.

　마포 쪽으로 미군이 임시로 설치한 부교를 건너는데, 모두들 차에서 내려 사람은 걸어서 건너고 차는 차대로 건너서 다시 차에 올랐다. 내려오다 오산 지서에 들려서 지서장을 찾아 그 사실을 말하고 확인서를 부탁하였더니, 그 지서장은 친절히 대해 주며 자기도 이야기를 들어 알고 있다고 하며 확인하여 준다는 것이다. 그 지서장 성씨가 모씨인데 자기도 고향이 청주라고 했다. "청주 어디냐?"고 하니까 남이면 표리라고 한다. 그곳에 모씨가 여러 집이 살고 있다. 그 지서에서 확인서를 받아 가지고 차를 타고 별 일 없이 청주에 도착하였다.

경찰서 유치장에 들어가다

집에 도착한 후 경찰서에서 호출하다

• 1951년 1월 3일

집을 떠난 지 십여 일만에 돌아 왔다. 다음 날부터 공장에 출근하고 있는데, 사흘 되는 날 경찰서에서 나를 호출한다. 아마 그 일 같아서 오산 지서장의 확인서를 가지고 청주 경찰서 수사과에 들렀더니, 진 해운이라는 형사가 어떻게 돈을 빼앗겼느냐고 물었다.

나는 그 사실을 자세히 이야기하고 오산 지서장의 확인서를 보였더니, "이것으로는 인정 할 수 없다"는 것이다. "돈 빼앗기는 것을 오산 지서장이 직접 본 것도 아닌데 어떻게 확인할 수 있느냐?"고 하며, "네가 돈을 다른 데다 빼돌려 놓고 이렇게 빼앗겼다고 거짓말을 한다" 고 하며, 나를 의자에서 내려 마룻바닥에 무릎을 꿇게 하고 매질을 하면서 바른대로 불라는 것이다. 나는 분하기도 하고 또 아프기도 하여 울면서, "그렇지 않다"고 하나, 그 자는 곧이듣지 않고 무릎 위를 막 두들기는 것이다. 그래서 내가 소리를 질렀더니 그 옆에 있던 사환 아이가 나보고 하는 말이, "그까짓 것 맞고 무슨 엄살을 그리 하느냐?" 고 비아냥거렸다.

아는 형사들이 더러 있었으나 이런 때는 못 본 척하고 외면하며 다른 곳으로 피하는데, 그중에 나선홍이라는 사람이 부암동 나씨인데 수사계 형사다. 나를 보더니 "장형 웬일이냐?"고 내 옆에 와서 물으며, 진가(담당형사) 보고 때리지 말라는 눈짓을 했다. 그러니 매질은 할 수 없었다. 나 형사로 인하여 매를 덜 맞게 되고 실정을 대강 이야기하였더니, 나 형사는 "어찌하다가 그런 지경을 당하였느냐?" 하고 걱정을 하며 자기 일을 보러 갔다.

조금 있더니 진가가 와서 "이 자식 아무리해도 안 되겠다. 집어 넣어야겠다"는 것이다. 진가는 북일면 국성리에 살던 자인데 학교도 나보다 몇 해 후배이고, 연초공장에 자주 와서 담배도 얻어 가고 하여 친하게 지내지는 않았어도 안면은 있는 처지이고, 제 입으로 내가 학교도 저보다 몇 해 먼저 나왔다고 말했다. 그러나 이 자들은 이것이 직업이라, 아는 사람이나 학교 선배를 막 다루는 것은 보통으로 생각했다.

내가 경찰서에 갈 때에 담배라도 한 보루 싸서 갔으면 괜찮았을 걸, 그냥 갔더니 이 자가 화가 나서 이렇게 혹독하게 하는 것 같다.

그 당시 경찰 중에 그렇지 않은 사람도 있겠지만 질이 좋지 못한 경찰이 많이 있어 행패가 심하였고, 죄가 있건 없건 사람을 잡아다 패는 것은 보통으로 생각하고, 또 죄가 있어도 금품을 바치면 없는 것처럼 되는 악질들이 많이 있었다. 나는 바로 유치장으로 끌려갔다. 허리띠와 소지품을 풀어놓고 유치장 문을 열고 나를 집어 넣고 문을 잠갔다. 그런데 유치장이 칸마다 대만원이다. 할 수 없이 틈새를 비집고 다른 사람과 같이 무릎을 꿇고 앉았더니, "무슨 일로 인하여 여기 들어 왔느냐?"고 묻는다. "미군한테 돈을 빼앗겼는데 거짓말을 한다는 이유로 붙잡혀 왔다."고 하였다.

• 부역은 죄가 된다

그중에는 아는 사람이 있었다. 남이면 고종 일가 되는 사람이 있었고,

또 한 사람은 머리가 하얗게 시어 별명이 백대가리라고 하는데 청주에서는 유지이다. 거기 있는 사람들의 이야기를 들어 보니 최고 90일 된 사람도 있고, 보통 60~70일 정도이다. 지껄이는 것도 순경이 듣지 못하게 조용히 지껄인다. 거기 갇혀 있는 사람들이 모두 인민군 점령 당시 부역했다는 이유이다. 여자들도 많았는데, 어린애를 데리고 들어온 여자도 있었다. 인민군이 점령했는데 어찌 부역을 안 할 수가 있겠는가? 허지만 이게 죄가 되는 게 현실이다.

무릎을 꿇고 오래 앉았으니 다리가 아파 앉은 태도가 똑바르지 못하면, 지켜보는 순경이 똑바로 앉으라고 호령을 한다. 그러면 줄을 맞춰서 무릎을 꿇고 똑바로 앉아야 하며, 또 번호를 불러서 점호를 한다.

이제 저녁 식사 때가 됐나 보다. 밥을 담은 양재기(양은식기)를 인원수대로 간간이 들여보낸다. 내 옆에 앉은 사람이 나보고 하는 말이, "당신은 오늘 저녁을 못 먹을 거니 그 밥을 나에게 달라"는 것이다. 이런 부탁을 앞뒤 좌우 모두에게 들었다. 조금 있다가 내게도 밥이 한 그릇 돌아왔는데, 밥이 반 그릇도 못되었다. 밥은 보리쌀을 섞어 지어, 조금 먹어 보니 언제 한 밥인지 찬밥을 물을 들러서[7] 데운 모양인데 떡 덩어리가 된 것은 조금 미지근하나 덩어리 속은 차고, 찬은 시래기를 소금물에 담아 밥그릇 옆에 조금 올려놓았으나 맛이 없어 못 먹고 있으니 여럿이 달려들어 한 술씩 떠갔다. "얼마나 배가 고프면 이렇게 되나?" 하는 생각이 들었다.

어떤 순경이 밥 한 그릇을 가지고 와서 자기가 알고 있는 사람에게

---

7 뜻이 확실치 않은데, "찬밥에 물을 부어서"라는 뜻으로 쓴 듯하다.

먹으라고 주자, 그 옆에 있는 사람들이 달려들어 빼앗아 먹으니 순경이 야단을 쳤다. 한 끼 주는 밥이 반 정도의 요기가 못되니 영양부족으로 사람같이 보이지 않고 짐승을 잡아다 놓은 것 같아 보인다.

저녁을 먹고 난 후 당직 순경이 교대를 하는가 보다. 만취된 순경이 하나 오더니 공연히 욕을 하고 지가 제일이다 하며 경찰서장보다 자기가 더 무서운 사람이라고 한 말을 반복하며 추태를 부렸다. 그리고 이 사람은 사람 패는 것이 취미인지, 매채를 들고 "한 사람씩 차례로 나와 창살에 양손을 내밀어라" 시키고 손바닥을 내려 쳤다. 그러면 손바닥이 아파 내밀었던 손을 창살 안으로 당기면 "다시 내 놓으라" 하여, 사람마다 몇 대씩 때리고 이 방이 다 끝나면 다음 방으로 다니며 재미로 때리는 짓을 하고 있다.

나도 맞아 보았지만 젊은 놈이 제 힘껏 내려 칠 때마다 손바닥이 끊어지는 것 같았다. 그자는 방마다 모조리 때려 나갔다.

나는 대변을 봐야겠는데 "어디서 변을 보느냐?"고 물으니, 옆에 있던 사람이 "저 뒤에 마루장을 쳐들고 거기에 앉아 변을 보라"고 했다. 가서 변을 보고 주머니에서 휴지를 꺼내 밑을 닦으니, 같이 앉아 있던 사람 몇 명이 휴지를 조금씩 달라고 달려들어 내가 들고 있던 휴지를 모두 빼앗겼다.

그런 소란이 있자 지키고 있던 순경이 "이 새끼들 이제 죽어 보라"고 하더니 "한 사람씩 드러누워서 양발을 창살 밖으로 내밀라" 하고는 지게 작대기만한 쇠로 내밀고 있는 발바닥을 힘껏 내려 쳤다. 아픔을 참지 못해 맞는 사람이 쭉쭉 뻗는다. 그렇게 대 여섯 번씩을 때리고, "또 다른 놈이 발을 창살 밖으로 내밀라" 하고 또 그와 같이 내려쳤다. 내 차례가 되어 맞아 보니 손바닥이 끊어지는 것과 같은 정도는 아무 것도 아니었다. 다리가 부서지는 것 같기도 하고, 다리로 내려간 혈관이 끊어지는 것 같이 아팠다. 매를 다 맞고 제자리에 가서 앉았으나 억울하고 분한 마음이 "이런 놈의 세상에 살아서 무엇하랴?" 하는 생각이 들어 죽고 싶은 생각이 들었다.

그렇게 하고 한참이 지났다. 잘 시간이 되었는지 "모두들 자라"고 한다. 잠이 오지 않아도 자는 체하고 있어야 된다는 것이다. 사람이 많이 있어 편히 눕지 못하고 마루 바닥에 웅크리고 꼭꼭 끼어 누웠다. 날은 추운데 덮을 거라고는 아무 것도 없으니 꼭 끼어 누워 있는 것이 추위에 도움이 된다.

그런 지경을 당하고 누워 있는 나는 잠이 올 턱이 없다. 이런 생각 저런 생각을 하다 "먹고 살려고 직장이라고 다니다 이런 경우를 당하였는가?" 하는 생각으로 밤을 새웠다.

기상 시간이 되었는지 "모두들 일어나라"고 하여 일어나 무릎을 꿇고 앉았다. 조금 있다가 아침 식사가 들어오는데 저녁과 같았다. 어제 점심과 저녁을 굶어 몹시 허기지어 억지로 몇 수저를 먹고 남은 것은 옆에 있는 사람들이 한 술씩 떠갔다.

그러니 수십 일씩 세수나 양치질을 못했으니 입 내음은 말할 것도 없고, 짐승이나 다를 바가 없었다. 아침 식사가 끝나고 몇 시간 후에 내가 있는 칸의 문이 열리더니 "장기홍 나와!" 하고 내 이름을 부르며 나오라고 한다. 엉겁결에 일어나 너 댓 발작을 디디고 서 있지를 못할 지경이었다.

문을 열은 순경과 전매지청에 있는 이경규가 왔다. 당시 이경규는 경찰 계통과 잘 통하는 사람이다. 이경규가 나를 보더니 "왜 발을 못 디디느냐?"고 물었다. "맞아서 이렇다" 하니 나를 끌어 안고 간신히 취조실로 왔다. 그곳에는 공장 서무계장 조세원이와 담배공목상 업자 김기설이도 와 있고, 어제 나를 취조하던 자가 취조서류를 뒤적거리고 있더니 나보고, "보내줄 테니 밖에 나가서 여기에서 있었던 일을 이야기하면 다시 붙잡아 가둔다"고 위협을 하고, 선심이나 쓰는 것 같이 "이제 나가라"고 했다. 나가려고 하나 발을 디디지 못하여 동생 기태가 와서 나를 업고 밖으로 나와, 자전거에 태워 집으로 왔다.

사또 재판

● 사또재판, 우선 때리고 네 죄는 네가 알 것이다
아마도 전매지청장이 이경규를 보냈고, 이경규가 로비를 한 모양이다. 죄가 있는 사람을 로비하여 풀어 준다면 조금은 수긍이 가겠지만, 생판 죄 없는 사람을 그것도 노상 강도를 만나서 죽을 뻔하다 겨우 목숨만 살아 온 사람을 가두고 발바닥을 패서 못쓰게 만들고, 그것도 그냥 풀어 주는 게 아니라 로비를 해야 풀려나는 세상이니 조선시대 때 사또의 재판과 다를 바가 없다.

방에 드러누워 가만히 생각하니 분해서 견딜 수가 없었다. 난리 중에 난리라더니, 이게 무슨 일인지 세상이 원망스럽기만 했다. 그러나 "목숨만이라도 살아 있다는 것이 다행이다"라는 생각이 들며, "만일 그때 미군한테 총에 맞아 죽었으면 가족들은 어떻게 되었을까!" 하는 생각을 하였다. 아내 혼자 어머니와 여러 아이들을 먹여 살리기가 어려운 일이다. 내가 죽지 않고 살아 있는 것은 조상님이 돌보아 주신 것이라 생각했다. 다음 날에 출근을 못하고 발이 나을 때까지 집에 누워 있을 수밖에 없었다.

2차 피난 때는

1·4 후퇴 때는

• 1월 10일

며칠을 집에서 쉬고 있으니 청주에서도 또 피난을 가야 한다는 것이다. 나는 지팡이를 짚고 공장에 나가 보았더니 모두 가족들하고 피난 가느라 출근도 아니 하고, 몇 명만 남아 있었다. 피난은 각자가 알아서 대구까지 가야한다.

서무계장 조세원 씨 보고 "나는 피난 갈 돈이 없으니 돈을 조금 빌려(가불) 달라"고 하였더니, 조세원 씨가 "지금은 돈이 없으니 그냥 대구로 내려가라" 하고 자기 집으로 가 버렸다.

다른 사람들도 가족들 하고 피난 가려고 자기 집으로 가고, 공장은 아무도 없게 되었다. 나도 할 수 없이 집으로 가려고 공장 사무실을 나오니, 창고 있는 데서 사람들이 무언가를 어깨에 메고 가는 것이 눈에 띄었다. 이상하여 그리로 가보니, 공장 공원들 서너 명이 담배한 고리를 뜯어 나누어 가지고 가는 것이다. 내가 "이렇게 하면 되겠느냐?" 하니, 다들 "담배라도 좀 가져다 피워야지, 인민군이 들어오면 다 가지고 갈 것이다." 하며 방금 전에도 직원들이 많이 가져 갔으니 나보고도 좀 가져 가라는 것이다.

가만히 생각하니 그럴 것 같아, 나도 대여섯 보루를 끈에 묶어 들러 메고 집으로 왔다. 나는 담배를 집으로 가져 오면서도 그것이 돈이 되려니 생각은 못했는데, 아내가 "담배를 내다 팔자"는 것이다. "어떻게 파느냐?"고 하니 "방고개 길에 갔다 놓고 있으면 진천길, 충주길에서 내려오는 피난민이 사서 피운다." 하며, "다른 사람들도 그렇게 하는 데 잘 팔린다"는 것이다.

처하고 동생 기평이 하고 둘이 가지고 가서 한참 사이에 다 팔고 왔는데, 그때 돈으로 몇 천원은 되는 것 같았다.

– 도둑질은 도둑질인데 전쟁 중이라 잘 구분이 되지 않는다. 양심에 걸렸다. 그런데 피난 갈 돈은 절실히 필요했다.

그때 청주와 서울 연초공장이 운행되지 못하다가 청주에만 최근에 가동 되었는데 이 지경이 되니, 경기, 강원 지방에는 담배가 대단히 귀하여 피난 오는 사람들이 담배를 구하지 못하다 담배를 보니 눈이 휘둥그레져 한 사람이 몇 갑씩 사갔다.

● 우리 집에도 사랑채에 피난민이 가득 들어 있다
피난민들이 가다 날이 저무니 춥기는 하고 밖에서 잘 수도 없어 아무 집이나 들어가자고 한다. 저녁에 피난 갈 이야기를 하는데, 처는 "피난을 가지 않겠다"고 한다. "여름 피난에 너무 고생했고, 이번에 당신이 이 지경을 당하니 피난 갈 생각이 없어져 애들 데리고 집에서 편하게 있겠다"는 것이다. "죽게 되면 죽더라도 피난은 가지 않는다"는 것이다. 내 동생 기태도 "피난은 가지 않겠다"는 것이다. 그러나 나는 공무원이니 인민군에게 잡히면 100% 끌려간다. 할 수 없이 나 혼자 가기로 했다.

이제 전매국이 대구로 갔으니 나 혼자라도 대구까지는 가야 월급이라도 탈 것 같았다. 그러나 발이 다 회복되지 아니하여 걱정인데, 기태에게 헌 자전거가 있어 그것을 타고 가기로 했다. 담배 판 돈에서 내가 대구 갈 여비를 조금만 가지고, 나머지는 처를 주었다. 나는 대구에 가서 월급을 타서 살아 갈 작정이었다.

2차 피난길

2차 피난길은 나 혼자 갔다

• 1월 13일

다음 날(1951년 1월 13일) 가족들과 작별하고 자전거에 식량과 그릇 몇 개를 싣고 떠났다. 피난민들이 미원길이 미어지게 나갔다. 가족을 떼어놓고 혼자 가며 생각하니, 여러 식구를 처에게 맡기고 떠나느라 발길이 잘 떨어지지 않았다. 그래 가다가 집으로 되돌아 왔다.

아내의 말이 "집 걱정은 말고 나 혼자라도 떠나라"고 성화를 했다. "만일 피난 가지 않고 여기에 있다가 인민군에게 붙잡히면 부역을 안 할 수 없으니, 나 혼자라도 피난을 가라"는 것이다. 가족들은 "청주가 위험하면 노라리 고모님 댁으로 가 있겠다" 하며, 넷째 제수는 "율량에 있는 외삼촌한테로 가서 함께 피난을 간다"고 어린애를 데리고 율량으로 갔다고 한다. 어린애는 피난 가서 낳은 기원(넷째동생)이 유복자다.

● 1월 14일
다음 날 자전거를 끌고 다시 피난길을 떠났다. 가는 도중에 때 아닌 겨울비가 옷이 젖게 왔다. 나는 자전거로 평지나 내려가는 데서 타고, 조금이라도 올라가는 데서는 내려서 자전거를 끌고 갔다. 길이 나쁘고 사람이 많아 자전거를 타고 가도 걸어가는 속도였다.

가덕을 지나 날이 어두워서 어느 집으로 들어갔더니 공장에 같이 있는 김기호 씨의 아우 김기인인데, 가족들이 있다. 나를 보더니 들어오라고 하여 들어갔더니, 자기네가 저녁을 해 먹고 조금 남았으니 나보고 먹으라고 밥을 주어 잘 먹었다.

옷이 함빡 젖어 춥고 칙칙하여 견딜 수 없는데, 그 집주인이 옷을 말리라고 큰 화로에 불을 담아 방으로 가지고 왔다. 나는 옷을 벗어 화로 불에 말리기 시작하였다. 양말과 신까지 말렸다. 화로가 여러 개라 다른 사람들도 옷을 말리느라 야단들이다. 그날 밤은 그 방에서 끼어 잠을 잤다.

● 1월 15일
다음 날 날씨가 개이면서 추워졌다. 아침을 김기호 씨네 식구들한테서 얻어먹고, 그곳을 떠났다. 그런데 가족을 데리고 가는 사람은 아이들 하고 가니 하루에 얼마 못 갔다. 가다가 청주공장 공원 몇 사람을 만나 같이 가게 되었는데, 모두가 단신들이고 함께 밥도 해 먹어야 되고 방도 얻어 같이 하게 되었다.

보은을 지나 청산 근방에 가서 날이 저물어 어느 동네를 갔더니 소를 잡고 있었다. 우리 일행은 "고기를 사서 먹고 가자" 하여 소갈비 한 짝을 샀다. 그 때는 정해진 가격이 없이 돈 몇 푼만 주면 되었다. 어느 집에 들어가 솥을 빌려서 삶아 주인을 조금 가져다 주고, 나머지는 몇이 둘러앉아 뜯어 소금을 찍어 시장한 판에 실컷 먹었다. 그렇게 많이 먹었어도 아직 솥에는 반 정도 남았는데, 아침에 먹으려고 그대로 솥에 두고 잤다. 새벽에 날이 어둑한데 다른 방에 있는 피난민들이 떠들썩하여 "아마 아침을 하느라고 그런가?" 하고 그대로 자고 일어나 부엌에 있는 솥을 열고 보니, 밖에서 떠들던 사람들이 다 퍼먹고 달아나 버려 빈 솥만 있었다.

● 1월 16일

할 수 없이 아침을 해서 먹고 피난을 가는데, 어린 아이를 업고 가는 사람이 많았다. 날씨가 몹시 추워 고생들이고, 마차나 손수레에 짐을 싣고 애들을 태워서 이불이나 담요 같은 것으로 덮어 끌고 가는 사람도 있다. 어떤 이는 환자나 늙으신 부모님을 그런 방법으로 태워 가는 사람도 보았다.

마차나 손수레에 어린아이를 태워 가는 사람 중에는 어린애가 얼어 죽은 사람도 몇 명 있었다고 한다. 땅은 얼어 있고 곡괭이 같은 농기구가 없어 계속 싣고 갈 수도 없으니, 포대에 싸서 밭 밑에 놓고 가는 것을 보았다고 한다.

정규군(正規軍)이 아닌 국방경비대 비슷하게 청년들을 많이 선발하여 수백 명씩 열을 지어서 남쪽으로 내려가는데, 그 청년들을 데려다 얼마간 훈련시켜 정규군으로 보충한다고 한다. 가는 도중 날은 춥고 많은 사람이 불을 땐 방에서 잘 곳이 없으니 그냥 밖에서 덮지 못하고 자야만 했다. 먹지 못하고 굶은 상태로 끌려가니 병이 나서 죽은 사람도 많았고, 도망치는 젊은이도 상당 수 있었다고 한다.

군인이 필요해 각처에서 징집하면 사전에 식량이라도 준비했어야 옳은데, 당시의 여건으로는 어찌할 수 없는 것 같았다. 가다 보니 교도소의 죄수들을 데리고 내려가는데, 푸른 죄수 복장이었다. 환자로 보이는 죄수는 건강한 다른 죄수가 양쪽에서 팔을 어깨에 메고 끌고 가기도 했다.

가다가 쉬고 있는데 누가 간수보고 "어디까지 가느냐? 어떻게 데려가느냐?"고 물으니, 간수 말이 "대통령께서 한 사람도 죽이지 말고 대구까지 데리고 가라"는 특명이 있어서 데리고 가는 것이라 했다.

말을 꺼낸 사람이 다시 묻는다. "가다가 부득이 못 가게 된 환자는 어떻게 하느냐?"고 물으니, 간수 말이 "그런 것은 처치하고 간다"고 했다. 그런 말을 듣고 보니, 대통령의 특명이 없었다면 저 사람들은 모두 죽었을 것으로 생각이 미친다.

같이 가던 사람들이 떨어지고, 공장에서 창고 책임을 맡고 있는 이종길 씨 일행을 만나 함께 가게 되었다. 그 당시 국도는 군용 차량만 사용할 수 있어, 피난민은 국도로 올라 설 수 없으니 지방 도로인 선산 방향으로 들어섰다.

선산 전매서를 찾아가 서장을 만나 인사하고, 조금 앉아 이야기를 하다 나왔다. 가다가 날이 저물어 동네를 찾아 어느 집에 들어가게 되었는데, 집 주인에게 인사를 하니 주인도 장씨였다. 내가 장씨라고 하니 반가워 하면서, "이 근방에 장씨네 일가가 수백 호가 살고 있다"

하며 친절하게 해주며 여러 이야기를 나누었다.

● 1월 17일

다음 날 그곳을 떠나 낙동강 강가에 있는 동네에 들었더니 해가 저물어, 어느 집에 들어가 자게 되었다. 그 동네는 땅콩 농사를 많이 하였다. 집집마다 땅콩을 캐서 줄거리 채 마당에 집 더미만큼 쌓아 놓았다. 저녁을 일행들과 함께 해 먹고서 땅콩을 몇 되 사서 볶아 실컷 먹었다. 이종길 씨는 땅콩 한 말을 사서 대구 가서 팔면 돈이 얼마정도 남을 거라 하며 한 말을 샀다. 그곳은 낙동강 상류인데, 강가에 땅콩을 심으면 농사가 잘 되니 많이들 심는다고 한다.

대구에 도착하다

● 1월 18일

다음 날 대구를 가깝게 질러간다고 샛길로 질러서 큰 산을 넘는데, 자전거를 끌고 가니 큰 고생이 되었다. 대구 시내를 들어 왔는데 이종길 제씨(동생)가 대구에 살아서, 이종길 씨를 따라 그 집으로 갔다. 그날은 그 집에서 나도 같이 자게 되었는데, 저녁에 굴과 안주를 사와 잘 먹었다. 이종길 동생은 대한통운회사에 근무하고, 원래 이종길 씨도 대구에서 오래 살면서 제사공장(실공장)을 하다 그만 두고 대구지방 전매국에 취직하여 다니다가 청주전매공장으로 이동해 온 사람이다.

• 1월 19일

다음 날 대구전매국을 찾아가 등록을 하고 보니, 청주공장 사람들이 거의 다 와 있었다. 공장장, 이내풍 씨, 서무계장 조세원이 외에 직원들은 다 오고 공원들도 많이 왔다. 공장장과 서무계장 기타 직원 몇은 김기철이네 차를 타고 오다 도중에서 고장이 나서 걸어 왔는데, 그 사람들은 가족을 데리고 온 모양이다. 날은 추운데 애들하고 식구가 많으니 저녁에 잠자리며 큰 고생을 한 것 같다.

여름 피난을 오지 않았던 사람들은 인민군에게 부역을 아니할 수 없고 하니 숨어 살아야 했으니 고생이 심했던 모양이라, 가족들을 많이 데리고 온 모양이다. 여름에는 아무 데서나 잠을 잘 수 있었으나, 겨울철은 방을 구하기 곤란하다.

저녁때가 되어 갈 곳이 없어 걱정인데, 누가 방 한 칸을 얻어 직원들 몇이 끼여 잤다.

• 1월 20일

그리고 다음 날도 갈 곳이 없어 전매서 다니는 정인영이네 가족이 있는 방에서 끼여 잤다. 그 사람도 가족이 많았고, 또 여자들도 있는데서 끼여 자는 것도 미안한 일이다. 당시 대구에서는 각 동 반장(통반장)을 통하여 피난민들에게 방을 비워 주도록 권장하고 있었다.

그때 청주공장 수위로 있는 오완식이가 "방을 하나 구하였으니 그리로 가자"고 하여 갔더니 대구 변두리 대방동이라는 곳인데, 어느집 윗방 한 칸에 청주공장에서 단신으로 온 사람들이 십여 명 있었다.

주인 말을 들으니 동네에서 "피난민에게 방 한 칸을 내 주라" 하여 자기네가 사용하는 방을 할 수 없이 내 주고, 자기네 식구도 아래 방으로 몰아 끼어 잔다고 한다. 식사는 서너 명씩 냄비에 각자가 끓여 먹어야 했으며, 나는 수위로 있는 오완식과 자동차 조수인 조형충이와 함께 밥을 해 먹었다. 오완식이가 밥도 잘하고 장(찌게)도 잘 끓였다.

쌀은 똑같이 내고 반찬값도 나누어 부담했는데, 시장에 가서 시래기 주먹덩이 만한 것 한 뭉치, 비지도 주먹만 한 것 한 덩이, 나무한 단을 매일 사왔다. 된장은 한 그릇이면 여러 날 먹었다. 밥은 아침과 저녁으로 하루에 두 번 하고, 반찬은 시래기, 비지, 된장을 넣어한 냄비 끓이면 아침과 저녁을 먹을 수 있다. 날마다 밥과 비지장만 똑같이 먹을 수밖에 없으나, 하루에 두 끼만 먹으니 맛이 좋을 수밖에 없었다.

우리는 윗방에 있어 별도로 불을 때지 않아도 따듯하진 못해도 냉방은 아니다. 우리네는 마당이나 처마 밑에서 돌을 주어다가 냄비를 걸고 밥도 하고 장을 끓였다. 밤에 자는데 방은 춥고 사람은 많아 외투를 입고 꼭 끼어 오그리고 자야 했다. 날씨가 대단히 추웠지만, 여러 명이 끼어 자는 관계로 덜 추운 것 같다. 그때는 나무를 때서 화로에 불을 담아 방에 들여 놓으면 방도 덜 춥고, 장을 데워 먹을 수 있었다.

그 동네는 변두리 지역이라 수도가 없고, 공동으로 사용하는 샘이하나 있다. 온 동네 사람들이 식수만을 간신히 먹을 수 있는 형편이다. 피난민이 원주민보다 몇 배 많으니 샘물이 부족하여, 항시 샘에는 바닥에 물이 고일 사이 없이 퍼낸다.

샘을 관리하는 사람이 샘 뚜껑을 자물쇠로 잠갔다가, 종일 고인 물을 새벽 네 시경에 샘 뚜껑을 열고 한 사람에게 한 통씩만을 배급해 준다. 그것도 물 배급을 주다 물이 떨어지면 다음 사람은 받을 수 없다. 그러니 밤잠을 못 자고 가장 추운 시간인 새벽 4시경에 물통과 두레박을 들고 나가서 줄을 서야 한다.

일찍 나가야 앞줄에 서서 물을 얻을 수 있으니, 추위도 아랑곳하지 않고 일찍들 나간다. 만일 늦게 가서 물을 받으면 고통이 이만 저만이 아니다. 한 통의 물은 밥만 해 먹는다. 세수는 가끔 전매국에나 가야 할 수가 있다.

물 배급을 타러 가는 데는 교대로 간다. 나도 몇 번 가 보았지만 새벽이라 어둡고 추워서 몇 시간을 줄 서 있으니 발이 깨지는 것 같이 시리다. 물 한 통 얻기가 이렇게 어려우니 한 모금이라도 아껴야 한다.

매일 하는 일이 아침과 저녁을 해 먹고 물 배급 타는 것과 장에 가서 시장 보는 것이 전부이다. 날씨가 추워 밤낮 방안에 앉아 가족들 걱정이다. 가끔 대구전매국에 들려 "별다른 소식이 없나?" 하고 나갔다 돌아온다. 그리고 같이 있는 방에는 청주공장의 수위로 있는 김동길 씨가 그 아우와 같이 있는데, 형제간에 매일 말다툼을 하여 남에게 빈축을 샀다.

• 2월 6일

그런 날을 보내고 있던 차에 음력설이 돌아 왔다. 아침에 주인집에서 떡국을 끓이고 술과 음식을 차려서 시장한 판에 잘 먹었다.

나는 여기 와서 이렇게라도 살고 있으니 가족들이 어떻게 지내는지 궁금하여 이런 저런 생각을 해 본다. 집에서 떠날 때 돈이 없어 조금밖에 못 주고 왔는데, 여러 식구가 양식은 어떻게 해결하고 있는지? 먹을 것이 없어 추위에 병이 나지나 않았는지? 인민군이나 중공군이 들어와 곤란은 당하지 아니했는지? 걱정이 태산 같다. 가족을 집에 두고 온 사람들은 모두 같은 걱정을 하고, 가족을 함께 데리고 온 사람들은 객지에서 날은 춥고 거처가 불편하니 말할 수 없이 고생이 많다. 그 해 겨울에 각처에서 홍역이 만연하여 죽는 아이들이 많았다.
– 우리 다섯째 석규도 홍역을 심하게 앓았다고 한다.

2차 피난길에서 귀환길

2차 피난길에서 귀환길

• 2월 19일
그 간 난리 소식은 어찌 되었는지 알 수가 없었다. 그럭저럭 지내고 있는지도 한 달이 넘었다. 하루는 대구지방 전매국에 갔더니 중공군이 평택까지 내려오다 물러갔는데, 청주까지는 들어갈 수 있다고 한다. 그 말을 듣고 당장 집으로 쫓아가고 싶었지만 그렇게도 못하고 갈 걱정만 하고 있는데, 피난올 때 고장 났던 김기설이 차가 대구에서 수리하여 다음 날(2월 20일) 청주로 간다고 한다.

• 2월 20일
다음 날 대구지방 전매국으로 와서 그 차를 탔는데, 다른 사람들이 많아 한 차 가득 탔다. 나는 가지고 갔던 자전거를 차에 실을 수 없어 트럭 뒤에 매달았다. 그 당시는 물자가 귀해 헌 자전거도 대단히 소중해 버릴 수가 없었다. 그 차에 청주 공장장 이내풍 씨와 서울 의주로 공장장 한덕윤 씨도 타고, 서무계장 조세원 씨와 학업계장 조학년 씨도 탔다. 그리고 공장 직원들과 공원들이 탔는데, 청주를 향해 우리가 제일 먼저 출발했다.

청주 수복 후

아침에 떠나서 저녁 네 시 조금 못되어 청주에 도착하여 공장 앞에 내렸다. 트럭 뒤에 매달은 자전거가 땅에 끌려서 바퀴가 상당히 휘어졌다. 시내는 텅 빈 것 같이 사람들이 별로 없고 대부분 가까운 곳으로 피신하였다. 일찍 돌아온 사람들이 혹간 있었다.

공장장 이내풍 씨와 서울 의주로 공장장 한덕윤 씨는 공장 관사로 가고 나머지 사람들은 각자 자기 집으로 갔는데, 운전하는 조병홍 씨는 집이 강대면 연전리라서 날이 저물어 갈 수 없어 내가 데리고 우리 집으로 왔다.

집에 와보니 내 생각과는 달리 어머니와 가족들이 모두 건강하고, 여름 피난에는 애들이 고생을 너무 시켜 바짝 말랐는데 지금은 살이 토실토실해 졌다. 처는 "공장 직원들이 왔다"는 말을 듣고 저녁밥을 부지런히 하는 중이라 한다. 저녁상이 들어 왔는데 하얀 쌀밥에 고깃국을 끓여 왔다. 매일 비지장만 먹다 모처럼 고기 맛을 보니 잔뜩 먹고 나서 처한데 그 간 지낸 이야기를 들었다.

내가 집을 떠난 후 며칠 지나 "모두들 피난을 가라"하여 전 가족이 남이면 노라리 고모님댁으로 가는데, 미평쯤에서 간수들이 죄수들을 많이 끌고 가다가 어느 집에서 쉬고 있는 것을 보았다. 애들이 무섭다 하여 쉬지 못하고 빨리 갔다.

노라리를 거의 다가서 누가 마차에 쌀을 싣고 가다 못 가게 되니 헐값으로 팔고 있어, 애들 밥이나 실컷 해주려고 싸게 한 가마를 사서 운반하는 것을 걱정하던 차에, 이북에서 내려오는 피난민(정근이 아버지) 한 가족이 부부와 애들 몇인데 사람이 진실해 보여 우리와 같이 가자고 하였더니 그렇게 한다고 하여, 그 남자가 쌀을 날러 주어 함께 고모님 댁으로 갔다. 그 동네에서 소를 잡아 싸게 파는데 너무 값이 싸서, 많이 사 식구들과 실컷 먹고 남아 장조림을 하여 두고 먹었다고 한다.

얼마 안 되는 돈으로 쌀과 고기를 많이 사서 집에서는 별 고생을 안했는데, 내가 몸이 불편한 상태로 떠나 그것이 큰 걱정이라 했다. 처한테서 그런 말을 듣고 나니 참으로 다행한 일이었다.

처의 말이 노라리 고모 댁에서 방 하나를 얻고, 이북에서 내려 온 사람도 방 한 칸을 얻어 같이 지내는데, 집(내덕동 본가)에 와서 밑반찬은 갔다 먹고 또 낮에는 산에 가서 나무를 해다 불을 때 방도 춥지 않게 지냈다고 한다.

• 석규가 홍역에 걸렸다

석규(다섯째)가 홍역에 걸려 열기가 대단히 높아 곧 죽을 것 같이 앓아, 고모님도 "아비가 없을 때 죽으면 어떻게 하느냐"고 걱정을 하셨다 한다. 그간 어머니는 보도연맹으로 끌려간 기원이와 기룡이를 생각하시고 낙심이 되어 매일 눈물을 지으며 지내셨다고 한다. 그렇게 얼마 간을 노라리에 있으니 더러는 청주 시내를 들어간다고 하고 남들도 시내 가는 사람이 있기에, 우리도 식구들 데리고 내덕동 집으로 들어 왔다고 한다.

● 이북 피난민 정근이 아버지

노라리 고모님 댁에 사놓은 쌀을 몇 차례 나누어 가져왔다 하며, 같이 간 이북 피난민(정근이아버지)도 우리를 따라 우리 집으로 왔다고 한다. 그 사람이 방에 들어와 인사를 한다. 그가 후일 우리와 한 가족처럼 지낸 김정근이 아버지 김제규 씨였다.

사람이 근면하여 내가 후에 공장에 취직을 시켜줬더니, 얼마 후에는 직책이 공장(반장급)으로 승진하였으며 지속해서 가깝게 지냈다. 우리 집에서 세를 살며 우리 집안일도 도와주었다. 그것이 인연이 돼 청주 사람이 되었는데, 불행히도 얼마 안가서 세상을 뜨고 그 아이들(김정근)이 여기 청주에서 터를 잡고 지금도 살고 있다.

● 2월 21일

그간 지낸 이야기로 밤이 늦게 잠을 자고 다음 날 아침을 먹고, 조병홍이는 자기 집으로 갔다. 나는 공장으로 갔더니 직원들이 몇 명 나와 있었다. 공장은 별로 파손된 것이 없었다. 사무실 의자와 책상을 정돈해 놓고 문서들도 거의 그대로 있었다. 난리 중이라 어느 누가 들어와 그런 것들을 가져가도 쓸모가 없으니 가져 갈 필요가 없는 것 같다.

창고의 제품 중 담배는 더러 없어졌을지 모른다. 그 후 매일 공장에 출근하였다. 그 후 피난 갔던 사람들도 모두들 돌아와서 살고 있는데,

서울, 경기 및 강원 일대는 수복 명령이 내리지 않아 그 지역에서 내려 온 사람들은 고향으로 올라가지 못하고 청주에 머물러서 사는 사람이 많이 있었다.

서울 수복이 늦어지자 서울지방 전매국은 청주 전매지국 청사에다 사무실을 차려 놓고 직원들이 근무하고, 서울 의주로공장 직원 삼십여 명은 청주공장에 근무하도록 하였다. 그때 청주공장

1948년 의주로공장
〈연합뉴스 사진〉

직원은 십오륙 명이었는데 별안간 직원 수가 오륙십 명으로 늘었다. 서울에는 연초공장이 의주로공장과 인의동공장이 있었는데, 인의동공장에서는 향각(봉지담배)만 생산하였다. 두 공장이 수개월 간 운행되지 못하니 담배가 대단히 부족했다.

청주 공장을 다시 운행한 후

서둘러 공장을 가동하고, 공원 수를 많이 늘려 두 교대로 야간작업까지 하게 되었다. 공장 앞 큰길 건너 전매지국 창고가 있었는데 사무실이 넓어, 서울에서 온 직원들 숙소로 사용하기 위해 임시로 칸을 막아 여러 세대를 들게 했다. 기타 직원들은 각자가 방을 얻어 지내게 되었다.

물가가 계속 치솟아도 월급은 오르지 않아 월급으로만 살기는 어려울 때이다. 그래서 공장에서 부산물로 나오는 헌 담배거적(꺼치)과 헌 새끼 토막을 직원이나 공원들에게 땔감으로 싸게 처분하는데, 시장에서 땔나무의 값으로 비교하면 공짜나 다름없다. 매각한 거적을 가져다 질이 좋으면 재사용도 하는데, 나오는 수량이 부족하여 한 둥치 얻으려고 야단들이다.

공장에서 나오는 불용품은 서무과에서 취급하였다. 전표를 발행하여 주면 창고에서 표를 회수하면서 거적이나 새끼 한 둥치 내주고, 창고 앞에는 항시 거적만을 운반하는 리어카가 대기하고 있다가 운반비를 받고 배달해 준다. 지금의 용달차다.

거적표를 공정하게 배부하여 주기가 어려운 일이다. 나는 서무주임이라 거적표를 달라고 부탁하는 사람이 많아 대단히 곤란하였다. 하루는 수량만큼 거적표를 발행하여 피난 온 서울지방 전매국 직원, 서울 의주로공장에서 온 직원, 청주 공장직원과 공원들에게 골고루 돌아가게 배부해 줘야 했다.

그리고 가끔 청주 전매지국과 청주 전매서 직원들 외에 무시할 수 없는 외부의 경찰 및 시군 기자들도 와서 거적표 한 장 달라고 사정을 한다. 거적표를 공정하게 배부하여 주기가 여간 어려운 일이 아니다.

매일같이 많은 사람들한테 시달리게 되어 자리에 앉아서 일을 볼 수 없을 지경이라, 사무실을 떠나 같이 있는 김종섭이와 나는 다른 곳에서 숨어 한 동안 업무를 포기하기도 했다. 이 거적에 대하여 관심이 큰 것은 사람들이 살아가는데 의식주가 가장 중요한 일이며, 그 주거 문제는 급박하지 아니해도 식량과 땔감은 매일 때마다 걱정을 해야 했다. 월급이라야 쌀 몇 말 값밖에 안되니 시장에서 비싼 나무를 사서 땔 수도 없고, 날은 추우니 거적에 대한 관심이 높을 수밖에 없다. 그 때는 거적 한 둥치가 대단히 소중했다.

● 담배는 내부 도적이 심한 물건이다

공장은 주야로 돌아가는데 제한을 받는 형식이 많다. 예를 들어 공원이 나갈 때는 수위(경비원)가 몸을 검사한다. 이런 일은 일제 때부터 있었다. 검신(檢身)을 해도 무관하고 담배를 가지고 나온다. 가지고 나온(도적) 공원에게는 처음 1회 적발시에는 견책(주의)을 주고, 2회 적발시에는 출근 정지 및 범칙(도적) 량에 따라 출근 정지 날짜가 다르며, 3회 적발시에는 해고(파면) 시킨다. 이런 규정에 의해 단속하여도 막무가내로 범칙은 지속된다.

다시 공장에서는 강경책으로 처음 1회 적발시 해고 조치를 취하였다. 피난민은 많은데 다른 곳의 일거리가 거의 없으니 노는 사람들이 온 천지라, 공장에 들어가기가 대단히 어려웠다.

서울공장에 다니던 공원들이 거의 청주공장으로 와 있다. 종전의 청주공장은 그리 범칙이 심하지 아니 하였는데, 서울 공원들이 들어온 후 범칙이 심해지고, 서울공장에서 행하던 여러 범칙 방법들이 청주공장으로 전해졌다. 담배를 몰래 훔쳐 가는 방법 중에는 두꺼운 책 속을 파내어 그 안에 몇 갑의 담배를 넣는 방법, 여자들은 머리 속에 넣기도 하고 허리에 둘러차면 여러 갑을 지닐 수 있다.

여자들은 젖가슴이나 아래 살에다 차는 사람 숫자도 많아져 따로 여자 수위를 두게 되었다. 그 외의 여러 방법이 있으나, 가장 흔하면서도 많은 양을 가지고 나가는 방법은 아래 바지 속에 파자마를 입고 파자마 속에 담배를 종이에 싸서 발목 위의 다리에 감아 돌려 붙이고 파자마 끝을 고무줄로 묶는다. 그리고 또 다리 위에다 그와 같이하여 파자마 끝을 고무줄로 당겨 묶어서 양다리에 허벅지까지 채우면 상당한 량을 감출 수 있다. 이런 방법은 수위와 짜고 묵인해 줘야 가능하다.

그렇게 강력한 처벌을 한 후에는 조금은 뜸한 것 같았다. 그렇다고 범칙이 끝난 것은 아니고 지능적으로 변했다. 공원과 수위가 공모하며 마음 놓고 담배를 가지고 가면 밖에서 수집 상인이 대기하고 있다가 어느 집으로 함께 들어가 현물을 인도하고 즉시 대금을 받는다. 담배가 검신 과정만을 통과하면 금방 현금으로 바뀐다.

그 대금을 받으면 저녁에 통과해 나올 때 묵인해 준 수위 집으로 가서 대금의 반을 수위에게 전한다. 이것만은 틀림없이 수위에게 반을 준다고 한다. 만일 그렇지 않으면 다음 통과가 어렵다. 그러면 수위는 몇 사람만 통과시켜 주어도 수입이 대단하다.

그러나 수위 모두가 그런 식으로 하지는 않는다. 일부 질 나쁜 수위가 그러는 것이다. 이런 자들은 어딜 가도 있게 마련이다. 특히 당시 사회가 그러 했다. 수위가 결탁하여 봐 줘서 나가는 것은 알 방법이 없다.

그 때 검신 현장은 일반 직원이 한 명씩 매일 교대로 수위가 검신하는 것을 입회한다. 검신장은 대여섯 줄로 서서 나갈 수 있도록, 허리 높이 만하게 벽돌로 쌓아 칸을 막았다. 그러면 담배를 차고 나오는 공원이 수위가 검신하는 것을 보고 자기와 공모한 수위 있는 줄로 가서 나가면 무사히 통과할 수 있다.

수위와 공모하는 것을 막기 위하여 공원들이 모두 나와서 줄을 선 후에 입회 직원이 검신하는 수위를 갑자기 줄을 바꾸어 준다. 담배를 차고 나오던 공원이 자기와 공모한 수위가 있는 줄에 서 있었는데 한 순간에 다른 수위로 교체 되었으니 담배를 가지고 나갈 수 없게 된다. 그러면 서 있다 슬그머니 담배를 풀어 버려 땅바닥에 흘린다. 그러면 나오는 공원들의 발바닥에 짓밟혀진다. 검신이 끝나고 나면 밟혀진 담배를 대나무 광주리에 주워 담는데 한 광주리씩 나온다.

그 담배는 파치품 있는 곳으로 보내어 종이를 까서 권상기에서 다시 말아야 한다. 몰래 가지고 나가는 담배는 보통 크기가 고무신짝 싸놓은 크기만 하며 약 300개피 정도 된다.

몰래 가지고 나간 담배는 꼭 눌러져 모양이 납작하다. 그런 담배를 소비자에게 파는 사람은 솥에다 물을 조금 붓고 거친 체(얼기미)를 걸쳐놓고 그 위에 담배를 올려놓고서 불을 때면 납작하게 눕혔던 담배는 다시 팽팽하게 퍼진다. 그리고 야간작업을 할 때에 담배를 종이에 싸서 공장의 담 너머로 던진다. 담 밖에는 동업자가 기다리고 있다가 담 안에서 던진 몇 뭉치의 담배를 주워 가져간다.

그리고 가끔 창고에 보관하고 있는 권지(담배를 마는 종이)를 도난 당한다. 당시 시중에는 사제 담배가 많이 유통된다. 피난 나온 사람들이 담배를 살 길이 없으니, 집에서 담배를 말아 판다. 보통 종이로 담배를 말면 종이 타는 냄새가 나서 꼭 권지로만 말아야 하는데, 권지 값이 비싸 공원들이 권지를 훔쳐다 팔아 치운다. 권지는 외국에서 수입하여 사용하고 있었다.

공장 내지가 워낙 크다보니 울타리는 가시철망으로 되어 있는데 아무데서나 들어 올 수 있어, 낮에 들어와 적당한 풀밭에 숨어 있었다가 밤중에 창고로 들어와 가지고 나간다. 훔치는 방법도 다양하다.

훔친 물건을 시중에 팔다 경찰에 발각되어 경찰은 알고 있어도, 공장에서는 재고가 많아 잘 알 수가 없다. 그러면 경찰에서는 도난 계를 내지 아니하였다고 야단이고, 창고 담당자와 수위는 문책을 받고 공범으로 취급당하기 쉽다. 공장에서는 그와 같은 사고를 막기 위해 공장주위 여러 곳에 초소 막을 설치하고 수위를 배치하며 지켰다.

● 정규직 직원들 중에도 담배 도둑이 있다

대개 담배 도둑은 공장원들이나 하지 정식직원은 체면 때문에 하지 않는다. 그런데 먹고 살기가 힘이 드니 직원들 중에도 간혹 담배 도둑이 있었다. 직원들은 검신을 받지 아니하여 직원 중에 담배를 가지고 가는 이도 있을 수 있다.

당시 미군들이 입었던 시보리 잠바를 많이 입고 다녔는데, 본래 그 잠바가 서양 사람의 체격에 맞도록 만들어 우리네가 입기에는 너무 커서 그 잠바 속에 담배 수십 갑을 넣고 나와도 겉보기에 표가 나지 않는다. 직원 중에는 그런 잠바를 입고 다니는 자들이 있었는데 그와 같은 의심을 받게 된다.

지금까지 전하기에 껄끄러운 담배 범칙(도적질)에 대한 이야기는, 당시의 극심한 생활고에 시달리고 있어 범칙하고 사는 범법자를 옹호해 주자는 뜻은 아니나, 우선 먹는 문제가 해결되지 못하니 자연법칙과 같은 현상으로 여겨진다. 그 때 한 달치 급료는 실질 생활비의 절반이 못 되어 부족한 액수를 범법으로 보충하지 못하면 살 수 없는 형편이니 딱한 시절이었다.

하나 곤란했던 것은 공장의 수위이다. 검신할 때에 범칙자를 적발하면 그 자는 다음 날부터 들어오기 어려운 직장에서 파면 당하니 그 가족이 먹고 살 길이 없다. 그리하여 해고자들에게 위협을 받는 일도 많이 생긴다. 수위 입장으로는 매우 난처하다. 그래 수위들도 량이 작은 것은 묵인하는 일이 상당히 있는 것 같다.

• 접대용 담배

시제품(새로 나온 상품)이라 하여 매일 아침에 사환이 담배를 가지고 다니며 직원들의 책상 서랍에 하루 피울 수 있는 정도는 나누어 준다.

접대용이라 하여 손님들에게 주는 것도 있다. 열 갑, 스무 갑, 서른 갑으로 구분되어 손님에 따라 구분하여 준다. 이것은 작업 부서에서 접대용 담배 결재부에다 올리고 공장장까지 결재를 받고 포장하여 가지고 온다. 담당 직원이 포장한 담배에다 도장을 찍어 손님에게 주면 손님은 도장 찍힌 것을 수위실에 보이고 들고 나온다.

이런 제도가 있어 공장장 손님, 계장 손님, 직원 손님 할 것 없이 그 수가 대단히 많아졌다. 오는 손님 중에는 다들 그렇지는 않지만 체면 불구하고 담배를 얻으려고 일부러 찾아오는 사람이 많다. 대개는 신문기자나 경찰 계통이 많았다. 당시 각 신문 기자에게는 무보수로 일정한 자격을 갖추지 못한 사람들에게 기자 증명을 발급하여 주므로 기자의 수가 대단히 많았고 인격을 갖추지 못한 인간들이 많아, 각 처를 다니며 남의 약점을 잡아 공갈과 협박으로 뜯어먹고 사는 자가 상당히 있었다. 이 자들의 행패는 경찰보다 더하여 무시하거나 비위를 거스를 수 없었다.

담배 얻어 가는 것을 직업 삼아 며칠마다 정기적으로 다니는 사람도 많이 있고, 어떤 놈은 공공연하게 담배를 얻어다 자기 직장의 사람들에게 담배를 대 줘야 한다는 식이다.

기관원들은 전화로 담배를 조금만 달라거나 그렇지 못하면 명함에 적어 사환을 보내는 수도 있다. 관할 지서에서는 매일 사환을 공장으로 보내 직원용 담배를 타 갔다. 이런 식으로 하루에 나가는 담배가 수십 보루다. 보통 보루당 20갑 또는 30갑 단위로 포장한다. 그래 공장장이나 직원들이라 해서 이런 식으로 공공연하게 담배를 빼가니, 공원들도 어떻게 해서라도 가지고 나가려는 생각은 있을 것이다. 누구네 잔치나 초상이 있으면 담배 몇 보루씩은 보내 주는 것이 관례이다.

　- 이와 같은 현상은 피난 시절의 무질서와 생활고에 나타난 기현상이다.

전쟁 후 생활고와 무질서한 사회

전쟁 후 생활고와 무질서한 사회는 두 번째 전쟁이다. 이 글을 읽어본 사람은 당시 직원들의 잘못이라 믿겠지만 사실은 그렇지 않다.

　현재의 공무원은 만족하진 못해도 생활이 어느 정도 되고 사회 질서와 기강은 자기 직무에 충실할 수 있게 보장하고 있으나, 그 때의 공무원은 한 달 봉급이래야 쌀 몇 말 값이었다. 그러면 모두 부정으로 살아 왔는가 하는 생각이 들겠지만, 고위 권력을 휘두를 수 있는 자리나 이권이 있는 자리나 부정이 가능할 수 있다. - 대다수 공무원들은 그래도 양심적이거나 청렴하게 지낸 사람도 적지 아니하다.

　부정하지 아니한 공무원들은 집에서 농사를 짓거나 사업을 한다거나 기본 재산이 있는 이들은 그런 데로 살아 갈 수 있으나, 그렇지 못한 사람들은 기막힐 정도로 곤란을 겪고 살았다. 부인들이 어린애를 업고 다니며 행상을 하거나, 공장에 가서 노동하는 사람도 많았다.

그런 식으로라도 몇 식구 살아가기가 대단히 곤란하여, 양말이나 옷, 신발 등은 사지 못하고 기워 입고 신어야 했다. 어쩌다 구호물자로 옷가지가 통 반(統班)으로 돌아오면 대단히 소중하게 생각했다. 그와 같이 어려운 생활에 난리를 겪었으니 따르는 고통이야 말로 표현할 수 있겠는가?

● 의무실에서 주정으로 술을 만들어 먹는다

담배 제조용으로 설탕과 주정이 첨가되어야 하는데, 일반 시장에는 없으나 전매국에서는 업자를 통하여 수입하니 공장 안에는 많이 있다. 공장 안에 의무실은 의약품으로 주정 원료를 구매하여 사용하는데, 청구서가 자주 나오기에 알아보았더니 주정 원료로 술을 만들어 먹는다. 주정순도 90% 농도로 주정 원료 한 되에 물 한 되를 타면 45%가 된다. 거기에 설탕과 향료를 넣으면 독하고 맛 좋은 술이 된다.

의무실에 약제사로 있는 왕우민이가 설탕을 많이 넣어 인체에는 해롭지 않다 하여 술을 좋아하는 사람들이 많이 먹게 되고, 보통 사기잔으로 한 컵씩 마시고 안주는 오징어나 멸치였다. 서울에서 피난 온 서울지방 전매국 직원 중에 술을 좋아하는 사람은 퇴근하면서 의무실에 들려 한 잔씩 마시고 담배도 얻어 집으로 갔다. 공장에는 서울 의주로공장에서 온 직원이 많았다.

한편으로 생각하면 월급으로 식량 사기가 어려울 형편이니 한 잔 술을 사 먹을 돈이 없었다. 고향에도 못 가고 방 한 칸 얻어 살고 있는데 생활고에 시달리다 술 한 잔에 잠시라도 근심 걱정을 잊으려 하는 것이다.

의무실에서 주정 원료로 술을 만들어 먹는 일을 강경하게 금할 수 없어 나도 같이 그 술을 먹게 되었다. 당시의 사회 인식은 직원들은 정규직 공무원으로서 회사원 대우는 받았지만 공원들은 무시를 당하여, 어디 가서나 공무원증을 내 보이기가 창피할 때가 있다. 사회가 혼란하고 권력과 돈 있는 사람들만 날뛰는 세상이 되고 보니 소신껏 직무에 충실하려 해도 되지 아니하고 직원들은 불안하기 이루 말할 수 없어 직무상의 고초도 지금 이상이었다는 것을 상기했으면 한다. 그때는 공무원도 박봉이었다.

모두 박봉과 무질서가 원인이라 하겠으나, 전매국은 권력이 없어 권력기관에서 누르면 어찌할 도리가 없었다. 인심도 각박해져 무엇이나 권력과 돈이 있어야 한다. 취직, 승진, 업자의 이해관계, 무엇이나 그냥 되는 일은 없고, 권력과 돈이 필요한 사회가 되어 그때부터 빽이라는 말이 나왔다.

'쌀 미(米)' 변에 쇠 금(金)자는 **빽빽**자라고까지하여 돈으로 권력을 사고 얻은 권력으로 돈을 축적하니 공무원의 불평이 이때부터 시작하여 수십 년간 정부에서 골칫거리로 되었다.

권력자란 그와 같은 좋은 자리에 있는 사람들이나 가능하다. 그런 위치의 보직을 받으려면 상납을 많이 해야만 한다. 이와 같은 현상이 날이 갈수록 심화되는 것은 공무원뿐만 아니라, 업자들이 자기의 이익을 위하여 배고픈 공무원에게 뇌물을 주고 부당한 방법으로 이익을 추구하게 된다. 업자들은 부당한 방법이면서도 자기들의 이익을 위해서 결탁이 가능한 공무원을 해당 자리에 갖다 놓기 위해 고위층에 인사 청탁까지 한다. 만일에 공무원이 정당하게 일을 처리하여 특정 업자에게 부당한 이익을 차단시켰다면 그 해당 공무원은 업자들의 농간에 그 자리를 지탱하지 못하고 한직으로 밀려 나게 된다. 이렇게 업자들의 손에서 공무원의 인사까지도 좌지우지하는 시절도 한때는 있었다.

• 공원의 채용에 있어서, 내가 맡고 있는 업무가 서무이니 일반인들이 찾아와 공장에 취직시켜 달라는 부탁을 많이 받았다. 그중에는 돈을 얼마 주겠다는 자도 있었고 금품을 가지고 오는 자도 있었다. 그러나 나에게 가져오는 금품은 일체 사절했다.

나의 취직 기준의 우선순위는, 남편이 전쟁터에서 죽은 과부다. 그리고 생활이 극히 곤란한 사람들이다. 이들을 관리 담당 직원에게 부탁하여 여러 명을 취직시켜 주었더니, 날이 갈수록 찾아오는 사람이 더 많아져 이것도 곤란한 일이었다.

공장에 취직하기가 날이 갈수록 더 어려워지니 전매국 고위층이나 기타 권력 기관 및 국회의원의 빽이 있어야 취직이 가능하며, 그 외에는 브로커들이 돈을 받고 권력 기관이나 국회의원을 동원하여 취직하는 경우도 적지 않았다.

당시 공장에 취직하려면 공공연한 가격이 얼마라고 정해져 사회를 떠들썩하게 했었다. 그러나 매일 찾아오는 사람들에게 시달리어 견딜 수 없었으며, 그중에도 생활이 곤란하여 부득이 공장에 넣어줘야 할 형편인데도 이제는 내 힘으로는 한 명도 취직시킬 수 없는데도 불구하고 매일 찾아오는 이들에게 볶이게 됐다. - 이런 여러 종류의 질서는 난리가 가져다준 생활고에서 파생된 일들이다.

난리로 생긴 여러 가지 기현상

● 전쟁 후 인구가 많이 늘었다. 6·25 때 많은 사람이 죽었어도 사람의 수는 더 많아졌다. 해방 후 이북에서 월남한 사람들, 1·4 후퇴 당시 피난 와서 고향으로 돌아가지 못한 사람들 수가 대단히 많았다. 또 경기, 강원 일대가 미수복되어 그 지방이 고향인 사람들도 많아 청주는 전쟁 전보다 인구가 훨씬 늘었다.

젊은 남자들은 대부분 군인으로 가서 죽은 사람도 있고 보도연맹으로 가서 죽은 이, 인민군에게 납치당한 사람도 많았는데, 이들은 대부분 끌려가 학살당한 것 같다.

● **전쟁 후 상이군인 행패가 심했다**
전쟁으로 상이군인이 많아졌다. 팔다리가 한 쪽만 있거나 양쪽 모두 없는 사람, 눈이 없거나 있어도 못 보는 사람, 몸뚱이와 머리만 남아 있는 사람은 다른 상이군인이 등에 업고 기관들을 다니며 위협하는 것을 보았다.

그리고 귀 떨어진 사람, 귀먹은 사람 등 신체 일부가 불구가 된 사람들이 대단히 많아졌다. 군에서 전사한 유가족에게 또는 불구가 된 상이군경에게 원호 대책이 있었다 해도 대단히 미미한 정도거나 거의 없는 수준이기에, 상이군인들은 목발을 짚고 갈고리 손을 해서 떼를 지어 가정과 기관 및 단체에 가서 물품을 강매하거나 금품을 요구하는 행패가 심하였다. 정부에서 이와 같은 일들을 다스리지 못하니 날이 갈수록 행패는 더욱 심해졌다.

일반인들은 상이군인이 오면 가라고 말도 못하고 불안하기 짝이 없어, 그 사람들의 요구를 들어 줘야만 했다. 상이군인은 부상의 경중에 따라 각각 해당하는 훈장을 주는데, 원체 수가 많으니 헝겊에 청, 홍, 녹, 황, 갈색으로 된 약장을 주었다. 상이군인들은 군복을 입고 가슴에 약장을 붙이고 다닌다. 만일에 일반인이 그들의 비위를 건드리면 공갈협박 등 거친 언성이 오가며 대항하여 싸우면 수십 명이 싸운 사람의 집으로 찾아와 방이나 마루에 드러눕는다. 그러니 누구든지 상이군인이라면 무서워했다.

우리 동네 옆에 광명원[8]이라는 신축 주택단지도 눈을 못 보는 상이군인들이 도지사를 찾아가 "살아갈 집을 지어 달라" 하고 생떼를 쓰니, 거절할 도리가 없어 빈약한 도 재정에도 불구하고 그 때에 이십여 채를 지어 나누어 준 주택들이다.

그곳에 광명원이라는 표지판을 붙이고 앞 못 보는 상이군인들이 가족들을 데리고 와서 많이 살았다. 지금은 몇 집만 남고 대부분 다른 곳으로 떠나 광명원이라는 것도 잘 알지 못하나, 그 당시에는 권력이 대단했다.

피난민이나 지방민이 사는 것이 말이 아니었다. 사람은 많은데 청주에는 공장이라야 연초공장 단 하나 뿐이니 사람들은 할 일이 없었

---

8 '광명원(光明院)'은 '시력을 잃은 사람들에게 빛을 찾아주는 집'이라는 뜻이다. 청주 광명원 기사는 보이지 않지만, 이 시기에 상이군인 복지 차원에서 부산이나 서울에 먼저 세워졌다.
"**光明院 15日에 開院.** 지난 十四일 김(國防部次官)은 실명상이군인을 위한 광명원(光明院)의 운영 및 개원 문제, 군경 유가족을 위한 모자료(母子寮) 설치 문제로 사회부 군경원호회 및 관계자 다수를 초빙하여 장시간에 걸쳐 회의를 개최하였는데, 광명원은 九월 十五일부터 자원 실명군인을 수용키로 되었다." 1952년 9월 17일자 『평화신문』.

1953년 제1차 화폐개혁 때 미국 필라델피아에서 급하게 인쇄하는 바람에
십원 지폐에 한글 원과 한자 환(圜)이 함께 적혀 있다.

다. 다른 업종이라야 농사일 뿐인데 순전히 재래식 농사 방법이라 소
득이 신통치 못하고, 그것도 땅이 있는 사람이나 가능하다. 생산공장
은 전국 어디에나 없었으니 생필품이 귀할 수밖에 없었다.

• 화폐개혁을 하였다

대구에서 피난 도중에 화폐개혁을 단행하여 원(圓) 단위가 환(圜) 단위
로 바뀌면서 1/100로 축소 조정되었다. 물건 값이 화폐 개혁 전에 천
원이면 화폐 개혁 후에는 10환이어야 맞는데, 장사꾼들의 셈은 그렇
지 못하고 수십 배 환을 받아 일시에 물건 값이 한 없이 치솟아 정부
에서도 화폐개혁은 실패로 보았다. 장사꾼들은 물건 값을 1000원짜
리면 10환이어야 맞는데 100환씩 받는다. - 화폐개혁은 돈의 신용도
를 엄청나게 떨어트려 물가를 엄청나게 올렸다.

물가가 많이 뛰고 월급은 제자리이니 생활은 더욱 어려워졌다. 그
때 장사라 해야 촌에서 엽연초를 사다 잘게 썰은 후 말아서 파는 것이
많았고, 미군 PX에서 흘러나오는 양담배, 군복, 내의, 외투, 양말, 담

요 그 외의 생필품이 여러 가지 있었다. 또 식품도 있었는데 술, 과자, 땅콩, 캔 종류들이다.

시장에 가면 양키 시장이 따로 있었고, 이와 같은 물건이 많이 쌓여 있었다. 군복은 입고 다니면 걸리므로 염색하여 입거나 완전히 개조하여 입어야 했다. 약삭빠른 사람은 그런 것이라도 해서 먹고 살아야 했는데, 그런 짓도 못하는 사람이 천지이다.

당시 미국에서는 우리나라에 대하여 구호물자로 곡류(밀가루, 안남미, 보리쌀)를 상당히 보냈다. 그것을 어려운 사람들에게 나누어 그것으로 식량난을 이어갔다. 그렇지만 끼니를 굶는 사람도 많았다.

구호물자는 전사자 가족이나 상이군인들에게 우선 나누어 주었다. 이런 와중에서도 더욱 곤란을 받은 사람들은 보도연맹 가족들이다. 이 사람들은 경찰의 감시 대상자라 경계를 받고 있어, 아무리 어려워도 구호물자 등을 배급받지 못한다. 남편이나 자식과 형제가 억울하게 죽었어도 억울하다는 말 한마디 못함은 물론이고 사회적인 냉대까지 받아가며 살고 있으니 얼마나 원통하고 분하겠는가?

한 집에서 둘씩 가서 죽은 사람도 많았다. 자식을 잃은 부모, 남편 잃은 젊은 여자, 아비 잃은 어린 자식, 동기를 잃은 형제자매들은 무슨 생각을 하고 살아가는가? 생떼 같은 젊은 자식을 잃은 늙은 부모가 매일같이 죽은 자식을 생각하며 눈물 흘리다 한 많은 세상을 마쳐야 했으니, 이런 사람들이 얼마나 많았겠는가?

그중에는 외아들을 보내고, 늙은이는 아비 없는 어린 손자를 키워 씨 종자나 전할 수 있는 것을 다행으로 생각하는 이들도 있는가 하면, 자손이 끊긴 이도 적지 않다. 속담에 "떼 과부가 난다"더니, 이때 젊은 과부가 떼로 생겼다. 아들 딸 키우며 행복하던 가정이 갑자기 남편이

끌려가 죽고 나니 청춘 과부의 마음은 하늘이 무너지고 땅이 꺼지는 심정이다.

● 젊은 과부가 너무 많다

어린 자식들하고 살아 갈 걱정, 그런 중에서도 늙고 병든 시부모 부양까지 책임져야 할 사람도 적지 않았다. 세상은 몰인정하여 체면 없는 사내들이 그냥 두지를 않는다. 많은 과부 중에는 홀아비한테 재혼하는 사람도 있으나, 홀아비는 정말 귀하니 대부분은 남의 첩이 된다.

옛날에는 남의 집 첩으로 가면 호강했다는데, 세상이 달라져 지금의 첩은 자기 스스로 자식을 부양하며 남자는 왔다 갔다 하는 식으로 경제적인 책임을 지지 않는다. 그러니 웬만한 남자는 첩을 두는 경우가 많았다. 전쟁으로 젊은 과부가 너무 많이 생겼기 때문이다. 그중에는 어린 자식을 데리고 수절하는 여자도 있기는 하나, 시부모가 보기에 딱하고 안타까워 재혼을 권하는 사람도 있다. 어느 여자는 어린애를 친정집에 떼어놓고 개가하여 어린아이가 친척집으로 떠돌아다니며 크다가 남의 집 식모로 애나 보고 심부름하는 정도로 가는 아이도 많다. 정말 어려운 일이 많은데 그중에서도 먹고 사는 것이 가장 큰 문제이다.

농촌에서 자기네 전답이라도 있는 집은 남편이 짓던 농사일을 여자가 받아 짓기도 하는데, 농토가 없는 여자들은 남의 품을 팔거나 남의 소작농이 돼야 한다. 여자 품을 팔아 봐야 늙으신 부모 어린 자식들의 목구멍 풀칠하기가 힘들다.

도시에서는 "어디 가서 일을 할 수 있나?" 하는 걱정이다. 일할 곳이 없어 남의 집이나 음식점, 여관에 식모로 가거나 주점, 요릿집의 접대부가 집집마다 넘치게 몰려 대폿집에도 한 집에 여자들이 몇 명씩 있어, 술을 먹으면 손님은 서넛밖에 안 되는데 여자들은 대여섯 명이나 된다. 그러니 보수도 적었다.

도시마다 매춘부가 많이 나타나 당국에서는 단속하나, 먹고살기 위해 필사적이니 철저하고 강경하게 단속하기가 곤란하였다. 그러니 그 수가 계속 늘어났다. 그 외에 떡, 두부, 콩나물, 채소, 과일, 담배, 양키 물건 등 여러 종류의 장사가 늘어났다.

전체적으로 죽은 사람의 공식적인 발표는 아군과 미군을 포함하여 40만, 인민군이 중공군을 포함하여 160만, 민간인이 400만, 총 600만 명이 희생되었다 하니, 당시의 인구로 비교하면 6~7명에 한 사람이 죽은 꼴이다.[9]

죽어서 만나지 못하는 가족, 살아 있어도 못 보는 가족, 우리네가 겪은 고통은 이들 이산가족들의 맺힌 한에 비하면 아무 것도 아니다. 죽을 지경을 겪었어도 죽지 않고 살아 있으면 요놈의 세상을 살 수 있으니 참으로 다행한 일이다. 전쟁으로 많이 죽었어도 전쟁 전보다 사람 수가 더 많아 졌다. 피난 온 사람들이 그렇게 많아진 것이다. 많은 사람들이 먹고 살기 위한 일거리가 없으니 생존 경쟁이 치열해 질 수밖에 없다.

---

9 국가기록원 현재 공식 통계로는 한국군 피해자가 사망 138,418명, 부상 450,742명, 실종 및 포로 32,838명으로 합계 621,998명이다. 유엔군 피해자는 사망 40,803명, 부상 103,460명, 실종 및 포로 9,769명으로 합계 154,032명이다. 휴전할 때까지 민간인 피해자는 사망 244,663명, 학살 128,936명, 부상 229,625명, 납치 84,532명, 행방불명 303,212명으로 총계 990,968명이다. 근거는 1955년 『대한민국 통계 연감』이다.

월남한 사람들은 지방민들보다 생활력이 강하다. 이북 사람들은 직장에서, 시장에서 성공하는 경우가 많다. 이들은 단결심이 강하여 서로를 도우며 어떤 일이 있어도 적극적으로 대처하며 경우에 따라서는 체면 불구하고 힘든 일에도 남보다 앞서 있다. 그래서 직장에 취직하는 문제도 잘 해결하고, 장사를 하는데도 돈을 잘 번다. 청주 연초공장에도 이북 사람들의 판이 된 시절도 있었다. 그 사람들은 말단에서부터 중앙의 요직에 있는 사람까지 잘 통한다. 서로 돕고 자기네끼리 모임을 가져 돈을 거두어 그 돈으로 뇌물을 바쳐 중앙의 고위층을 움직여 직장을 유리하게 하는 것이 지역 사람들보다 한 수 위에 있다.

장사도 마찬가지이다. 세상이 모두 돈과 빽이 있어야 되니, 무슨 짓이라도 해서 권력을 만드는 시대가 되었다. 돈 있는 자도 문제를 잘 풀지 못하면 고위 권력층을 돈으로 매수한다. 사회는 실업자가 많아 직장을 구하려는 사람이 천지이다.

● 당시 국회의원 곽의영의 빽줄

자유당 국회의원인 청원군의 곽의영[10] 씨는 자기 선거구에 많은 일도 했지만, 지방민의 애로사항 즉 취직을 잘 시켜줘서 지역민들은 돈들

---

10 곽의영(郭義榮, 1911~1992)은 1936년 경성법학전문학교를 졸업하고 일제강점기에 청원군수를 역임했으며, 1950년 제2대 국회의원 선거에 청원군 을선거구에서 당선된 것을 시작으로 내리 3번 당선되었다. 제3대 국회에서는 부흥위원회 위원장이 되었으며, 1958년 체신부장관에 임명된 뒤, 4·19 혁명으로 자유당 정권이 붕괴될 때까지 재직하였다. 4·19혁명 이후 정계에서 은퇴한 뒤에는 주정협회(酒精協會) 회장, 임광토건(林光土建) 회장, 재건국민운동(再建國民運動) 중앙회 부회장, 대한민국 헌정회(憲政會) 회장 등을 역임하였다. 저서로는 『어둔밤 촛불을 밝히며』가 있다.

이지 않는 제일 좋은 빽줄이라고 했다. 그러니 이분에게 청탁하는 사람의 수가 부지기수이다.

당시 사람을 제일 많이 기용하는 직장은 전매국 뿐이었으니, 전매청에 다니는 사람이 제일 많았다. 곽의영이 취직시킨 공원의 수는 말할 것도 없고, 일반 직원도 여러 명 있었다. 사람들은 "연초 공장은 곽의영 공장이다."는 말까지 하였다.

그러나 그런 취직도 한계가 있다. 국회의원은 청원군의 곽의영 외에도 청주 경우에 갑구, 을구가 있고, 또 괴산, 연기군에 살고 있는 주민들은 자기네 선거구의 국회의원한테 가서 취직 부탁을 하는 자가 엄청나게 많으니 국회의원들도 고통이 따랐다.

하루는 곽의영 씨가 청주의 본가로 왔다고 하여 곽의영 빽으로 취직한 지건석이라는 동료 직원이 나하고 함께 인사나 가자고 하여 곽의영 집을 찾아 갔더니, 수백 명이 모여 큰 잔치가 벌어졌다. 집도 크고 방도 여러 개인데 방마다 사람이 차서 마당에 천막을 쳐 놓고 술상이 여러 군데 차려 있어 들어오고 나가는 사람들이 시장판 같았다. 곽의영 씨가 청주에 왔다 하니 이렇게 많은 사람들이 모인 대부분의 사연은 취직 부탁이다.

곽의원은 안방에 앉아 면회 중이고 차례를 기다리는 사람이 너무 많아, 곽의원을 면회하려면 다음 날도 어려울 것 같아 그냥 집으로 돌아왔다. 취직하기가 얼마나 어려운지, 당시의 국회의원이 시달리는 정도를 짐작할 수 있었다. 곽의원의 명함을 가지고 공장에 와서 채용해 달라는 사람이 많으니 다 수용할 수 없었다. 곽의원 비서가 쫓아와 그중에서 꼭 채용해 줘야 할 사람을 가려주면, 파면 당한 공원이 생길 때 그 사람들을 채용한다. 곽의원의 명함을 가지고 있어도 공장에 취직될 가능성이 없으면 공장에 와서 "왜 나만 채용을 기피하느냐?" 하며 항의를 하거나 곽의원에게 다시 찾아가 볶기도 한다. 곽의원의 명함으로도 공장 취직이 어려우니, 곽의원의 신용이 뚝 떨어지게 되었다.

곽의원은 이와 같은 일들이 너무 많아 별도의 비서를 몇 명 더 두어야 할 형편이다. 그렇다고 다른 국회의원이나 권력층의 부탁도 거절할 수 없다.

이와 같은 수난을 겪어 공장에 취직이 되면 공장의 입장에서 또 다른 고민이 뒤따른다. 빽을 업고 들어온 사람 중에는 어정쩡한 백수건달에 속하는 이들이 많다. 평생 동안 노동은 전혀 경험이 없는 자가 상당히 있는데 놀면서 급료는 꼬박꼬박 받아 가도 빽 때문에 쫓아내지도 못한다. ― 이게 기업이 망하는 수순이다.

참으로 딱한 일이다. 하여튼 국회의원들은 전매청 간부직 인사 문제에도 관여할 수 있으니 현실로 무리한 청탁인 줄 알면서도 들어줘야만 했다. 국회의원과 권력층의 정략으로 일반 직원도 정원을 무시하고 채용한 자가 많아지니 얼마 못가서 줄 돈이 모자랐다.

나도 해직 되었다

• 1953년 9월 10일

나도 해직 되었다. 할 수 없이 정원 이상의 인원은 정리할 수밖에 없었다. 서울지방 전매국에서는 의주로공장의 정원 30명의 TO를 청주공장으로 돌려 줘야 하는데, 서울지방 전매국 정원으로 잡고 의주로공장 직원 30명을 경우 없이 청주공장으로 보냈으니 청주공장의 당초

정원은 십오륙 명 정도밖에 안되는데 실제 인원은 오륙십 명이나 되니 정원 외 초과 인원은 모두 감원(해직)시켜야 했다.

그중 빽이 좋은 15명만 남고, 1953년 9월 10일 자로 삼십여 명이 감원되었다. 그중에는 나도 끼어 있었다. 그러나 감원되어도 편입(임시직) 공무원으로 발령이 났다. 이 직제는 고용원 중에서 직원 대우를 해주기 위하여 만든 제도로, 직원의 대우는 받지만 급료는 일당으로 타게 된다. 담당 업무는 전과 같이 보고 있지만 감원 되지 않은 사람들이 무시하게 되니, 어디서든 빽을 동원하여 복직하려고 야단들이다.

그중에서 복직이 제일 먼저 된 사람은 한 달 만에 복직된 지건석이다. 그 사람은 곽의원의 빽줄이며, 곽의원이 당장 복직시키라고 하니 거절할 수 없었다. 다른 사람들도 자기 나름대로 권력을 찾아 복직운동을 하여 약 1년 정도 되니 대부분 복직되고, 복직을 못한 사람은 나와 윤병익과 최무홍이다. 세 사람은 권력과 돈이 없다. 또 빽을 쓸줄도 모르는 고지식한 사람들이다. 윤병익 씨와 최무홍 씨는 나보다 열 살 정도 많고 두 분 모두 서울 의주로공장에 주로 있었으며, 윤병익 씨는 서울 지방전매청 제조과장을 지낸 분이다.

그 후 나는 복직은 감히 생각지도 못하고 그런 상태로 임시직으로 근무하고 있었다. 그때 청주 연초공장 뒤에 엽연초 재건조장을 신축하고 준공이 다 되었는데 내가 우연히 중병이 들어 대단히 앓고 거의 한 달 동안 출근을 못하고 있는데 지건석이가 문병차 찾아와 "내가 이번에 청주 재건조장 서무과장으로 가게 되었으니 당신도 같이 재건조장으로 가자"는 것이다. 나도 좋다 하였다.

지건석이는 곽의영 씨 직통 빽이라 외부에서 전매청에 들어온 지는 얼마 안 되어 업무에 대해서는 경험이 없다. 서울지방 전매국에서는 곽의영 의원의 특별한 부탁이라 지건석이를 그리로 발령하게 되었다. 더구나 재건조장이 신설이니 업무에 경험이 있는 자가 나밖에 없었다.

• 1955년 8월 29일

나는 1955년 8월 29일 자로, 감원된 지 2년 만에 복직되어 청주 엽연초 재건조장에서 근무하게 되었다. 전쟁 후 사람들은 많이 늘었지만 먹고 살 일터가 없으니 취직이 참으로 어려운 실정을 이야기 했지만, 부정부패를 짚고 넘어가야 했다.

1998년 6월 25일

장 기 홍   지음

| 2부 |

광해군의 중립외교

중립정책과 장만장군

중립정책은 1619년 4월 5일 체찰사 장만장군에 의해서 만들어진 국방 전략이다.

01. 광해군의 중립정책과 장만장군

광해군의 중립정책은 심하전쟁(深河戰爭) 때 장만장군에 의해서 만들어졌지만, 장만장군이 그 정책을 만들었다는 사실은 알려지지 않았다. 이 내용은 『낙서집(洛西集)』 2권 상소편에 나오지만 『낙서집』을 자세하게 살펴본 사람이 많지 않았다. 그래서 광해군의 중립정책이 언제 누구에 의해서 만들어졌는가에 대해서는 설명하지 못하였다.

▌중립정책에 대한 잘못된 인식
광해군의 중립정책은 1619년 4월 5일 장만에 의해서 만들어졌다. 광해군의 중립정책은 이미 수십 편의 논문이 나와 있어서 잘 알려졌지만, 정작 중립정책을 만든 장만에 대한 언급은 어느 논문에도 나오지 않는다. 광해군 중립전략의 치밀한 군사적인 지식과 애민사상과 철학과 배짱이 모두 광해군으로부터 나왔다고 보여졌기에 광해군이 현군으로도 알려졌다. 이는 잘못된 인식이다.

광해군이 중립전략을 세워 전쟁을 막아냈다니, 인목대비를 폐모(廢母)하고 영창대군을 살제(殺弟)한 것도 그럴만한 이유가 있었을 것이고, 궁궐공사도 지을 만하니깐 지었을 것이다. 그래서 광해군의 여러 가지 흠을 덮어버리고, 광해군은 현군(賢君)이라는 환상을 만들어낸 것이다. 광해군은 군사 지식이 많지 않고, 현명하지도 않으며, 백성을 사랑하는 애민사상도 별로 없었다. 능력이라면 장만을 도원수로 임용하여 중립정책을 세우고 실행하게 한 것이다.

▌광해군은 현군인가?

우리 역사 속에서 광해군처럼 평가가 심하게 엇갈리는 인물도 드물다. 지금 한국사에서는 광해군의 중립외교 정책을 이렇게 기술하고 있다. "광해군이 탁월한 통찰력으로 국제정세를 정확하게 파악하고 명·청 전쟁에서 어느 쪽에도 치우치지 않는 중립외교 정책을 고수하여 전쟁을 막아냈다." 한발 더 나간 역사가들은 광해군을 현군으로 띄워 올렸다. "광해군이 백성을 위하는 마음이 깊어서 강단있는 소신으로, 명의 200년 이어온 존명사대와 임진란의 은혜를 갚으라는 압박에도 불구하고, 백성의 생명을 구하

관복 차림의 낙서 장만 영정

기 위해서 명의 강요를 거절하고 중립정책을 고수한 것이다. 따라서 광해군은 백성을 위하는 현군이다." 일본의 역사가들이 주장한 것을

그대로 따른 것이다.

이제는 『조선왕조실록』도 공개가 되어서 누구나 광해군 역사를 검색해서 볼 수가 있다. 확인하는데 필요한 자료를 정리하여 소개한다. 자료는 『조선왕조실록』과 『낙서집』에서 발췌하였다.

광해군의 어질지 못한 기록을 본 역사가들은 '광해군을 결코 현군으로 불러서는 안 된다'며 중립정책의 업적까지도 저평가했다. 중립정책을 장만이 만들었다 해도, 광해군이 선택하고 받아들여 전쟁을 막아냈으니 지도자 광해군의 업적이기도 하다.

광해군이 혼군이라고 해서 중립정책의 가치마저 저평가 되어서는 안 된다. 장만의 중립정책은 조·명·청 3국의 힘의 균형을 이용한 캐스팅보트 국방전략이다. "청이 먼저 전쟁을 일으키지만 않는다면 조선은 중립을 지켜 청을 치는데 동원되지는 않겠다."라는 전략이었다. "청이 먼저 전쟁을 일으킨다면 조선은 또 명을 도와 청과 싸우겠다."는 경고이기도 하였다. 누르하치도 이를 받아들여 8년간 전쟁이 억제되었다.

장만은 광해군을 설득하는데 더 신중하였다. 장만은 조정 서열이 10번째다. 더구나 정권실세인 이이첨이 친명배청(親明背淸)을 강력하게 밀어붙이고 있었다. 장만은 광해군을 설득하기 위해서 심하전쟁 전후로 3번의 전략 상소를 올렸다. 임금을 설득하기 위해서 이야기를 빙빙 돌리지만, 핵심은 중립전략이었다. 광해군이 다행히도 이를 알아보고 받아들여 전쟁을 막았다. (『낙서집』 상소 8·9·10항 참조)

그러나 광해군이 장만의 중립전략을 처음부터 받아들인 것은 아니다. 처음에는 거절하다가 강홍립이 패한 뒤에야 받아 들였으니, 업적은 절반으로 줄어들었다. 만일 광해군이 장만의 중립전략을 처음부터

『낙서집』 권2에 실린 여덟 번째 상소

받아 들였다면 강홍립의 패전도 막을 수 있었을 것이다. 그렇다면 명의 압박을 어떻게 견딜 수가 있었을까? 장만은 그 전략도 마련하고 있었다. 요동경략 양호가 탐욕스러우니 물자로 대신할 수 있다고 하였다. 장만은 20년간 국방을 지휘해온 군사 전문가다. 전략마다 치밀하였다. 광해군은 장만을 "계획이 많고 생각이 깊은 사람이다."라고 하였다.

▌중립정책은 부끄러운 정책인가?

그렇지 않다. 강대국 틈새에 낀 약소국가가 살아갈 수 있는 현실적인 정책이다. 그렇다고 아무 때나 중립정책이 통하는 것은 아니다. 청이 만일 조선을 목표로 전쟁을 걸어왔다면 중립정책이 무슨 소용이 있겠는가? 청은 명과의 전쟁이 목표였기 때문에 조선과는 화친의 관계를 원하고 있었다. 조선쪽에서 명과의 의리 때문에 이미 기울어진 현실을 정확하게 보지 못하고 명쪽에 섰다가 심하전쟁·정묘호란·병자호란을 당하게 된 것이다. 장만장군은 현실을 정확하게 읽고 중립전략 사상을 주창하여 전쟁을 막아내고 수습하였다. 병자호란도 최명길에게 중립전략 사상을 전수시켜 수습하게 한 것이다. 이러한 사상이 어찌 부끄럽단 말인가? 백성을 살려내는 정책이다.

02. 심하전쟁과 광해군의 고민

중립정책이란? '명·청 전쟁에서 조선은 어느 편을 얼마만큼 들어야 하는가' 하는 고민이다. 존명사대의 의리와 현실주의 사이에서의 갈등이다. 임금과 신하 모두가 변화된 국제정세를 읽지 못하고 존명사대에만 지나치게 빠져서 나라 전체를 전쟁으로 몰고 가려고 할 때, 장만은 선각자로서 홀로 현실을 직시하고 중립외교 전략을 주창하여 전쟁을 막아냈다.

▌1618년 심하전쟁의 시작

심하전쟁은 명의 파병 요청으로 우리 군사가 청군 진영을 침공한 북벌(北伐)전쟁이다. 비록 명의 요청에 응한 것이지만, 청의 입장에서는 침공이다. 이 전쟁이 정묘호란과 병자호란의 빌미가 되었다. 장만은 이렇게 빌미가 될 것을 염려하여 파병을 반대한 것이다. 명은 임진란 이후 정치가 타락하면서 계속하여 쇠락의 길을 걷고 있었다. 이 틈을 이용해 여진족 추장 누르하치가 1616년에 만주의 여진인들을 통합시켜 후금을 만들었다. 후금이 후일 청(淸)이 되었다.

누르하치

1618년 2월에 누르하치는 요동을 공격하여 요동 땅 절반을 차지해 버렸다. 이에 화가 난 명황제 신종은 요동경략 양호에게 10만의 군사를 주어 후금을 정벌하라고 하였다. 그러면서 조선에게도 임진란 때 도와준 의리를 들어 파병군을 보내라고 하였다.

존명사대(尊明事大)로 보나 임진란의 은혜로 보나 조선은 명을 도와 청과 싸워야만 했다. 명이 청에게 침공을 당한 후 청을 정벌하려고 조선에게 지원군을 보내라고 하였다. 지원군을 보내면 조선은 청과 전쟁하게 된다. 명은 쇠락하는 중이고 청은 부상하는 중이다. 명·청 중에 누가 이길지 오리무중이다. 광해군은 고민에 빠졌다. 그래서 대신들에게 묻는다. – "어찌 하면 좋겠는가?"

▌광해군의 첫 번째 고민 [파병]
– 여기서부터 청과의 전쟁이 시작된다.

1618년 5월 명의 파병 요청을 받은 광해군은 대신들에게 의견을 물었다. 조정의 주장은 두 패로 갈린다.

▶ 이이첨을 비롯한 대부분의 중신들은, **임진란의 의리를 들어 파병해야**

한다고 하였다. "조선은 임진란 때 명으로부터 은혜를 입었으니 의당 명을 도와 청과 싸워야 합니다." 이를 두고 후세의 역사가들은 명분론 (名分論)이라고 이른다. 하지만 전쟁에서 명분론은 없다. 오직 살아 남아야 한다는 실리론만 있을 뿐이다. 이들도 단지 의리만으로 파병을 주장한 것은 아니다. 명이 청을 거뜬하게 이길 것으로 오판하여 파병을 적극적으로 주장한 것이다. 조정은 이이첨이 주도하고 있었다. 광해군은 장만의 능력을 인정하면서도 강단이 약해서 이이첨의 주장을 누르지 못했다.

▶ 체찰부사 장만장군은 홀로 파병을 반대하였다. "사대(事大)도 살려고 하는 것입니다. 조선 군사는 성을 지키는 데는 쓸 만하지만 적지에 나가서 기마군과의 싸움은 곧 죽음입니다. 요동경략이 탐욕이 있으니 유능한 외교관을 활용하면 은혜는 물자로 갚을 수도 있습니다." 그러나 장만의 주장은 소수의견으로 밀려 버렸다. 장만은 선조 때부터 국방을 맡아서 누르하치의 부상을 가장 먼저 예고하며 전쟁 대비를 주도해온 인물이다. 서열이 낮아도 임금이 알아보고 선택하면 정책으로 결정될 수 있다. 하지만 광해군은 그렇게 현명하지도, 강단이 세지도 못하였다.

그때나 지금이나 우리나라는 비(非)전문가들이 전문가를 누른다. 경험도 지식도 없는 비전문가들이 판을 친다. 이는 무능한 임금 탓이다. 선조도 임진왜란 직전 비전문가들의 말을 듣고 "전쟁이 없다"라는 김성일의 주장을 선택하는 오판을 저질러 준비 없이 전쟁을 당하였다. 이는 김성일의 잘못보다 선조의 잘못이다. 광해군도 오판하여 파병을 반대하는 장만의 주청을 버렸다. 후세의 역사가들은 신하들의 극성에 어쩔 수 없었다고 하지만, 결정권자인 광해군은 장만의 주장을 받아들여 파병을 거절했어야 옳았다. 그렇게 했다면 광해군은 현군으로 인정할 만하다.

▶ 광해군은 장만의 파병반대에 힘을 얻어서 **잠시 파병반대를 피력하였다.** "장만의 주장도 논리가 있다. 파병은 무리인 듯하다. 파병은 그만두고 은혜는 물자로 대신하면 안 되겠는가?" 하였지만 신하들은 광해군을 압박하였다. "조선은 파병만 하면 명이 거뜬하게 이길 텐데 무엇을 염려하십니까? 파병을 거절했다가 명이 이긴 후에는 명황제의 책임추궁을 어떻게 감당하시려 하십니까?" 광해군은 책임 추궁이라는 말에 겁을 먹고 파병을 결정하였다. 그리고는 안질을 핑계대고 논의를 거절하며 불만을 표출한다. 광해군은 장만의 능력을 믿으면서도 혹시 명이 이길지도 모른다는 요행을 버리지 못하였다. 그래서 파병을 결정하지만 께름칙했다. 파병이 결정되자 도체찰사에 박승종을, 부체찰사에는 장만을, 도원수에는 강홍립을 제수하여 파병군을 요리하게 하였다. 도체찰사 박승종이 상(喪)중임을 핑계로 사직하니 사실상 장만이 도체찰사 역할을 하였다.

민본주의 철학자 장만은 군사의 생명을 중요시하였다. 아까운 군사의 생명을 남의 나라 전쟁에 희생시킬 수는 없었다. 장만은 자신의 주장을 관철시키기 위해서 거듭 사직서를 올렸다. 장만의 사직은 허약한 광해군에게 결단을 촉구하는 뜻이다. "파병 반대가 옳다고 생각했으면 강단으로 밀어붙이소서!" 그러나 광해군은 자신의 생각을 강단있게 밀고 나가지 못하였다. 1만 3천의 파병군이 적은 군사는 아니다. 장만은 앞으로 일어날 비극을 이미 알고 있었기에 최선을 다하여 광해군을 설득하였다.

장만은 1618년 6월에만 3번이나 사직상소를 올렸다. 전시에 총사령관의 사직상소는 항명(抗命)이다. 사직상소는 광해군의 잘못된 결정을 고쳐 달라는 질책의 문구와 궁궐공사를 중단하여 민생을 살려 달라는 내용이었다. 장만은 조선 군사가 은폐물이 없는 적지에서 기마군과 싸우면 죽는다는 현실을 잘 알고 있었다. 그래서 파병만은 막아보려고 최선을 다했지만, 광해군의 결단을 이끌어 내지 못했다. 광해군은 장만의 재능을 아껴 다독거리기만 하였다. "어찌 경이 이런 시기에 사직서를 내는가? 불허한다. 병 치료는 염려하지 말고 천천히 치료하며 군무를 보살펴라!"

조선왕조실록 자료

광해10년(1618) 6월 2일　　장만이 도감과 비변사 유사 중 하나의 사직을 청하다

광해10년(1618) 6월 6일　　장만이 사직하며 궁궐역사의 중단을 청하다

"우선 큰 공사를 중단하여 백성의 소망을 따르소서. 속히 애통해 하는 조서를 내리고 인재를 선발함으로써 난국을 극복토록 하시고, 징병에 관한 일을 충분히 강구하고 헤아려서 선처토록 하소서." 하니, 왕이 답하기를, "이 차자를, 궁궐에 대한 일은 빼고 비변사에 내려 의논해서 처리케 하라." 하였다.

광해10년(1618) 6월 13일　　장만을 부체찰사로 제수하다

장만이 상차하기를, "삼가 원하옵건대 성상께서는 체찰부사의 명을 환수해 주소서 … 그리고 이 기회에 삼가 염려되는 바를 진달드릴까 합니다 … 훈련되지 않은 우리나라의 군졸 단독으로 새로 정비된 오랑캐를 맞닥뜨리게 할 경우 그 승패의 형세가 과연 어떻게 되겠습니까? … 재지(才智)와 말솜씨가 있는 인사를 차견하여 경략(명의 총대장)에게 간청을 함으로서 조선군 단독으로 청군을 맞닥뜨리게 하는 명령을 면할 수 있게만 된다면 어찌 행운이 아니겠습니까? 삼가 원하옵건대 성명께서는 유념해 주소서."

광해10년(1618) 6월 20일　　비변사 당상 등이 인대하여 책응할 일을 청하다

비변사 당상 '박홍구·유희분·이상의·이이첨·이시언·조정·유공량·이경

전·심돈·장만·우치적·강홍립·임곤·권반·박자홍' 등이 아뢰기를, "삼가 바라옵건대 오늘 여러 신하들을 인대하시어 책응할 일을 요리하소서." 하니, 왕이 전교하기를, "나를 본다 하더라도 더 알아낼 일이 뭐가 있겠는가. 내가 안질 때문에 현재 고생하고 있으니 조리한 다음에 직접 만나 의논하겠다." 하였다.

낙서집 자료

[낙서집] 08. 기무에 대해 진달하고 이어서 공역(工役)의 정지를 요청한 차자

이 적(敵:청)은 명나라와 전쟁을 일으켰는데, 서쪽(명쪽)으로는 명의 대병(大兵)이 있습니다. 이 적이 병력이 비록 사납고 강하다 해도, 어찌 내지(內地:조선쪽)로 깊숙이 들어와서 남의 나라를 치려다가 앞뒤로 상대방의 공격을 받아 스스로 패멸하려는 쪽을 택할 수가 있겠습니까? 이는 다만 수백 명의 군사로 우리나라의 국경을 겁주고 견제하는 계책을 씀으로써 우리나라로 하여금 명나라를 원조하지 못하게 하자는 데 불과한 것입니다. 적이 우리나라의 내지로 깊숙이 진병하지 못하는 이상에는 경성(京城:서울)에서 먼저 군사를 움직인다는 것은 또한 너무 이른 처사입니다. …… 가만히 보건대, 명나라 조정의 제본(題本)에는 '조선의 힘을 빌려서 저들의 예봉을 꺾자' 라는 말까지 들어 있습니다. 이는 단지 한 부대의 병력을 빌리자는 것이 아니라, 우리나라로 하여금 스스로 한 방면을 담당하게 하여 먼저 오랑캐의 칼날을 맞보게 하려는 것입니다. 이 의논이 실행된다면 우리나라의 근심은 어찌 한량이 있겠습니까? 그것은 명나라가 우리나라에 바라는 것이 너무 큰 것입니다.

[낙서집] 09. 부체찰사로서 평안도에 갔을 적에 계언을 진달한 차자

저 명나라는 우리나라의 병력을 지원받아 기각(掎角)의 형세를 이룸으로써 호적(胡賊)으로 하여금 뒤를 돌아보는 걱정을 지니게 하여 감히 명나라를 향해 돌진하지 못하도록 하고 싶은 생각이 오죽이나 간절하겠습니까? 때문에 명은 북관(北關)의 두 오랑캐를 순찰하는데 조선이 병력을 보내 도와준 미덕을 성대히 칭찬하고 있으며, 또 요동 경략(經略)에게 칙유(勅諭)한 내용 중에는 심지어 '조선을 고무하여 ……' 등의 말이 들어 있었습니다.

이로써 전후하여 우리나라에 바라는 바가 깊고도 두터움을 대개 알 수 있습니다.

▌강홍립의 출정(出征)

1619년 2월 21일 도원수 강홍립이 1만3천의 군사를 이끌고 압록강을 넘어 청군 진영으로 진군하였다. 광해군은 장만에게 파병군의 전략을 물었다. 장만은 투항까지도 염두에 두는 전략을 제시하였다. "조선 군사는 적지의 들판에서 기마군을 만나면 싸우지 못합니다. 조총부대도 은폐물이 없으면 위력이 없습니다. 조선 군사는 사태를 관망하다가 명이 패하게 되면 투항도 고려되어야 장차 청과의 관계를 회복시킬 수 있습니다. 만일 끝까지 싸운다면 이는 명이 바라는 이이제이(以夷制夷) 전략에 말려드는 것입니다. 강홍립에게 경계를 일러주시기를 청합니다."

광해군도 그런 마음은 있었지만 구체적으로 방법을 몰랐는데, 장만이 방법을 자세하게 조언하자 강홍립에게 비밀 지령을 내렸다. "경은 군사를 보호하는 것이 최고의 목표다. 만일 명이 패한다면 빨리 투항하여 장차 청과의 관계를 원만하게 만들라!"

광해군이 강홍립을 파병군 대장으로 선택한 이유도 이 때문이었다. 강홍립은 중국어를 잘하여 출세했지만, 군사 전략은 잘 모른다. 하지만 이번 전쟁은 용맹하게 싸울 필요가 없다. 오히려 눈치껏 싸우다가 이기는 쪽에 재빨리 붙는 외교적 수완이 더 중요하다. 여기에는 통역 능력이 뛰어난 강홍립이 적임자다. 그러나 이런 지령은 철저하게 비밀로 내려진다.

심하전투초

심하전투중

　1618년 10월 도원수 강홍립은 광해군의 비밀지령을 받고 서울을 출발하여 창성에 주둔하여 명·청의 정세를 살폈다. 강홍립은 명·청의 전쟁이 혹시나 저절로 끝나지 않을까? 하는 요행을 바라며 창성에서 갖은 이유를 대며 4개월이나 미적거렸다.

　요동경략 양호는 강홍립의 군대가 오기를 눈이 빠져라 기다리고 있었는데, 강홍립이 창성에서 4개월이나 미적거리고 있다는 보고를 받고 분노가 폭발하여, 동로군 대장인 유정에게 강홍립이 당장 국경을 넘어오지 않으면 강홍립의 목을 치라고 하였다. 이 소식을 접한 강홍립은 1619년 2월 21일에 압록강을 넘어 심양으로 진군하였다. 적지로 들어간 군대는 보급로 확보와 사주경계가 필수다. 하지만 강홍립은 자신의 목을 치라는 말에 놀라서 보급로 확보나 사주경계에는 신경 쓸 여지가 없었다. 그저 유정이 이끄는 대로 진군할 뿐이다.

　강홍립의 심하전투 패배는 예정된 패배였다. 적당히 쇼를 하다가 투항하는 것이 전략이다. 1만3천 군사에서 절반 이상이 죽는 계획은 아니었을 것이다. 명의 의심을 받지 않으려면 어느 정도 용맹하게 싸우는 척은 해야겠지만, 전술이 너무도 허술하여 1만3천 군사에서 절반 이상이 죽었다. 나머지는 청의 포로가 되었다. 장만은 이런 상황을 예상했다. 그래서 비극적인 상황을 막기 위해서 여러 번 파병을 반대하는 상소를 올렸지만 받아들여지지 않았다. 광해군은 장만의 뜻을 알고는 있었지만, 혹시 명이 이길지도 모른다는 요행을 바라고 파병을 결정한 것이다. 그런데 결과는 너무도 참혹했다.

　1619년 3월 4일 강홍립은 청의 수도인 심양으로 진군하다가 심하 땅 부차지역에서 청군을 만나 접전(接戰)하였는데 대패하고, 결국 광해군의 지시대로 투항하였다. 그리고 누르하치에게 광해군의 비밀지령을 전달하였다. "우리 주군은 임진란 때 명에게 입은 은혜 때문에 부득이하게 군사를 보냈지만 청과의 전쟁은 원하지 않습니다. 그래서 투항하여 그 뜻을 전하라고 하였습니다." 하지만 화가 난 누르하치는 조선을 용서할 수 없다며 조선 정벌을 명했다.

▌장만이 나가서 청군의 침공을 막았다

청군이 압록강으로 밀려오자 광해군은 장만을 급히 파견하여 청군의 침공을 막으라고 했다. 광해군은 청군의 침공을 전혀 예상하지 못하고, 강홍립이 자신의 뜻을 누르하치에게 전달만 하면 무마되는 줄 알았다. 그래서 파병군을 떠나보내는 시점에서도 궁궐 공사에만 관심을 쏟고 있었다. 광해군의 판단 능력은 전쟁 중에 궁궐이나 짓는 수준이었다. 하지만 예상 밖으로 청군이 압록강으로 밀려오자 당황한 광해군은 장만을 급히 파견하여 청군을 막으라고 하였다.

압록강으로 달려간 장만은 오래 전부터 준비해온 매뉴얼대로 창성에 중진(重鎭)을 세우고, 신속하게 과시형 전술로 압록강 방어선을 구축하였다. 청군은 장만의 방어전술에 막혀 도강을 못하고 9개월이나 기회를 엿보다가 군사를 철수시켰다.

만일 이때 장만의 탁월한 지휘력이 아니었다면 압록강 방어선은 뚫리고 광해군은 항복했을 것이다. 병자호란 때 인조가 항복하는 치욕을 광해군이 먼저 당했을 것이다. 청군이 물러가자 광해군은 장만에게 엄청난 상(賞)을 내렸다. 장만을 종1품으로 승진시키고 체찰사에 병조판서까지 겸직시켜 국방을 오직 장만 한 사람에게만 맡겼다.

중진(重鎭)이란 무엇인가? 군사를 한 곳에 모아놓는 거점(據點) 방어전략으로, 1611년에 장만이 평안도에서 만든 전략이다. 종전에는 지역방위 개념인 진관제가 조선의 주류 방어전략이었다. 진관제란 '그 지역은 그 지역 군사로 지킨다'는 지역방위 개념으로, 소규모 전쟁에서는 유효하지만 대규모 전투에서는 무기력하였다. 그래서 장만은 "적은 뭉쳐서 오는데 우리는 흩어져서 지키니 감당이 안된다."고 하며 적의 침공로에 대규모 군사를 모아 놓는 중진(重鎭) 제도를 만들었다.

창성지도

장만이 창성을 중진으로 삼고 대규모 군사들을 모아 압록강 방어선을
구축하니, 적이 도강하지 못하였다.

　진관제는 내 지역만 지킨다는 지역방어 전략이지만, 중진제는 적의
침공로를 막는다는 거점방어 전략이다. 장만은 지역방어 전략은 의미
가 없다고 판단하여서, 후일 안주성방략을 만들었다. 요새지인 안주성

에 모든 군사를 모아놓고 한 판의 전투로 승부를 가리자는 군사전략이
었다.

조선왕조실록 자료

광해11년(1619) 1월 21일   비변사가 서북방어를 원수가 책응토록 할 것을 아뢰다

비변사가 아뢰었다. "지금 서북을 방비하는 이 일은 갑자기 일어난 임진년
의 변고와는 다릅니다 … 장만을 모사(某使)로 개칭해서 속히 출발시켜 서
북도절제의 임무를 맡기는 것이 진실로 일에 합당 할 듯합니다."

왕이 전교하였다. "유공량을 관서검찰사로, 이필영을 해서통어사로 칭
하여 … 출발하게 하라."

광해11년(1619) 2월 21일   비변사가 유공량 대신 장만을 보내고자 아뢰다

비변사가 아뢰었다. "원수가 강을 건너고 나면 서북의 3도를 절제하여 책응
할 여지를 마련하는 것은 극히 중요한 임무이므로 당초에 장만이 아니면
안 된다고 했던 것입니다. … 지금 일이 더욱 급하게 되었으니 비록 재주와
지혜가 장만과 같은 자라고 하더라도 갑자기 차송하였다가는 일의 전말을
제대로 알 수가 없을 것입니다. … 본사 신하들이 다 '장만을 급히 보내지
않아서는 안 된다.'고 생각하고 있으므로 감히 아룁니다."

왕이 전교하였다. "궁궐을 짓는 일이 하루가 급한데, 제조 중에 전말을
상세히 알고 감독하는 데에 마음을 다하는 사람이 많지 않다. 불행히 이충
마저 병이 위중해져 장만이 있을 뿐이니, 절대로 내보낼 수 없다. 다른 사람
을 차송하라."

**광해11년(1619) 3월 12일   평안감사가 중국군과 조선군이 패배했다고 치계
하다**

평안감사가 치계하였다. "중국 대군(大軍)과 우리 삼영(三營)의 군대가 3월
4일 삼하(三河)에서 크게 패전하였습니다."

광해11년(1619) 3월 13일   비변사가 장만을 변방에 파견하기를 청하다

비변사가 아뢰었다. "서쪽의 일이 극도로 위급한 오늘날 절제하고 책응하는
일이 전적으로 체찰사에게 달려 있으니 유공량을 즉시 출발시켜야 하겠습

니다만, 그는 재주와 계략이 좀 부족한 자입니다. 장만은 전부터 서북지방의 직책을 맡아왔으므로 오랑캐와 변방의 정세에 대하여 잘 알고 있고, 이번에 군대가 동원된 이후로 특별히 부체찰사로 임명되어 무릇 군무(軍務)에 관계되는 일이라면 일찍부터 관심을 기울여왔습니다. 지금처럼 일이 긴급한 때에 이 사람이 아니면 해결해 나갈만한 자가 없을 것이니, 사람들의 뜻이 다 이와 같습니다. 본사가 전후로 계청하였던 것은 부득이한 일이었기에 감히 이렇게 거듭 여쭙는 바입니다."

아뢴 대로 하라고 전교하였다.

강홍립의 패전 소식이 도착되었다. 청군이 압록강으로 몰려오고 국경의 놀란 수령들이 도주한다는 소식도 전해졌다. 비변사는 다급하여 다시 장만을 국경으로 파견해야 한다고 주청하였다. 광해군도 청군이 밀고 내려온다는 소식에 놀라서 이번에는 장만의 파견을 승인하였다. 장만은 명을 받고 급히 달려가 창성에 중진(重鎭)을 세우고 압록강 방어선을 신속하게 구축하여 청군의 도강을 막았다. 장만은 오래 전부터 청군의 현황을 연구하여 효과적인 전략을 잘 알고 있었다. 그래서 방어선이 신속하게 구축되었다. 청군도 장만의 능력을 잘 알며 두려워하고 있었다. 이때 장만이 조금만 늦었다면 청군이 도강하여 광해군이 잡혀갔을 지도 모른다.

▮ 누르하치의 협박문서

장만은 처음부터 파병을 반대했었다. 장만이 국경으로 나가 청군의 침공을 막으면서 돌아오는 조선 군사들을 점고해보니 채 1천 명도 되지 못하였다. 창성 성루에 올라 돌아오지 못하는 군사들을 애타게 기다리며 시 한 수를 지었다. "이 비극 어찌할꼬! 이 논의 누가 했는가?"

원망이 앞선다.

장만은 이 시에서 파병을 몰아붙인 대신들을 질책하였다. "군사 실패한 심하 땅 죽은이 많았구나! … 이 논의 누가 했는가?" – 이 시는 사실 광해군을 질책하는 시다. (『낙서집 보유』 1권 시편 참조)

1619년 4월 2일 조선 조정에 누르하치의 협박문서가 도착되었다. 장만의 방어전술에 막혀 도강이 어렵게 되자, 누르하치가 전략을 바꾸어 광해군에게 협박문서를 보내온 것이다. "조선 군사가 대금국을 침공한 일은 매우 잘못된 일이다. 하지만 강홍립의 말에 의하면 조선이 금국과 화평하게 지내기를 원한다고 하니 한 번의 잘못은 용서하겠다. 이제부터는 명과의 관계를 끊고 금국과 화친하여 의심을 풀어야 할 것이다. 만일 그렇지 않는다면 금국은 조선을 정벌할 것이다." 광해군은 또 다시 겁을 먹고 청과의 화친을 주장하였다.

조선왕조실록 자료

광해11년(1619) 4월 2일   화친을 도모한 호추의 서신을 대신에게 논의하게 하다

호차(청의 사신)가 국경에 와서 노추(奴酋:누르하치)의 서신을 바쳤다. 서신에 명나라에 보고한 것은 잘못이라 하고 우리와 좋게 지내기를 바란다고 심하게 썼는데, 언사가 매우 오만하고 패역스러웠다.

서신의 내용은 밝히지 않았지만, 언사가 매우 오만하고 패역스럽다고 하였으니 광해군을 깔보고 협박하는 내용이다. 광해군은 겁을 먹고 대신들에게 청과 화친하자고 하였다. 대신들은 청과의 화친은 명을 배신하는 일이라며 반대하였다. 답답해진 광해군은 장만에게 물어오라고 했다. 이때 장만에 의해서 중립정책이 만들어지자 광해군이 받아들였다.

▌광해군의 두 번째 고민 [화친]
– 여기서 중립정책이 만들어진다.

1619년 4월 2일 청의 화친 강요를 받은 광해군은 두 번째 고민에 빠졌다. 그래서 대신들을 불러놓고 의견을 물었다. – 조정의 여론은 세 패로 갈린다.

▶ 이이첨을 비롯한 대부분의 신하들은 **여전히 친명배청을 주장하였다.** "청과의 화친은 명을 배신하는 일입니다. 임진란 때 도와준 의리와 200년 이어온 사대의 의리를 배신으로 갚을 수는 없습니다." 이번에는 광해군도 화를 내고 대들었다.

▶ 광해군은 친청배명(親淸排明)을 주장하였다. "나도 명과의 의리가 소중함은 잘 안다. 그러나 현실은 그렇게 녹녹치만은 않다. 경들은 작년 파병논쟁 때도 파병만 하면 단숨에 이길 것으로 오판하여 수천의 군사를 내보내서 죽게 하였다. 지금은 명이 청을 당하지 못한다. 만일 청과의 화친을 거절한다면 청군이 당장 쳐들어 올 텐데 조선군사가 막을 수 있겠는가? 명군이 막아줄 수가 있겠는가? 그때는 화친하려고 해도 늦다. 지금 화친하여 안전을 도모하는 것이 좋을 것이다."

신하들도 지지 않고 대들었다. "설령 전하의 말을 거역하더라도 의리를 저버리고 황제께 죄를 지을 수는 없습니다." 이 말을 들은 광해군은 등골이 오싹했다. "이놈들은 도대체 누구의 신하인가? 나와 명 황제가 대립하면 이놈들은 나를 잡아다가 황제에게 바치고도 남을 놈들이구나!" 광해군은 목소리를 낮추었다.

1619년 4월 5일 신하들과의 논쟁에서 답답해진 광해군은 장만에게 물어오라고 하였다. "경들의 말에도 일리는 있다. 하지만 현실은 그렇게 만만치 않다. 국가의 운명이 달린 일이니 신중해야 한다. 장만은 계획과 생각이 깊은 사람이니, 이 문제는 장만에게 물어보는 것이 좋겠다."

광해군이 대신들 앞에서 굳이 "장만은 계획과 생각이 깊은 사람이다."라고 장만을 띄운 이유는, "그대들은 군사 일을 잘 모른다. 그래서 파병 논쟁 때 오판하여 수천의 군사를 죽였다. 그러고도 무슨 할 말이 있는가? 이제는 군사 일을 잘 알며 생각이 깊은 장만에게 물어보자!"라는 의미였다. 신하들도 장만의 능력은 잘 아는지라 반대하지 않았다.

▶ 장만의 답변은 명도 청도 아닌 중립전략을 주창하였다. 명에게는 미봉책(彌縫策)을, 청에게는 강경책(强硬策)을, 조선에게는 자주국방 자강책(自强策)을 제시하였다.

"지금 명은 이이제이(以夷制夷) 전략을 쓰려고 합니다. 조선군사로 하여금 스스로 청군과 원수지게 하여 자신들의 위협을 조선에 떠넘기려는 것입니다. 명이 시키는 대로 해서는 안 됩니다. 조선은 청을 원수로 만들어서는 안 됩니다. 사대의 의리도 소중하지만, 수백 년 이어온 이웃의 관계도 중요합니다. 하지만 청과의 화친도 안 됩니다. 청은 조선을 무장해제 시킨 후 자신들의 전쟁에 동원시킬 것입니다. 명에게는 미봉책으로 달래고, 청에게는 중립을 선언하고 쎈 척하며 강경책으로 나가야 전쟁을 막을 수 있습니다. 이제 조선의 전략은 자강책으로 스스로 지키는 전략뿐입니다."

장만의 답변은 1619년 4월 8일 아침에 도착되었다. 선전관이 말을 달려 국경에 있는 장만에게 다녀오는데 3일 걸렸다. 광해군은 장만의 답변에 기대하고 있었다. "장만은 전부터 파병을 반대했으니 나의 화친주장에 찬성해줄 것이다." 그러나 광해군의 기대는 어긋났다. 장만의 답변은 명도 청도 아닌 중립전략이었다. 광해군은 실망했지만, 답변을 다 읽고는 장만의 중립전략에 따르기로 하였다. 그래서 4월 8일 중립전략을 발표하였다. "명을 섬기는 일은 해이하게 하지 말고, 왕성한 청을 미봉하는 일이 국가를 보전할 수 있는 좋은 계책이다." 광해군은 장만의 답변을 읽기 전만해도 청과의 화친을 주장하고 있었다. 그런데 이제는 소신을 바꾸었다.

광해군이 가장 겁을 먹고 있는 부분은, '화친을 거절했을 때 청군이 쳐들어 올 텐데 조선군사가 막을 수 있겠는가' 하는 문제였다. 장만은 막을 수 있다고 하였다. 광해군도 이번에는 장만의 주청을 따랐다.

"지금 청도 매우 어려운 입장입니다. 6만의 군사로 겨우 명과 대치중인데 조선이 명을 지원하니, 조선부터 정벌하여 배후의 위협을 막고 물자를 확보하려는 생각이야 오죽하겠습니까? 하지만 명과 대치중에 군사를 둘로 나누어 조선을 침공하는 것이 쉬운 일은 아닙니다. 만일 군사를 나누어 2·3만의 군사로 침공한다면 어찌 조선 군사가 2·3만의 청군을 막아내지 못하겠습니까? 이제 조선은 겁부터 먹지 말고 상하가 똘똘 뭉쳐 지키려는 의지를 갖는다면 청은 결코 조선을 침공하지 못할 것입니다."

장만은 누르하치의 속셈을 훤히 꿰뚫어 보고 있었다. 실제로 청군 진영에서는 조선 정벌논쟁이 뜨거웠다. 홍타이시를 비롯한 젊은 장수들은 조선정벌을 강력하게 주장하였지만, 누르하치나 수하르치 같은 노년 장수들은 앞뒤로 적을 만들어서 결코 유익하지 않다며 조선과는 화친전략을 주장하였다. 권력은 누르하치에게 있었다. 청의 위력이 아직은 조·명을 상대로 양쪽으로 전쟁을 일으킬 만한 힘이 없었다. 장만은 이러한 청의 실정을 잘 알고 중립전략을 강행한 것이다. 누르하치도 장만이 이미 청의 실정을 알고 있다고 판단하여 장만의 중립전략 선에서 심하전쟁을 봉합하고, 이후 8년간 전쟁이 억제되었다.

▌장만은 3단계 방어전략을 썼다

장만은 청군의 침공을 막아내는데 상황에 따라 3가지 전략을 썼다.

＊1단계 비상시에는 원거리 요새지 방어전략을 썼다. 이 전술은 정묘호란 직전에 사용한 안주성 방어전략으로, 적의 기습침공에 대적하는 전략이다. 적이 언제 올지 모르고 우리 군사는 턱없이 부족한 상황에서 쓰는 원거리 요새지 방어전략이다. 요새지인 안주성에 진을 치고 적과 한판 붙어보려는 전략이다. 인조의 반대로 무산되어 절반만 실행되었지만, 만일 온전하게 실행되어 요새지 안주성에 1만의 군사만 배치했다면 정묘호란 전투는 안주성에서 조선이 승리했을 확률이 높다. 남이흥이 뒤늦게 안주성으로 들어가 3000의 군사로 싸웠어도 백중세를 이루었으니, 처음부터 1만의 군사로 싸웠다면 틀림없이 이겼을 것이다.

＊2단계 비상시는 중거리 방어전략을 썼다. 이 전술은 지금 쓰고 있는 구성 방어전략으로 심하전쟁의 급한 고비가 넘어가자 군사들을 국경에서 후퇴시켜 조금 휴식하면서 적의 동태를 살피자는 방어전략이다. 장기전에 대비하는 전략이다.

＊3단계 비상시는 근거리 방어전략을 썼다. 이 전술은 심하전쟁 초기

에 긴급한 상황에서 사용한 창성 방어전략이다. 적에게 과시형 전술을 보여주기 위해서, 또 적의 침공이 임박한 초비상 상태이므로 국경에서 당장 전투를 벌일 수 있는 전략이다.

장만은 전쟁의 상황에 따라서 방어 전술을 달리 하였다. 정묘호란 직전에는 적이 언제 올지 모르는 상황이므로 근접방어는 백패의 전술이라고 하였다. 군대는 비상상태를 2개월 이상 유지하기가 어렵다. 따라서 언제 올지 모르는 상황에서 근접방어를 하게 되면 적의 기습 침공으로 초기에 타격을 입어서 패하게 된다. 그래서 정묘호란 직전에는 원거리 요새지인 안주성 방어전략을 강력하게 주장한 것이다. 그러나 심하전쟁 당시에는 적의 침공이 긴급하여 근접 방어전략인 창성 방어전략을 썼다. 압록강에 방어선을 구축하고 적을 막았다. 적이 지구전으로 들어가자 조선의 방어 전략도 지구전으로 들어가 구성 방어 전략으로 바꾸었다.

조선왕조실록 자료

광해11년(1619) 4월 5일   왕이 장만에게 노추에 대한 답신을 물어 보게 하다
왕이 전교하였다. "장만은 계획과 생각이 깊은 사람이다. 노추의 서신을 답하는 일이 다급하니 선전관을 보내 하유하여 물어 오라."

광해11년(1619) 4월 8일   왕이 노추(후금)를 잘 미봉하고 명에 대한 의리로 국방의 계책을 삼다
"오늘날 우리나라를 위한 계책으로는 군신 상하가 마땅히 잡다한 일은 버리고 오로지 부강에만 힘써야 할 것이다 … 대국 섬기는 성의를 더욱 다하여 해이하게 하지 말고 한창 기세가 왕성한 적을 잘 미봉하는 것이 바로 오늘날 국가를 보전할 수 있는 좋은 계책이다."

광해11년(1619) 4월 14일   노추의 서신에 대한 일을 논의하게 하다

"이상의·김신국·장만·최관·권반 등의 의견을 잘 가감하여 속히 답하여 보내도록 하라."

광해11년(1619) 4월16일 왕이 군사 정책을 비국으로 하여금 상의하게 하다

"앞으로 자강지책은 군병을 양성하고 교련하는 것보다 더 급한 것은 없다. … 장만의 차자 중에도 이일을 진술하였으니, 비변사로 하여금 충분히 세밀하게 상의하여 속히 거행하게 하라."

광해11년(1619) 4월 17일 왕이 답신의 내용을 수정하도록 비국에 하교하다

"내 비록 영민하지는 못하나 숙맥(菽麥)을 약간 분별할 줄 아는데 어찌 의리에 근거하여 화친을 거절할 줄을 모르겠는가. 진실로 우리나라에 털끝만큼도 믿을 만한 형세가 없기 때문에 어쩔 수 없이 잠시 나의 뜻을 보인 것이다."

광해11년(1619) 4월 21일 노추의 서신에 대한 [회답]

"삼가 생각건대, 두 나라의 국경이 서로 접하여 있고 황제의 신하로 함께 천조(명)를 섬긴지 지금 2백 년이나 되었으나 일찍이 털끝만큼도 혐오나 원망의 뜻이 있지 않았습니다. …【천조는 우리나라에 있어서 마치 부모와 자식 같으니 부모가 명령을 한다면 자식이 따르지 않을 수 있겠습니까?】이는 대의가 있는 것이라 진실로 그렇게 하지 않을 수 없지만 이웃과 좋게 지내는 정리인들 어찌 없을 수 있겠습니까?"

[노추의 마법이 보내온 재답신]

"칸(汗)께서 이르시기를, '나의 마음에 애초부터 대국(명) 황제를 범할 뜻이 있었다면 푸른 하늘이 어찌 감찰하지 않겠는가.' 고 하였는데, 이 마음은 충분히 세업(世業)을 보전하고 길이 하늘의 복을 누릴 수 있습니다. 어찌 아름답지 않겠습니까. 앞으로 함께 대도를 걷는다면 천조의 총애하는 은전이 오래지 않아 크게 내릴 것입니다. 그리고 두 나라가 각자 자기의 국토를 지키며 서로 옛 우호를 다진다면 실로 양국의 복이니 이 뜻을 전해 주신다면 매우 다행이겠습니다."

광해11년(1619) 4월 29일 비변사가 정충신이 병으로 노추에 가기 어려움을 아뢰다

광해11년(1619) 7월 8일 체찰부사 장만이 포로로 도망한 자들의 수를 치계하다

장만이 치계하였다. "포로가 되었다가 도망쳐 돌아온 사람이 각도를 모두

합하면 1천 4백여 명인데 지금까지 끊이지 않고 있습니다." 이에 앞서 강홍
립을 따라 압록강을 건너간 정예 병사가 1만 3천여 명이었는데, 투항한 후
장사(將士)는 거의 모두 죽음을 당하고 군졸은 모두 농민에게 무더기로 나
누어 주어 (지키게)하였으므로 계속 도망쳐 돌아왔다.

광해11년(1619) 7월 17일   왕이 장만에게 변방의 방비책을 강구하게 하다

체찰부사 장만이 아뢰었다. "신은 노적(虜敵) 속에 있는 신하 강홍립과 소
시에 한 마을에 살았던 친분이 있습니다. 그런데 그가 자기 몸이 이미 절교
하여야 할 입장에 빠져 있는 것을 헤아리지 않고 이번에 양간(梁諫) 등이
나올 때 통사 김언춘(金彦春) 편을 통해 한 통의 서찰을 보내 왔는데, 사리
로 헤아려 보면 신이 사사로이 받아보아야 할 도리가 없으니 비변사로 하
여금 뜯어보게 하소서."

(왕이) 답하였다. "아뢴 대로 하라. 변방의 일이 나날이 급하니, 속히 내
려가 방비책을 강구하라."

광해11년(1619) 8월8일   비변사가 변방의 시급함을 아뢰고 장만을 보내도록 청하다

비변사가 아뢰었다. "신들이 의주부윤 정준의 장계를 보니, 적병이 새로이
철령을 침범하여 이른바 하(河)·이(李) 두 총병이 수백 명을 참획하였다는
말이 사실이라 하더라도 승패의 운세는 알 수 없는 상황입니다. 요양(遼陽)
이 이미 위급한 지경이 되어 우리나라 변방의 방비가 실로 시급하니 체찰부
사 장만을 하루 이틀 안으로 보내고, 지금과 같이 서쪽 변경의 보고가 심각
한 때에는 감사와 수령도 즉시 조치해야 될 일이 많으니 황연감사(黃延監
司), 벽동군수(碧潼郡守), 개천군수(价川郡守)를 모두 급히 차출하여 보내
는 것이 마땅하여 감히 아룁니다."

전교하였다. "아뢴 대로하라. 장만을 직접 불러 유시해서 12일에 보내도
록 하라."

광해11년(1619) 8월 16일   장만에게 속히 변경으로 가 대처하게 하다

전교하였다. "서쪽 변경의 사태가 날이 갈수록 더욱 위급해지고 있다. 장만
에게 속히 의주로 달려가서 한시바삐 계책을 세워 대처하도록 하는 일을
하유하라."

광해11년(1619) 12월 26일 구성부사 남이흥을 장수 방어사로 겸임하게 하다

비변사가 아뢰었다. "구성부사에 적합한 사람을 신들이 바야흐로 의논하여

천거하였습니다. 삼가 생각하건대, 본부(本府:구성)가 비록 성수(城守)의 지역은 아니나 연평령(延平嶺)이 창성과 삭주의 사이에 있으니, 마땅히 막아서 끊어야 합니다. 장만이 올린 방략에 구성부사를 장수로 삼아 파수하게 해야 한다고 한 것은 일리가 있는 것입니다."

광해군이 장만의 답변을 읽은 후 자신이 청과의 화친주장을 바꾼데 대해 변명하였다. 소신을 바꾼 일을 부끄럽게 생각한 광해군의 언사는 대부분 장만의 상소문에서 나오는 표절 문구들이다.

광해군이 장만의 답변을 토대로 답변을 보냈고, 또 후금으로부터 재답신을 받았다. 누르하치도 장만의 능력을 알아보고 협박전략을 거두어, 심하전쟁의 앙금을 조선의 중립정책 선에서 봉합하였다. 신하들은 장만의 주장이 누르하치의 심기를 건드릴 수 있다며 빼자고 했지만, 장만은 이 문구가 있어야 전쟁을 막을 수 있다고 하여 넣었다. 이 문구가 조선이 겁먹지 않고 있음을 청에게 전달하는 캐스팅보트였다. 청과 화친해야 한다고 주장했던 광해군 입장에서는 대단한 반전의 문구였다.

적의 전략이 지구전으로 들어가자 장만도 지구전에 대비하였다. 장만은 군사의 피로도를 감안하여 사령부를 창성에서 후방인 구성으로 옮겼다. 비변사의 전략은 모두 장만이 짰다. 적은 압록강에 군사를 두지 않았는데, 심하전쟁 이후에는 대군을 압록강에 주둔시켜 긴장을 유발시켰다. 여차하면 압록강을 넘어 침공할 태세였다. 이에 조선도 압록강에 방어선을 구축하였다. 이런 긴장상태는 9개월이나 지속되었다. 심하전쟁은 강홍립의 파병으로 시작되었지만, 수습은 장만이 도맡아서 하였다.

03. 장만장군의 중립정책 삼분지계(三分之計)

장만의 중립정책은 굽실거리는 중립전략이 아니다. 조·명·청 3국의 힘의 균형을 이용한 강력한 캐스팅보트 국방전략이었다.

▌제갈공명의 천하 삼분지계

어차피 명이 청을 누를 수 없다면, 세상은 3국이 공존하는 공존시대로 갈 수 밖에는 없다. 상황이 그렇다면 조선도 이에 적극적으로 역할분담을 하여야 한다.

장만에게는 광해군의 설득이 제일 급한 문제였다. 아무리 좋은 아이디어도 임금을 설득하지 못하면 소용이 없다. 지난번 파병할 때 장만은 광해군을 설득하지 못하여 낭패를 보았다. 다행히 광해군은 강홍립의 패전 후에는 장만에게 전권을 맡기다시피 하였다. 장만은 이때 광해군에게 제갈공명의 삼분지계를 소상하게 설명하였다.

"전하! 제갈공명이 위나라와의 싸움에서 힘이 부족하자 오나라를 끌어들여 세상을 셋으로 나누어서 힘의 균형을 이용하여 약한 상황을 극복하고 나라를 지켜냈습니다. 청이 세다고는 하나 어찌 조·명을 상대로 동시에 전쟁을 일으켜 침공할 수 있겠습니까? 조선이 비록 힘은 약하지만 조·명·청의 힘의 균형을 잘만 이용한다면 제갈공명의 삼분지계의 계략을 쓸 수 있을 것입니다." 광해군이 안심하고 장만의 전략에 따랐다.

[낙서집] 10. 오랑캐의 서찰에 응답하여 보내는 사의(事宜)에 대해 진달한 차자

삼가 아룁니다. 신이 선전관 권이길이 전해준 서장(書狀)을 받들어 보건대,
" … 경은 대답할 말을 잘 생각해서 헌의(獻議)하되 급속히 치계 하라."는
내용이었습니다. …

　　신의 어리석은 생각으로는, 지금 이 오랑캐의 서찰에 대해서는 그 원문
과 함께 명나라의 조정에 털끝만큼도 숨김이 없이 아뢰는 것이 좋겠습니다.
… 그리고 오랑캐(후금)를 향해서는 회답하기를, "명나라와 우리나라는 아
버지와 아들의 관계와 같다. 우리나라와 그대의 나라는 손톱만큼의 유감도
없는 사이이다. 명나라가 우리나라에게 원병을 요구하지 않는다면 그만이지
만, 명이 또 요구한다면 아버지의 명령에 자식이 따르지 않을 수 있겠는가?"
하는 등으로 말하되, 그 말을 부드럽게 하여 그들을 격노시키지 않도록 하
여야 할 것입니다. 이렇게 한다면, 오랑캐가 비록 인의(仁義)의 마음이 부
족하고 교활한 마음이 많다고 하지만, 우리나라의 실정을 살펴보지 않겠습
니까?

▌ 누르하치에게 보낸 답신

　　1619년 4월 21일 광해군이 누르하치에게 보낸 답장에 "천조(명)는
우리나라에 있어서 마치 부모와 자식 같으니, 부모가 명령한다면 자
식이 따르지 않을 수 있겠습니까?"라는 문구가 있었다. 신하들은 이
문구가 누르하치의 심기를 나쁘게 할 수 있다며 빼자고 했지만, 장만
은 오히려 이 문구가 있어야 조선이 겁먹지 않고 있음을 보여 줄 수
있다며 고집하였다. 이 문구는 장만의 상소문에서 나온 문구다.

　　이 문구의 의미는 이렇다. "청이 명을 치면 조선은 청의 후미를 칠
것이고, 또 청이 조선을 치면 명이 청의 후미를 칠 것이다. 하지만
청이 먼저 전쟁을 일으키지만 않는다면 조선은 분명히 중립을 지킬

것이다. 지난번처럼 조·명이 연합하여 청을 치는 일은 절대로 없을 것이다. 조선은 청과의 인연도 중요시하고 있다."

장만의 중립전략은 양쪽 눈치만 살피는 중립이 아니다. 해볼 테면 해보자며 세게 나가는 전략이다. 광해군은 청이 침공할 것을 겁먹고 두려워하였지만, 장만은 청이 명과 대치중에 절대로 조선을 침공하지 못한다는 군사적 상황을 잘 알고 있었다. 그래서 겁먹고 있는 광해군을 설득하여 중립전략으로 이끌었다. 장만은 정세 판단이 정확하고 야전군사령관 경험을 갖춘 유능한 전략가다. 장만의 특이한 전략을 믿고 따른 것은 광해군의 능력이다. 장만은 누르하치의 속셈을 꿰뚫고 있었다. 광해군이 가장 겁을 먹고 있는 부분은 '청이 침공하면 조선군사가 막을 수 있는가?' 하는 점이다. 장만은 광해군에게 이렇게 설명하였다.

"청이 세다지만 수비와 공격은 다릅니다. 지난번 심하전투는 조·명이 연합해도 공격자가 되어 청의 수비를 꺾기 어려웠지만, 청이 공격자가 되어 조·명과 동시에 전쟁한다면 청이 불리해집니다. 누르하치가 이를 모를 리 없습니다. 그래서 조선을 겁주어 먼저 속국으로 만들려는 작전입니다. 조선이 겁을 먹고 화친에 응한다면 청의 노예가 될 것입니다. 조선은 2-3만의 청군을 막아낼 힘만 있으면 떳떳하게 캐스팅보트 중립전략을 이끌어 나갈 수 있습니다. 조선은 겁먹지 말고 상하가 똘똘 뭉쳐 지키려는 의지만 갖추면 됩니다. 그렇게 하면 누르하치도 감히 어쩌지 못할 것입니다."

장만은 공격자와 수비자의 힘의 비율을 잘 알고 있는 군사전문가다. 조선 군사가 공격자로서는 무능하지만 수비자로서 성을 지키는 전투는 잘한다. 광해군이 비로소 안심하며 중립전략으로 돌아섰다.

정충신

그러나 중립전략이 나 혼자서 발표한다고 되는 것은 아니다. 청의 동의를 받아내야 비로소 전략이 된다. 답장이 건너간 후, 장만은 후속 조치로 자신의 심복인 정충신을 청으로 보내서 중립정책의 뜻을 설득하게 하였다. 중립정책을 완성시키기 위한 세부전략이다. 정충신이 가자 누르하치의 책사인 마법은 정충신의 목에 칼을 들이대고 속임수를 실토하라고 협박하였다. 그들은 중립전략이 속임수라고 생각하였다. 적당히 중립인 체하다가 갑자기 조·명이 합세하여 자기들을 칠지도 모른다고 의심하였다. 하지만 정충신은 조금도 동요되지 않고 장만의 중립전략을 소상하게 설명하였다.

"청이 먼저 전쟁을 일으키지만 않는다면 조선은 분명히 중립을 지킬 것이다. 속임수는 없다. 하지만 청이 먼저 전쟁을 일으킨다면 조선은 명을 도와 또 싸울 것이다."

누르하치는 결국 장만의 중립전략을 받아들였다. 이는 정충신의 역할도 있었지만 누르하치의 부장들도 장만을 신뢰하고 있었기 때문이다. 장만은 함경도관찰사 때부터 청의 부상(浮上)을 경고하고 대비를 촉구하였지만, 청을 적으로 만드는 전략은 절대로 쓰지 않았다. 명이 유도해도 말려들지 않았다. 이웃한 청을 적으로 만드는 일은 국익에 엄청난 손실이기 때문이다. 장만은 명의 동맹 의리와 청의 이웃의 의리가 충돌한다면 중립해야 한다고 생각했다. 존명사대에 치우친 대신들과는 상당히 다른 사상을 가지고 있었다.

장만의 중립정책으로 인하여 이후 8년 동안 전쟁이 억제되었다. 이는 조·명·청 3국의 힘의 균형을 이용한 캐스팅보트 국방전략의 효과였다. 중립전략이 어찌 문서 한 장 잘 써서 보냈다고 성립되겠는가? 장만의 전략들이 광해군을 설득하고 누르하치를 설득하여 전쟁을 막아낸 것이다.

낙서집 자료

[낙서집] 08. 기무(機務)에 대해 진달하고 이어서 수선하는 공역의 정지를 요청한 차자 [陳機務, 因請停繕修役箚.]

삼가 아룁니다. 서쪽 변경의 소식이 한번 이르자 온 나라의 사람들이 근심하고 놀란 나머지, 사람들은 모두 아침저녁을 보전할 수 없다는 듯이 가재도구를 이고 지고 피난길을 나서니, 나라가 완전히 무너질 염려가 목전에 임박하였습니다. 적군이 이르기도 전에 인심이 이와 같으니, 만일 흉적의 칼날이 국경을 침범한다면 나라가 궤멸될 모습을 상상해볼 수 있습니다. …

① 이 적(敵)은 명나라와 쟁단(爭端)을 일으켰는데, 북쪽(조선쪽)으로는 이와 같이 기회를 엿보고 있고 서쪽(명쪽)으로는 요좌(遼左: 요동지역)의 대병(大兵: 명의 군사)이 있습니다. 이 적이 병력이 비록 사납고 강하다 해도, 어찌 내지(內地:조선쪽)로 깊숙이 들어와서 남의 나라를 치려다가 앞뒤로 상대방의 공격을 받아 스스로 패멸하려는 쪽을 택할 수가 있겠습니까? 이는 다만 수백 명의 군사로 우리나라의 국경을 겁주고 견제하는 계책을 씀으로써 우리나라로 하여금 군대를 발동시켜 명나라를 원조하지 못하게 하자는 데 불과합니다. 적이 우리나라의 내지로 깊숙이 진병하지 못하는 이상에는 경성(京城:서울)에서 먼저 군사를 움직인다는 것은 또한 너무 이른 처사입니다.

② 두 궁궐의 공사가 거의 절반 쯤 지어졌습니다. … 그러나 오늘날의 사세(事勢)는 지난날과 같지 않으니, 국사가 매우 위태로워 이미 심각한 지경에 이르렀습니다. … 우선 몇 달 동안 공사를 정지하심으로써 신민들의 바람을 위로해주신 다음, 변경의 보고가 조금 완만해지기를 기다렸다가 경내가 무

사해지면 다시 공사를 시작하시기 바랍니다. 이는 단지 시일을 조금 늦추게 될 뿐입니다. 삼가 바라옵건대 밝은 성상께서는 더욱 헤아려 생각하시되 시세(時勢)를 깊이 염려하시고 민정(民情)을 밝게 살피소서! …

③ 가만히 보건대, 명나라 조정의 과도관 및 제신(諸臣)들의 제본(題本)에는, 심지어 '조선의 힘을 빌려서 저들(청)의 예봉을 꺾자'라는 말까지 들어 있습니다. 이는 단지 한 부대의 병력을 빌리자는 것이 아니라, 우리나라로 하여금 스스로 한 방면을 담당하게 하여 먼저 오랑캐의 칼날을 맛보게 하려는 것입니다. 이 의논이 실행된다면 우리나라의 근심은 어찌 한량이 있겠습니까? 명나라가 우리나라에 바라는 것이 너무 큽니다. 기대에 미흡할 경우 꾸지람이 이를 것은 뻔합니다. 바라옵건대 밝으신 성상께서는 더 깊이 생각하시고 신하들에게 널리 자문하시되 반복해서 헤아리시어 잘 조처하소서.

이 글은 장만이 1618년 5월 명의 파병요청 후 올린 상소다. 장만은 심하전쟁 때에 8·9·10항 세 차례의 전략상소를 올렸다. 장만은 광해군이 명쪽으로 기울면 청쪽으로 당기고 또 청쪽으로 기울면 명쪽으로 당겨서 중립전략을 유지하고자 하였다.

①의 내용은, 광해군이 명쪽으로 기우니 이를 말리는 내용이다. 당시 광해군은 청이 장차 조선을 정벌할 것을 겁내서 이번에 명이 청을 정벌하는데 적극적으로 참여하려 하였다. 그러나 장만은 청이 조선을 직접 침공하지 않는 한 명·청 전쟁에 섣불리 끼어들지 말기를 주청하였다. 이것이 장만의 파병 반대이며 중립전략의 기조였다. 하지만 광해군은 파병하고 말았다.

②의 내용은, 광해군이 전쟁이 시작되는 시점에서도 궁궐공사에 빠져서 국력을 낭비하고 있음을 질책하는 내용이다. 그러나 광해군은 궁궐공사를 멈추지 않았다.

③의 내용은, 장만이 '명이 조선을 이용하여 이이제이(以夷制夷) 전

략을 쓰려고 한다'면서, 이에 말려들지 말기를 경고하는 내용이다. 9항과 10항 두 차례의 전략상소를 올렸다.

낙서집 자료

[낙서집] 09. 부체찰사로서 평안도에 갔을 적에 계언을 진달한 차자 [副體察使往關西時陳戒箚]

① 저 명나라는 우리나라의 병력을 지원받아, 기각의 형세를 이룸으로써 호적(胡賊)으로 하여금 뒤를 되돌아보는 걱정을 지니게 하여 감히 명나라를 향해 돌진하지 못하도록 하고 싶은 생각이 오죽이나 간절하겠습니까? … 우리나라의 명나라에 대한 관계는 의리로 보면 군신(君臣)의 분수가 있고, 은혜로 보면 부자(父子)의 정분이 있습니다. 이렇게 보나 저렇게 보나, 국력이 약하다는 이유로 원병을 사양하기는 어렵습니다. 오직 모든 병력을 다 동원하여 따라주며 온 나라를 들어서 한 번 쓰러짐으로써 대의(大義)를 온 천하에 밝힘이 마땅할 뿐입니다. 그러나 계획이 이러한 생각에서 나오지 않고, 다만 '곤란하고 불쾌하다'는 기색만을 여러 번 자문(咨文)에 드러내었으니, 명나라가 혹 우리를 겁쟁이로 여기거나 관망만 한다고 의심하는 일은 곧 우리가 자초한 일입니다. …

군대의 출동 시기가 가까이 임박하여 병사들의 전진 배치를 다 마쳤건만 경략의 밖으로 대우함이 이와 같으니, 후일의 여러 일에 대해 무엇을 연유삼아 품정(稟定)하는 바가 있겠습니까? 어리석은 신이 생각하기에는, 우리가 명나라 장수 및 병사들의 마음을 잃는 것은 오랑캐의 기마 병력이 남쪽으로 내려와서 침략하는 일보다도 더 참혹하다고 할 것입니다. 왜냐하면 근년에 요동과 광녕 사이의 흉악하고 잔혹한 말들은 틀림없이 우연히 나온 것이 아니기 때문입니다. 오늘날 경략에게 참언(讒言)이 행해지는 것은 이 무리들의 뒷말이 아니라고는 할 수 없기 때문입니다. 그러니 우리나라가 조처할 도리를 어찌 소략하게만 하고 말겠습니까? 삼가 바라건대 전하께서는 더욱 더 신중히 생각하시고 신의 이 차자를 비국(備局)에 내리셔서 경략의 마음을 위로하고 오해를 풀게 하는 일에 모든 수단과 방법을 다 쓰도록 하소서.

② 이러한 시기에는 군신 상하가 모두 힘을 합쳐서 서로 도우며 국사를 처리

해 나가더라도 오히려 해결하기가 어렵지 않을까 염려되거늘, 안으로는 두 궁궐의 공역을 정지하지 않아 '어기영차' 외치는 인부들의 소리가 그치지 않는가 하면, 목재 베는 거조와 공사비 걷는 명령도 잇따라 내려질 판국이며, 밖으로는 군대의 동원, 군량의 운반, 성곽의 축조 등으로 수많은 부역이 동시에 진행되며 매질 소리가 낭자하고 탐관오리들이 곳곳에서 가렴주구 (苛斂誅求)합니다. 더구나 서북 지방의 농사가 흉작이어서 겨울철이 절반도 지나지 않았건만 백성들은 거의 다 떠나고 흩어져 버렸습니다. 이러한 천시(天時)와 인사(人事)는 참으로 '통곡할 만하고 눈물을 흘릴 만하며 크게 탄식할 만한 일'이라 하겠습니다. 전하께서는 오늘날의 국사 중에 만에 하나라도 믿을 만한 형세가 있다고 여기시는지요? 어찌해서 심사숙고 하지는 않으시고, 도리어 관례를 따르면서 눈앞의 안일을 추구하고 구차스럽게 무사하기만을 바라십니까?

이 글은 강홍립을 파병하기 직전에 장만이 올린 상소다.

①의 내용은 장만이 명쪽에 기우는 듯하지만, 장만의 뜻은 세부조항에 있었다. 명과의 친밀한 관계는 그대로 유지하면서도 전쟁만큼은 철저하게 분리하여 명·청 전쟁에 섣불리 끼어들지 말자는 중립전략이었다. 그러한 실리를 챙기기 위해서는 단순하게 "곤란하다. 불쾌하다." 라는 언사로는 안된다는 지적이다. 지금은 이미 파병을 결정하였으니 중요한 것은 피해를 줄이는 전략이다. 피해를 줄이려면 조선군 단독으로 청군을 대적하는 전략을 피해야 하는데 이는 전적으로 명의 경략에게 달려있으니, 경략이 조선군의 저의를 의심하게 만들어서는 안 된다는 세부전략을 주청하였다. 툭하면 "곤란하다. 불쾌하다."라는 언사를 쓰지 말고 믿음을 주는 실리 외교적 언사를 쓰라는 주청이었다.

②는 장만이 광해군의 전쟁에 임하는 안이한 태도를 질책하는 내용

이다. 광해군은 파병만 하면 전쟁이 끝나는 줄 알고 궁궐공사에만 치중하고 있었다. 장만은 파병 후 전쟁이 조·청 전쟁으로 옮아 붙을 것을 염려하며 광해군의 안이한 태도에 경고하였다.

낙서집 자료

[낙서집] 10. 오랑캐의 서찰에 응답하여 보내는 사의(事宜)에 대해 논하고, 이어서 소회를 진달한 차자 [論胡書答送事宜, 仍陳所懷箚.]

삼가 아룁니다. 신이 선전관 권이길이 전해준 승정원의 유지서장(有旨書狀)을 받들어 보건대, "정응정 등이 가지고 온 오랑캐의 서찰을 등서하여 보내니, 경은 대답할 말을 잘 생각해서 헌의(獻議)하되 급속히 치계 하라."는 내용이었습니다. …

① 그러나 오랑캐의 서찰에 대한 답변은 조정의 막중한 계획에 관계되니, 한낱 외방의 신하로서는 비록 얕은 견해가 있다 하더라도 어찌 감히 당돌하게 말씀 드릴 수 있겠습니까? … 대신들이 있고 비국의 많은 관원들이 있으며 심지어 육경(六卿)과 삼사(三司)에 이르기까지 모든 관제를 갖추지 않음이 없으니, 이것이 신이 등대(登對)하여 성상을 뵙던 날에 두 번 씩이나 성상의 하교를 받들고도 감히 대답해드리지 못했던 까닭입니다.

② 생각건대 저 호적(胡賊)은 이미 '우리나라가 명나라로부터 은혜를 입어 명나라를 배신할 수 없는 의리를 가지고 있다'는 점을 잘 알고 있으면서도 이 포로를 통해서 우리나라의 속셈을 시험해보려는 것입니다. 그래서 병력으로 위협하고 유언비어로써 이간하며 마치 어린아이를 손바닥 위에 올려놓고 희롱하듯 하오니, 심장이 떨리고 뼈마디가 끊어지는 아픔이오나 어찌하겠습니까? 우리나라는 예로부터 예의(禮義)로써 온 세상에 알려져 있으니, 차라리 나라와 함께 죽을지언정 하나의 '의(義)'자는 끝내 저버릴 수 없습니다.

신의 어리석은 생각으로는, 지금 이 오랑캐의 서찰에 대해서는 그 원문과 함께 명나라의 조정에 털끝만큼도 숨김이 없이 아뢸 것이며, 이어서 이 오랑캐의 흉포한 악행과 우리의 손상을 통렬히 진술하여 지휘해줄 것을 요청하고, 이에 곁들여 문서의 왕복을 통해 그들을 한편으로는 회유하고 한편으로는 정탐해야 한다는 뜻을 말하는 것이 좋겠습니다.

③그리고 오랑캐(후금)를 향해서는 회답하기를, "명나라와 우리나라의 관계는 아버지와 아들의 관계와 같다. 우리나라와 그대의 나라는 손톱만큼의 유감도 없는 사이이다. 명나라가 우리나라에게 원병을 요구하지 않는다면 그만이지만, 명이 또 요구한다면 '아버지의 명령에 자식이 감히 따르지 않을 수 있겠는가?' 하는 식으로 말하되, 그 말을 부드럽게 하여 그들을 격노시키지 않도록 하여야 합니다. 이렇게 한다면, 오랑캐는 비록 인의(仁義)의 마음이 부족하고 교활한 마음이 많다고 하지만, 우리나라의 실정을 살펴보지 않겠습니까?

④무릇 천하의 일 처리는 진실하게 하는 것이 가장 소중합니다. 비록 불행한 일이 생기더라도 마음속에 부끄러운 점이 없어야 합니다. 이렇게 한다면, 만약 명나라에서 재차 원군을 요청하는 일이 있더라도, 우리 스스로를 지킬 겨를조차도 없는 모양은 말하지 않는 중에도 나타나 있는 만큼, 장차 원군의 요청으로부터 벗어나기를 요청하는 데 여유가 있을 것입니다.

이 글은 장만이 1619년 4월 5일 광해군의 하문을 받고 올린 상소다.

①의 내용은, 장만이 자신의 위상을 임금에게 알리려는 내용이다. 당시 장만의 조정 서열은 10번째다. 다행히 광해군이 장만의 능력을 인정하고 전략을 듣고자 하니 장만의 전략이 전달되었다. 장만은 명·청 전쟁에 섣불리 끼어들지 말자는 중립전략을 시종 주장했지만, 조정 서열이 쟁쟁한 이이첨 같은 대신들이 파병을 강력하게 주장하고 있으니 강단이 허약한 광해군이 장만의 전략을 받아들이기는 어려운 상황이었다. 장만 또한 이런 상황에서 거듭 고집만 부릴 수도 없었기에, 이런 상황을 광해군에게 설명하는 것이다.

②는 명·청 전쟁에 섣불리 끼어들지 말자는 중립전략이 중심이지만, 세부적인 전략으로는 명의 신뢰를 바탕으로 하여 외교를 중요시하자는 내용이다. 광해군은 명과 멀리하는 중립전략을 쓰려고 하였지

만, 장만은 광해군의 이러한 아마추어적인 외교태도를 지적하였다.

③은 청에게는 강경책을 써야 전쟁을 막을 수 있다는 내용이다. 청에게 부드러운 언사를 썼지만 내용은 강경하여, 조선이 아직 겁먹지 않고 있음을 보여주어야 청이 깔보지 않아 전쟁을 도발하지 않는다고 하였다. "명나라와 우리나라의 관계는 아버지와 아들의 관계와 같다. … 아버지의 명령에 자식이 감히 따르지 않을 수 있겠는가?" 이 내용은 조선이 청에 대하여 겁먹지 않고 있음을 보여주는 내용이다. 이 구절이 장만의 주장으로 4월 21일 청에 보내는 답신에 들어갔다.

④는 광해군이 강홍립의 패전 후 청쪽으로 지나치게 기울자, 장만이 명쪽으로 잡아당기려는 내용이다. 중립전략을 쓰되 명과의 신뢰는 유지시켜야 전쟁을 막을 수 있다. 광해군은 단순하여 강홍립의 패전 후에는 노골적으로 청쪽에 붙으려고 하여, 명을 멀리하며 숨기려는 태도를 보였다. 장만은 광해군의 이러한 아마추어적인 외교 태도를 지적하였다. 우리 실정을 명에게 솔직하게 고하여 신뢰를 쌓아야 중립전략을 성공시킬 수 있다고 하였다. 그래야 2차 파병의 요구에도 거절할 명분이 생긴다.

장만은 어차피 청은 경계의 대상이며, 이런 상황에서 명과의 관계까지 끊는다면 중립전략은 어렵다고 보았다. 명과의 신뢰를 끊지 않는 상태에서의 중립전략이 중요한 전략이었다. 이러한 외교술은 고차원적인 외교전술이었다. 명도 조선과의 관계를 쉽게 버릴 수가 없었다. 장만은 명의 속셈도 누르하치의 속셈도 훤히 꿰뚫어 보면서 고도의 중립전략을 세웠다.

▎ 광해와 장만장군

- 광해군은 장만의 중립정책을 받아들여 심하전쟁을 막아냈다. 장만이 아니었다면 1619년 4월에 청나라로 잡혀갔을 것이다. 그러나 장만의 간언을 무시하다가 기르던 개(인조)에게 물리고 말았다.

04. 광해군의 폭정에 항거하다

장만의 중립정책 덕분에 국경이 조용해지자 광해군은 이 공로로 장만에게 엄청난 상(賞)을 내려주었다. 종1품으로 승진시키고 체찰사에 병조판서까지 겸직시켜 국방을 오직 장만 한 사람에게만 맡겼다. 엄청난 대우였다.

하지만 장만은 하나도 고맙지 않았다. 광해군이 궁궐공사로 민생을 파탄내고 있었기 때문이다. 이이첨은 임해군옥사·영창대군옥사 등 가짜 역모사건을 만들어서 광해군을 겁주어 권력을 휘어잡고 호가호위하며 백성들의 재물을 착취하였다. 장만은 광해군에게 1618년 6월부터 1622년 8월까지 4년 동안에 폭정을 중단하라는 항명(抗命) 상소를 19번이나 올렸다. 어느 공직자가 폭군에게 폭정을 중단하라는 상소를 19번이나 올릴 수 있겠는가? 오직 장만만이 배짱으로 할 수 있는 용기였다.

▎ 장만이 광해군에게 민본군주의 도리를 가르쳤다

선조는 1597년 10월에 장만을 세자시강원 사서로 제수하였다. 선조는 강직하면서도 머리가 잘 돌아가는 장만을 쓸 만한 인재로 점찍었다. 장만의 민본군주 이론을 들어보니 대단한 철학이어서 세자를 가르치게 한 것이다. 선조는 민본군주론이 광해군을 현군으로 이끌기를 바랐다. 장만의 시(詩)에는 거백옥이 자주 등장한다. 거백옥은 위나라 때 재상으로 나이 50에 자신의 잘못을 깨달았다는 유명한 정치가이며, 공자가 꼽은 존경하는 인물이다. (『선조실록』 1597년 10월 16일 기사 참조)

장만은 세자인 광해군에게 민본군주의 도리를 열심히 강의하였다. "군주는 백성이 병들면 어버이가 되어서 밤잠을 안 자고 고민해야 합니다."

광해군도 23세로 세자가 된지 5년이나 되었으니 군주에 대한 꿈을 품었다. 장만의 강의에 공감하고 열심히 경청하면서, 장만을 지식이 많은 사람으로 존경하였다. 그래서 자신이 즉위하자마자 장만에게 국방개혁을 맡겼다. 장만 또한 광해군이 잘만하면 현군으로 부상할 수 있을 것으로 판단하여 정성을 쏟았다. 광해군과 장만은 이렇게 해서 만났다.

▌광해군의 성품과 의심 정치

광해군은 머리는 조금 돌아가는데 의심이 많고 이기적이었다. 의리도 없고 소심하며 심신이 미약하고 집착이 심했다. 선조·인조·숙종 같은 임금들도 이기주의가 심했지만 광해군이 더 심했다. 왕권 수호의 집착이 심해서 조금만 의심되면 모두 죽였다. 왕권에 위협이 된다는 이이첨의 꼬임에 현혹되어, 동복형인 임해군과 9살짜리 이복동생인 영창대군을 증거도 없이 역모라는 의심만으로 죽였다.

광해군은 심신이 미약한 혼군이다. 심신이 미약하면 의심이 많아지고 겁이 많다. 영창대군을 죽여놓고보니 인목대비가 자신을 죽이려고 한다고 의심하였다. 누군가가 쿠데타를 하면 인목대비가 자신을 죽일 것이라고 생각하니 견딜 수가 없었다. 그래서 물불 가리지 않고 인목대비를 폐출시켰다. 광해군이 궁궐공사에 집착한 것도 심신미약이 만들어낸 비극이다. 자신이 죽인 임해군·영창대군·능창군의 귀신들이 밤마다 나타나 괴롭혔다. 그래서 새 궁궐로 피신하려고 궁궐을 열심히 지었지만, 이사를 가서도 또 귀신이 나타나니 도로 돌아오기를 반복하였다. 심신미약 증상이다.

군왕은 백성을 이끌고 살려야 하는 지도자다. 백성을 위해서 자신을 희생 할 줄 아는 덕목이 있어야 왕이다. 그런데 광해군은 희생은커녕 자신에게 조금이라도 해가 된다고 의심만가면 형제라도 죽였다. 그 뿐 아니라 심신까지 미약해서 귀신놀음에 잘 빠졌다. 임해군·영창대군이 자신을 죽이려는 환상이 보이니 죽인 것이다. 결국 광해군의 심신미약이 궁궐공사에 빠지고, 이이첨 같은 탐관들의 현혹에 빠지고, 민생을 고갈시켜 쿠데타를 불러들인 것이다.

▌광해군이 신임한 장만·이이첨·김개시

광해군이 신임한 사람은 장만·이이첨·김개시 세 사람이다. 장만은 선조 때부터 군사 전문가로서 이미 이름이 나있어서 국방에 등용하였다. 장만은 백성을 다스리는 재능 또한 탁월하니 국경을 잘 다스려 광해군의 민생정치에 큰 도움을 주었다.

이이첨은 탐욕스러운 사람이고, 역모사건을 꾸며 만드는 재주가 탁월하였다. 광해군의 의심 병을 잘 활용하여 가짜 역모사건으로 광해군을 겁주고 속여서 왕권을 지켜줄 사람으로 신임받게 되었다. 결국 광해군의 의심 병이 가짜 인재인 이이첨을 등용하였다가, 이이첨의 국정농단으로 인하여 민심을 잃고 쫓겨나고 말았다.

김개시도 광해군의 의심 병을 이용하여 권력을 잡았다. 그는 천한 출신이지만 광해군을 홀릴만한 두 가지 재능이 있었다.

첫번째 재능은 이야기를 꾸며 만드는 재주가 있어서 광해군의 신임을 받았다. 하나의 이야기를 들으면 열 개의 이야기를 그럴듯하게 만들어내니, 이야깃거리가 풍부하고 재미가 있었다. 광해군은 의심이 많아서 내전(內殿)에서 일어나는 일에도 관심을 보였는데 김개시가 뉴스 전달자였다. 광해군이 김개시의 뉴스와 해결책을 들으면 앞이 훤히 보이는 듯 시원하여, 그를 신임하며 많은 권한을 주었다.

두번째 재능은 특이한 성적(sex)인 재능이다. 광해군은 소심하여 연산군 같은 성적인 망나니는 못 되었지만 내심으로는 성적인 불만이 있었는데, 이를 김개시가 풀어주었다. 실록에는 이렇게 기록되어 있다. "김개시는 얼굴은 피지 못했으나 비방(秘方)으로 주상의 마음을 사로잡았다." 그가 미모는 되지 않는데 비방으로 주상의 마음을 사로잡았다면 무엇이겠는가? 중전이나 후궁들은 체면 때문에 또 도덕성 때문에 특이한 성적인 모션은 어렵겠지만, 김개시는 천한 신분에 미모도 안 되면서 주상의 마음을 잡고자 하니 무슨 짓인들 못하였겠는가? 과격한 모션이 나왔을 것이다. 임금의 잠자리는 비밀도 아니어서, 김개시가 광해군에게 취한 특별한 성적인 모션이 어찌 나인들 사이에 퍼져나가지 않았겠는가? 퍼져 나갔으니 사관이 '비방으로 주상의 마음을 사로잡았다'고 기록하지 않았겠는가?

▌광해군의 폭정이 시작되었다

광해군의 폭정을 세 부분으로 나누어 볼 수 있다. 첫째는 인목대비를 폐출하고 임해군과 영창대군을 죽인 폐모살제(廢母殺弟)이다. 둘째는 이이첨의 대북파 세력들과 김개시 같은 호위무사들에게 지나친 권력을 주어서 백성을 착취하게 만든 일이다. 셋째는 궁궐공사에 빠져서 민생을 고갈시킨 일이다.

장만은 1616년에도 대북파와 이이첨의 전횡(專橫)을 탄핵했다가 파직을 당한 전과(前過)가 있었다. 하지만 고통 속에서 헤매는 백성들을 이대로 두고 볼 수가 없어서, 복권되자마자 또 다시 광해군에게 폭정을 중단하라는 상소를 19번이나 올렸다. 『낙서집』에 실린 장만의 상소를 읽어보면 머리가 저절로 숙여진다. "전하! 백성은 나라의 근본입니다. 백성이 병들면 나라가 망합니다."

광해군의 정치는 전기 10년과 후기 5년으로 나누어 살펴볼 필요가 있다. 전기 10년간은 그래도 민생을 돌보는 정치를 구현했지만, 후기 5년간은 그야말로 방종하는 정치를 했다. 전기에는 이원익·이덕형·이항복 등 명망있는 대신들과 국방전문가 장만을 등용하여 함경도·평안도 국경지역을 개척하며 민생정치를 수준 이상으로 끌어올렸다. 하지만 광해군은 의심이 많아서 왕권의 위협세력을 과잉으로 제거하였다.

이이첨은 왜 광해군을 부추겨서 형제들을 죽이게 하였는가? 이이첨은 군사들이나 선비들의 신망을 받을 수 없는 탐욕스러운 인물이다. 축재를 위해서 권력이 필요한데, 그가 취할 수 있는 권력은 오직 임금을 속여서 얻어내는 방법 밖에는 없었다. 그래서 의심 많은 광해군에게 가짜 역모를 만들어서 겁먹게 한 후 자신이 해결해 주는 듯

속여서 광해군의 신임을 얻어 권력을 취했다. 임해군옥사·영창대군옥사는 이이첨의 속임수와 광해군의 의심 병이 합작으로 만들어낸 가짜 역모사건이다. 광해군은 판단 능력이 없어서 이이첨의 속임수에 걸려들어 영혼까지 지배를 당하였다. 이이첨이 부정한 줄 알면서도 어쩌지 못한 것이다.

▍광해군이 인목대비도 폐출시켰다

집권 10년째인 1618년 1월에는 인목대비마저 왕권에 위협이 된다고 폐출시켰다. 왕통상의 어머니를 자식이 폐출시킨 것이다. 인목대비는 광해군에게 영창대군을 살려달라고 애원했지만, 광해군은 9살짜리 영창대군을 결국 죽이고 말았다. 이이첨은 인목대비 곁에 첩자를 심어놓았다. 인목대비가 광해군을 원망하는 말을 하자 이이첨이 광해군에게 고하니, 광해군이 대노하여 폐출시킨 것이다.

여기서도 광해군의 야비한 성품이 그대로 보인다. 광해군이 영창대군을 죽인 후 인목대비가 자신을 욕할 것을 예측하고, 그 증거를 확보한 후 폐출하려고 함정(陷穽)을 만들어 놓은 것이다. 광해군은 첩자를 통하여 증거가 확보되자 모든 신하들에게 공개하고 의견을 내라고 하였다. 실록에서 그 기록을 보면 참으로 야비하다. 자식을 죽여 놓고 그 어머니마저 폐출시키려고 함정을 파고 임금을 욕했다는 증거를 확보하여 죄인으로 만드는 과정이 실록에 그대로 나온다.

이이첨의 대북파 앞잡이들이 대거 등장하여 인목대비를 탄핵하는 상소를 연일 올렸다. 광해군은 겉으로는 어머니를 죄줄 수 없다고 능청을 떨며, 뒤로는 이이첨을 사주하여 연일 탄핵상소를 올리게 하였다. 광해군은 동복형인 임해군을 죽일 때도 이처럼 겉으로는 형제를 죽일 수 없다고 능청을 떨며 뒤로는 앞잡이들에게 탄핵상소를 올리라고 사주하였다. 이것이 광해군의 본 모습이다. (『광해군일기』 1617년 11월 25일 기사 참조)

▍광해군이 명재상 이항복도 죽였다

이항복

인목대비 폐출은 효(孝)사상을 중요시하는 당시 사대부 사회에서 엄청난 파장을 불러일으켰다. 이 일을 막다가 이덕형은 스트레스로 죽고, 이원익과 기자헌은 유배되고, 1618년 5월에는 이항복마저 유배지에서 죽었다. 이항복은 장만의 부친과 절친으로, 장만이 어릴 적부터 친형처럼 따르는 인연이 있었다. 이항복은 덕이 높아 따르는 선비들이 많았다. 이이첨이 광해군을 속여서 권력을 잡고 국정을 농락하니 청렴한 선비들이 이이첨을 탄핵하였다. 선비들은 대부분 이항복의 문인들이다. 이이첨은 이항복을 제거해야 자신을 탄핵하는 세력이 무너질 것으로 판단하여 이항복 제거 계획을 세웠다. 이이첨의 주적(主敵)은 이항복과 장만이었다.

이이첨은 인목대비 폐출사건에 이항복을 엮어 넣었다. 이때 이항복은 벼슬을 사직하고 고향에서 제자들을 가르치고 있었다. 이이첨은 이항복을 끌어내기 위해서 상소를 올렸다. "전하! 대비 문제처럼 중요한 국사 문제는 옛부터 원로대신들에게 하문하여 처리하였습니다. 지금 이항복은 많은 선비들의 추앙을 받는 원로대신으로 고향에 머물고 있습니다. 지금 국사에 어려운 일을 당하였으니, 그에게 하문하여 처리토록 하소서!" 이렇게 해서 임금의 하문이 이항복에게 도착되고 이항복은 의견을 내어놓아야 하였다.

이항복은 이이첨의 농간임을 알아 차렸지만 자신이 살기위해서 대비를 벌주라고 할 수는 없었다. 그래서 자식이 어미를 벌주는 법도는 없다고 하였다. 이 상소가 도착 되자마자 이이첨은 측근들을 시켜 이항복을 탄핵하게 하였다. "전하! 이항복은 대비 중요한 것만 알지 전하 욕먹는 일은 하찮게 여기는 불충한 자입니다. 유배를 보내소서!" 이런 상소가 연일 올라오자 광해군은 이항복의 유배를 결정하였다. 이렇게 해서 늙고 병든 이항복을 한 겨울에 함경도 북청으로 유배를 보냈다. 겉으로는 원로대신을 걱정하는 체 했지만, 결국 죄 없는 이항복을 한 겨울에 함경도 북청으로 유배를 보내서 죽게 하였다. 이항복은 유배를 가기 전부터 병에 걸렸는데, 추운 겨울에 함경도 북청으로 유배를 가니 몇 달 버티지 못하고 죽었다.

유배지라면 전라도도 있는데 왜 하필이면 겨울에 함경도로 보냈을까? 다분히 고의적인 처사였다. 겉으로는 원로대신을 걱정하는 체 하면서 뒤로는 죽을 자리로 보내는 것이 광해군의 본성이었다. 이항복은 광해군이 죽인 것이다.

장만은 친형처럼 따르던 이항복마저 죽자 광해군에게 실망하였다. 하는 짓이 점점 현군과는 거리가 멀었다. 그래서 장만은 광해군 곁을 떠나려고 1618년 6월부터 사직서를 연달아 냈다. 사직서를 내면서 그때마다 백성들의 고통을 호소하며 폭정을 중단할 것을 간청하였다. 그러나 광해군은 이제 자신을 겁줄 세력들이 없어졌다고 판단하여 더욱 방종한 정치를 하였다. 전쟁을 코앞에 두고도 궁궐공사에 더욱 더

열을 올렸으며, 가렴주구는 더욱 극심해졌다. 따라서 장만의 폭정을 중단하라는 항명(抗命) 상소도 더욱 심해졌다.

광해군의 성품은 특이하다. 임해군·영창대군·능창군·이항복을 죽였지만 단 한 번도 직접 죽이라고 한 적은 없다. 분명 죽을 것을 알면서도 방치하거나 비밀리에 죽일 것을 넌지시 사주하였다. 인목대비도 그런 방식으로 죽이려고 했는데, 이번에는 이이첨이 거절하였다. 이이첨도 이건 너무 심하다고 본 것이다. 광해군은 지도자로서는 맞지 않는 야비한 성품이다.

▌장만이 죽을 결심을 하고 항명상소를 올렸다

1622년 5월에 장만이 굳게 마음을 먹고 휴가를 신청하여 평산으로 내려갔다. 평산 온천에서 목욕하고 마음을 가다듬어 상소하였다. 지금 백성들은 죽을 지경이다. 5년의 전쟁 부역만으로도 죽을 지경인데 궁궐공사의 부역이 8년이나 이어지며 겹쳤으니, 백성들의 삶은 피폐해질대로 피폐해져서 그야말로 아비규환의 지옥 같았다. 이이첨의 대북파들은 광해군의 궁궐 공사에 편승하여 빨대를 꽂고 백성들을 착취하였으니 백성들이 살아날 길이 없었다. 그래서 장만이 18번이나 폭정을 중단하라는 항명 상소를 올렸지만 광해군은 들은 척도 하지 않았다.

이제 장만은 죽을 결심을 하고 마지막 상소를 올렸다. 상소는 6월 29일에 조정에 도착되었다. 광해군을 비난하는 문맥이 아주 심했다. 광해군도 이번에는 참지 못하고 폭발하여 장만을 잘라내고 말았다. (『광해군일기』 1622년 6월 29일 기사 참조)

조선왕조실록 자료

광해14년(1622) 2월 2일   병조판서 장만이 사직을 청하나 받아들이지 않다

광해14년(1622) 4월 23일   병조판서 장만이 사직을 청하나 받아들이지 않다

광해14년(1622) 5월 18일   병조판서 장만이 종기로 목욕하고자 휴가를 청하니 허락하다

광해14년(1622) 5월 27일   병조판서 장만이 사직을 청하였으나 허락하지 않았다

광해14년(1622) 6월 29일   장만이 사직하면서 두 궁궐의 역사에 원망이 많다고 아뢰다

병조판서 장만이 상차하여 사직하면서 마땅히 조치해야 할일을 진달하고, 또 두 궁궐의 역사가 원망을 불러일으키고 있으니 때가 아니라고 하였는데, 왕이 답하였다. "위를 공격하는 말만 하지 말라. 경도 마찬가지로 나라뿐이니 빨리 올라와서 마음을 다하여 직무를 보살펴서 군사에 대한 일을 잘 처리하라."

광해14년(1622) 8월12일   장만이 병을 이유로 사직을 청하자 비로소 허락하다

병조판서 장만이 병 때문에 여러 번 사직 하였는데, 이때에 이르러 비로소 체직되었다.

▌광해군은 결국 쿠데타를 당하고 말았다

　장만은 형제처럼 지내던 이항복이 광해의 폭정을 막다가 죽은 후 1618년 6월부터 1622년 8월까지 4년 동안 광해의 폭정을 질책하는 상소를 19번이나 올렸다. 하지만 광해군은 이미 이성이 마비되어 듣지 않고 가렴주구를 계속하였다. 광해군은 다른 신하들의 상소는 무시했지만, 군권을 잡고 있는 현직 국방장관인 장만의 상소에는 관심을 보였다. 군권을 잡은 장만이 쿠데타를 할 수 있기 때문이다. 그래서 장

만의 상소 때마다 다독거리며 답변했지만, 항명 상소가 19번이나 이어지자 결국 대노하여 장만을 잘라내고 말았다. 장만을 잘라낸 일은 광해군의 가장 큰 실책이었다. 장만을 잘라낸 일로 인하여 쿠데타를 당하고 말았다.

장만은 광해군 때 21번 사직상소를 올렸는데, 초기 2회만 순수한 사직서이고 나머지 19회는 모두 폭정을 중단하라는 질책을 겸하는 사직소였다. 장만은 광해군의 신임이 두텁고 부귀영화가 보장된 실세 국방장관이었지만, 임금의 신임을 자신을 위해서는 하나도 쓰지 않았다. 오직 백성 살리는데 모두 다 소진하였다. 오늘날의 장관들이 귀감으로 삼아야 할 귀중한 역사이다. 대통령이 잘못하면 장만같이 할 수 있는 장관이 있겠는가? 국민은 이러한 공직자를 원하고 있다.

장만의 부하들은 이전부터 장만에게 쿠데타를 건의하였다. 성미가 급한 신경진이 대표로 건의하였다. "장군께서는 백성도 살리고 주군도 살리려고 위험한 상소를 여러 번 올렸지만 번번이 거절 당했습니다. 이제 백성을 살리는 길은 오직 주군을 바꾸는 거사 뿐입니다." 하지만 장만은 쿠데타를 말리며 "내가 광해군을 더 설득하여 폭정을 막아보겠다."라고 하였다. 그래서 죽을 결심을 하고 마지막 상소를 올리려고 휴가를 청하였다. (『광해군일기』 1622년 5월 18일 기사 참조)

광해군은 쿠데타가 두려워 형제인 임해군과 영창대군까지 죽인 인물이다. 현직 국방장관인 장만이 항명 상소를 거듭하자 쿠데타가 두려워 잘라냈다. 장만은 1622년 8월 12일 사직으로 처리되었지만 사실은 문책성 파직이었다. 장만은 파직된 후 고향인 통진으로 내려가 병을 치료하였다. 장만이 파직되자 불안을 느낀 서인 인맥들이 쿠데타를 본격적으로 추진하였다. 쿠데타를 이끄는 인물은 이귀와 최명길이

다. 이귀는 장만의 종형의 사위이고, 최명길
은 장만의 데릴사위다.

이귀

하지만 모두가 장만의 참여 없이는 움직
일 수가 없다. 이를 눈치 챈 이귀가 최명길
을 대동하고 통진으로 장만을 찾아왔다. 쿠
데타가 장만의 반대 때문에 진행되지 못하
고 있다는 사실을 알고, 담판을 지으려고 온
것이다. 이귀가 먼저 말문을 열었다. "영공께서는 백성을 살리려고 여
러 번 위험한 상소를 올렸지만 실패하였습니다. 이제 백성을 살리는
길은 거사 뿐입니다." 장만은 "나의 방법은 실패하였습니다. 이제 그
대들의 방법을 말릴 명분이 없습니다." 하였다.

최명길이 장만에게 어렵게 말문을 열었다. "장군께서 반대하기 때
문에 거사는 한 발짝도 앞으로 나가지 못하고 있습니다. 장군께서 앞
에 나서 주셔야 거사가 성공할 것입니다." 장만이 어렵게 입을 열었
다. "나는 광해 정권에서 정책을 편 일이 많았습니다. 비록 폭정을 말
리다가 파직을 당했다고 해도, 내가 앞장서서 광해를 심판하는 일은
또 다른 의리를 범하는 일입니다. 나는 다만 백성 살리는 뜻에만 동의
를 하겠습니다." 장만의 동의가 있자 거사는 신속하게 이루어졌다.

이때가 1623년 1월 초순이다. 장만은 이귀와 최명길을 보낸 후 광
해군에게 마지막 상소를 올렸다. 마지막 상소문에서는 쿠데타의 징조
를 암시하는 문구도 있었다. "백성은 오직 나라의 근본입니다. 한번
흩어진 뒤에는 누구와 더불어 호위하오리까?"

폭정이 계속되면 쿠데타가 일어날 수도 있을 것이라는 암시의 뜻도
담겨 있었지만, 광해군은 알아보지 못해 쿠데타를 당하고 말았다.

인조반정은 신경진이 먼저 이서·구굉과 함께 모의를 시작했지만 이들은 모두 무관들로 선비들을 끌어모으는 능력은 없었다. 결국 문과 급제자인 이귀와 최명길이 구체적인 계획을 만들었다. 그러나 이귀는 70세가 다된 노인이고, 사실상 인조반정에서 젊은 세력을 이끈 인물은 최명길이었다. 인조반정은 1623년 3월 12일 밤에 일어나 광해군을 몰아내고 인조를 보위에 올려놓았다. 이로서 광해군의 폭정도 끝이 나고 백성을 착취하던 이이첨과 개시는 처형되었다.

▎인조반정에서 장만의 역할

인조반정 주체 세력들은 장만의 부하들이다. 장만은 좋든 싫든 어떠한 역할을 할 수밖에 없는 위치에 있었다. 광해정권은 이이첨이 이끄는 대북파가 국정을 농단하며 민생을 도탄에 빠트리고 있었다. 걸림돌이 되는 서인 인맥들을 모조리 숙청해 버렸다. 최명길도 잘나가는 병조좌랑에서 이이첨의 모략으로 쫓겨나 9년 동안 야인으로 썩었다. 이귀도 역모로 몰렸다가 김개시에게 뇌물을 먹이고 겨우 풀려났다. 이런 상황에서 마직막 남은 장만장군마저 잘려나가자, 서인 인맥들은 이대로 있다가 이이첨에게 다 죽느니 한 판 해보자! 하는 생각이 널리 퍼져있었다. 장만이 끝까지 반대했다면 인조반정은 없었을 것이다. 인조반정은 장만의 동의가 핵심이었다. 장만은 "백성이 먼저입니까? 주군이 먼저입니까?" 하는 최명길의 질문에 "백성이 먼저다!" 하며 반정에 동의를 했다.

조선왕조실록 자료

〈19번의 사직상소〉

1. 광해10년(1618) 6월 2일   장만이 영건도감과 비변사중 하나를 체차시켜달라고 하다

답하였다. "우선은 사직하지 말고 조리하면서 직무를 살피도록 하라."

2. 광해10년(1618) 6월 6일   장만이 궁궐역사 중단을 청하며 사직을 청하다

답하였다. "사직하지 말고 마음을 다해 직무를 살피도록 하라."

3. 광해10년(1618) 6월 15일   장만이 체찰부사의 사직과 궁궐공사 중지 등을 청하다

답하였다. "차자를 보고 잘 알았다. 이런 때에 어찌 사직해서야 되겠는가?"

4. 광해10년(1618) 12월 10일   장만이 비변사 유사당상직의 체차를 청하다

답하였다. "경은 혹시 병이 있더라도 조리하여 일을 보고, 사직하지 말라."

5. 광해11년(1619) 1월 21일   형조판서 장만이 사직을 청하다

답하였다. "경은 다시 사직하지 말고 마음을 다하여 직무를 보도록 하라."

6. 광해12년(1620) 1월 19일   체찰부사 장만이 올린 사직 서장에 답하다

답하였다. "경은 편안한 마음으로 조리하고 다시는 사직하지 말라."

7. 광해12년(1620) 2월 18일   장만이 올린 사직차자를 정원에 머물러 두라고 명하다

답하였다. "차자를 정원에 두고 들여보내지 말라."

8. 광해12년(1620) 3월 25일   체찰부사 장만이 병을 이유로 사직상소를 올리다

답하였다. "안심하고 조리하면서 정성을 다하여 나의 바람에 부응하도록 하라."

9. 광해12년(1620) 5월 22일   장만이 토목공사의 폐단을 지적하며 사직을 청하다

답하였다. "토목공사의 일은 일찍이 경이 마음을 다하여 감독한 덕분에 이미 낙성을 보게 되어, 내가 가상하게 여겼다. 그런데 지금 어찌하여 물러가서는 뒷말을 하여, 스스로 솔직한 것을 내세워 명예를 요구하는 사람이 되

없는가?"

10. 광해12년(1620) 8월 11일   부체찰사 장만이 사퇴를 청하나 불허하다

답하였다. "이때에 경이 어찌 이런 말을 하는가. 비록 낮지 않은 증세가 있더라도, 병을 조리하면서 직무를 살피도록 하고 사퇴하려고 꾀하지 말라."

11. 광해13년(1621) 3월 1일   겸병조판서 장만이 사직을 청했으나 불허하다

답하였다. "차자를 살펴보고 모두 잘 알았다. 오늘날 사마(司馬)의 장관으로는 오직 경이 가장 합당하다. 그러니 사직하지 말고 몸조리를 하여 직책을 살피도록 하라."

12. 광해13년(1621) 윤3월 3일   장만이 숭정대부 가자의 사면을 청하니 허락지 않다

13. 광해13년(1621) 7월 7일   장만이 위사들의 녹봉을 내릴 것과 사직을 청하다

장만이 상차하였다. "속히 녹정(봉급)을 마련하여 위졸들의 소망을 풀어 주시고, 신의 직임을 체차하여 직무 없는 몸으로 조리할 수 있도록 해 주소서."

14. 광해13년(1621) 7월 20일   겸병조판서 장만이 또 녹봉을 내릴 것과 사직을 청하다

장만이 상차하였다. "본조의 녹정(祿政)은 비단 위사(衛士)들을 위하는 것만이 아닙니다. … 신은 병세로 보아 출사할 가망이 없습니다. 앞으로 결코 거둥하는 데에 따르기가 어려우니, 속히 체면하소서."

답하였다. "경은 안심하고 오래도록 조리하여 대례(大禮) 전에는 기어이 나와 직임을 살피도록 하라"

15. 광해14년(1622) 2월 2일   겸병조판서 장만이 사직을 청하나 받아들이지 않다

답하였다. "질병이 있더라도 조리하고서 직무를 살피도록 하라."

16. 광해14년(1622) 4월 3일   겸병조판서 장만이 사직을 청하나 받아들이지 않다

답하였다. "사직하지 말고 조리하고서 나오도록 하라."

17. 광해14년(1622) 5월 27일   겸병조판서 장만이 사직을 청하였으나 허락지 않다

겸병조판서 장만이 고향에 내려간 뒤에 차자를 올려 사직하니, 답하였다.

"나랏일이 한창 급한 이때에 경은 병조판서로서 외방에 오래 머물러서는 안될 것이다. 의당 대죄하지 말고 속히 올라오도록 하라!"

18. 광해14년(1622) 6월 29일 장만이 사직하면서 궁궐역사에 백성의 원망을 아뢰다

병조판서 장만이 상차하기를, 두 궁궐의 역사가 원망을 불러일으키고 있다고 하였는데, 답하였다. "위를 공격하는 말만 하지 말라. 경도 마찬가지로 나라뿐이니 빨리 올라와서 마음을 다하여 직무를 보살펴서 군사에 대한 일을 잘 처리하도록 하라."

19. 광해14년(1622) 8월 12일 장만이 병을 이유로 사직을 청하자 비로소 허락하다

병조판서 장만이 병때문에 여러 번 사직 하였는데, 이때에 이르러 비로소 체직되었다.

20. 광해15년(1623) 1월 초순 장만이 사직하며 시폐를 논하는 상소를 올렸다

장만은 1618년 6월 2일부터 1622년 8월 12일까지 4년 동안 광해군에게 폭정을 질책하는 상소를 19번이나 올렸는데 이때 와서야 사직되었다. 그러나 병조판서직만 사직되고 부체찰사의 직함은 그대로 있었는데, 1623년 1월 초순에 그마저 사직하며 폭정을 질책하는 마지막 상소를 올렸다. 광해군은 그래도 듣지 않다가, 1623년 3월 12일 인조반정이 일어나 결국 탄핵 당했다.

낙서집 자료

[낙서집] 21. 휴가를 청하여 목욕한 뒤 직임을 사임하면서 당시의 정사를 논한 차자

전하께서는 오늘날 국가의 형세에 대해 어떠하다고 여기시는지요? … 심하

(深河)의 전쟁에서 패한 뒤에는 수천 명의 군사들이 떠나가서 돌아오지 못했는데, 그중에 어찌 간사하고 흉포한 병졸들로서 오랑캐들의 충복(忠僕)이 된 자들이 없겠습니까? 오랑캐는 이미 우리나라의 허실과 강약을 손바닥을 들여다보듯이 훤히 알고 있을 것입니다. 게다가 명나라의 수군(水軍: 모문룡)이 지금 우리나라의 국경에 와 있습니다. 이에 오랑캐가 한 번 우리나라를 침략하리라는 것은 삼척동자라도 잘 알고 있을 것입니다.

오랑캐는 개·돼지 같은 족속입니다. 타이르는 말이나 덕화(德化)로써 그들의 마음을 되돌릴 수 없습니다. 반드시 우리는 무력의 힘을 먼저 갖춘 다음에 자강(自强)하는 방법을 다 사용해야 할 것이니, 장수감의 인재를 잘 선발하고 병사들을 잘 훈련해야 합니다. 성곽의 제도를 엄격히 마련하여 철기군의 느닷없는 침입을 방비하고, 험준한 요새를 잘 지켜서 깊숙이 들어오는 흉적의 칼날을 막아야 합니다. 또한 적을 회유하면서 정찰하는 한편 호랑이처럼 사나운 적의 노여움을 돋우지 말아야 마땅하며, 그들이 쳐들어오지 않으리라는 요행을 공연히 믿어서는 아니 됩니다. …

국가가 보존되는 것은 나라의 근본인 백성이 있기 때문입니다. 맹자가 말하기를 "백성을 보위하면서 왕 노릇한다면, 아무도 막지 못한다." 하였고, 병법에서도 이르기를 "발이 차가우면 심장이 상하고, 백성이 병들면 나라가 망한다." 하였습니다. 예로부터 어찌 백성이 없는데도 나라를 잘 보전한 경우가 있었습니까? …

궁궐을 보수하는 공역이 을묘년(1615)에 일어났으며, 전쟁이 일어난 것은 무오년(1618)에 시작되었습니다. 8년 동안 토목공사를 일으키고 5년 동안 국경을 지키느라 팔도가 소란스러웠고, 국고와 가계가 거덜났습니다. 백성들의 피부를 벗기고 골수를 깨뜨리니 들판에 곡소리가 처절하며, 서로 이끌며 도망쳐서 10집 가운데 9집이 비었습니다. 곳곳의 수령들은 탐욕과 방종으로 재물을 약탈하니, 마치 도적들이 강탈하는 것과 같았습니다. …

그런데도 묘당에서는 이를 말하지 않으니 이는 묘당이 전하를 저버린 것이요, 사헌부와 사간원은 입을 다문 채 한 마디의 말도 하지 않으니 이는 사헌부와 사간원이 전하를 저버린 것이며, 사인(士人)과 서민들까지도 아무도 한 마디 말을 올려 우리 임금께 알려주는 사람이 없으니 이는 사인과 서민이 전하를 저버린 것입니다.

전하께서 깊숙이 구중궁궐에서 지내시니, 어찌 생민들의 도탄에 빠진 상황과 고을의 재물이 고갈된 형편이 이 정도로 극도에 이르렀음을 아시겠습니까? 전장의 물자 수요를 어찌 하찮다고 이르겠습니까? 한 가지의 공역의 문제만 가지고도 백성들의 힘을 손상시키고 백성들의 재물을 고갈시키기에 충분한데, 하물며 또 새 궁궐의 큰 역사를 일시에 모두 일으키는 경우이겠습니까? … 삼가 바라옵건대 밝은 성상께서는 궁궐의 공역을 잠시 정지하시고 모든 힘을 오랑캐 방비에 기울이도록 하실 것이며, 변경의 사태가 조금 누그러지기를 기다렸다가 한꺼번에 공역을 마치도록 하소서. 이는 다만 1, 2년 정도 조금 늦추는 셈이니, 공정에 무슨 지장이 있겠습니까? …

성상께서는 매양 이 시대의 인심을 염려하시지만, 예로부터 인심과 세도는 단지 그 당시의 임금이 백성을 인도함에 옳은 방법을 택했는가에 달려 있을 뿐입니다. 참으로 자강(自强)하는 계책을 진작하고 나라 지키는 계책을 더욱 굳건히 할 것이며, 명나라의 조정을 예(禮)로써 섬기고 서쪽의 오랑캐를 의(義)로써 대우할 것이며, 잠시 토목공사를 정지하고 무비(武備)에 전력하소서. 장사(將士)를 선발하고 군법을 엄격히 밝힐 것이며, 궁금(宮禁)을 엄격히 통제하여 요행히 진출하는 일을 막을 것이며, 상벌을 공정히 하여 인심을 가다듬을 것이며, 감사와 수령을 잘 선임하고 번거로운 부역을 줄여줌과 동시에 무거운 부세(賦稅)를 제거해주실 것입니다.

애통하게 여긴다는 교서를 내리시고, 기왕의 일을 후회한다는 뜻을 진술하시며, 탐관오리를 주벌(誅伐)하심으로써 백성들에게 사과를 하신다면, 인심과 세도가 눈이 녹듯이 한꺼번에 변할 것입니다. 이러한 일은 다만 전하께서 마음을 한 순간 돌리는 데 달려 있을 따름입니다. … 이에 감히 평소에 잊지 못하고 간직했던 생각을 병석에서 죽음을 무릅쓰고 말씀드립니다. 삼가 바라건대 밝은 성상께서는 조금이나마 살펴주소서.

왕이 비답(批答)에서 다음과 같이 답하였다. "직임을 사양하지 말라. … 궁궐을 영건(營建)하는 일에 대해서는 경의 뜻이 이와 같다면, 어찌하여 무오년(1618) 사변이 생길 당초에 말하지 않았던가? … 한갓 윗사람을 공박하기만 하는 말은 하지 말라. 경 또한 나라 근심 뿐이니, 급히 올라와서 마음을 다해 직임을 살피고 군무(軍務)를 잘 처리하도록 하라."

이 글은 1622년 6월 29일에 올린 상소다. 장만이 체찰사겸 병조판서, 즉 총사령관의 직책에 있으면서 자신을 임명한 광해군에게 폭정을 중단하라는 상소를 올린 것이다. 그러나 광해군은 폭정을 고칠 기미를 보이지 않았다. 장만은 부하들이 쿠데타 건의를 하였지만 이에 반대하며 자신이 광해를 설득하여 폭정을 막아보겠다고 하였다. 그래서 이번에는 죽을 각오를 하고 휴가까지 얻어서 평산에서 목욕한 다음 마음 단단히 먹고 이번 상소를 올린 것이다. 군권을 갖은 국방장관으로서 임금에게 이런 상소를 올리는 경우는 아주 드문 일이다. 아마도 이런 상소를 올릴 수 있는 사람은 장만장군 뿐일 것이다. 지금도 국방장관이 대통령에게 이런 상소를 올릴 수 있겠는가? 광해군은 장만의 질책상소를 18번이나 잘도 참아 주었지만, 이번에는 대노하여 1622년 8월 12일 장만을 파직시켜 버렸다.

낙서집 자료

[낙서집] 22. 시폐(時幣)를 논(論)하는 차자 (1623년 1월 초순)

신(臣)은 … 상년(1622년) 동짓달부터 모든 병이 심해져 음식을 못함이 수십 일에 목숨이 다하다가 이제 겨우 깨어 났아오나, 스스로 생각하기를 머지않아 입지(入地:죽음)하고 다시는 하늘을 보지 못할까 하옵다가, 다행히도 천지부모(임금)께서 의원과 약을 내리시며(1622년 10월 23일) 숨이 끊어지기 전에 구원해 주심에 힘 얻어서 한가닥 목숨을 만 번 죽는 나머지에서 소생했습니다. …

신의 병이 더하면서부터 반년 동안 경기도 사이에 몸을 붙이며 몇 골의 민정(民情)을 살펴보오니, 선혜청(宣惠廳)을 마련하면서부터 민간의 불평이 십(十)에서 팔구(八九)는 없어졌습니다. 그런데 근자에 천사(天使:명사신)의 왕래와 건축잡물(궁궐공사)의 책정으로 부역이 날로 일어남으로 인하여, 민(民)이 명령에 견디다 못해 서로 거느리고 도망함으로 십실(十室)에서 구(九)는 비었습니다. …

이익(利益)은 간사한 놈의 손으로 들어가고 원망은 구중(九重:임금)의 대궐로 돌아가는 것을 신(臣)은 간절히 아파합니다. 백성은 오직 나라의 근본입니다. 한번 흩어진 뒤에는 누구와 더불어 호위하오리까? 이것은 유사(有司)의 신(臣)들이 성인(임금)의 뜻을 본받지 아니하며 직(職)을 봉(奉)함이 무상(無狀)해서 이루어지는 것입니다. 신은 창덕궁의 역사를 시작하는 처음부터 완공 할 때까지 전후 십여 년 수임(受任)함이 오랜 것으로 신 같은 자도 없을 것입니다. 신이 서울에서 임금님 모시고 있으면서 일찍이 교외(郊外)의 지척에서 민생의 수고가 이와 같이 극에 달함을 알지 못하였사오니, 신의 죄 마땅히 백번 죽어도 오히려 가볍지오마는, 대궐의 역사가 이미 끝나게 되니 이제 중지하기도 어렵습니다.

    금일에 급한 사무는 유사(有司)를 신칙하여 쌓인 폐단을 개혁하며 번거롭고 가혹함을 없이하여 범람하도록 정하는 절차를 금지하사, 방납(防納)의 법을 엄하게 하여 민생의 거꾸로 매어달인 급함을 늦추어 주시오면 오히려 고기의 목마름의 바람을 위로하기에 족하겠습니다. 업드려 비옵니다. 성명(聖明)께서는 살피소서.

  이 글은 1623년 1월 초순경에 올린 상소로 추정된다. 장만이 1622년 8월 12일에 병조판서 직에서 사직되어 통진에서 치료하는 중에 올린 상소다. 병이 심하여 10월 23일에는 임금이 의원을 보냈다는 실록의 기록이 있고, 이 상소문에도 구원해주심에 감사함을 표하였다. 또 후손들의 구전(口傳)에 의하면 이귀와 최명길이 한겨울에 통진을 다녀갔다고 전하고 있으니, 본상소의 시기가 1월 초순으로 추정된다. 이 시기에 장만은 쿠데타가 진행되고 있다는 사실에 동의했거나, 최소한 감지했을 것이다. 그래서 마지막으로 광해군을 설득하는 상소를 올렸다. "백성은 오직 나라의 근본입니다. 한번 흩어진 뒤에는 누구와 더불어 호위하오리까?" 하였지만, 광해군은 끝내 알아보지 못하고 두 달 후인 1623년 3월 12일에 인조반정을 당하고 말았으니 애석한 역사다.

  대개 비리는 임금이 모르는 곳에서 일어난다. 충신이 용기를 내서 고발하면 임금은 대노하며 적폐를 청산해주는 것이 상례다. 그래야 좋은 세상이 되는 것이다. 그런데 광해군은 장만이라는 고위직 충신이 이처럼 애절하게 여러 번 백성의 민폐에 대한 적폐를 상세하게 고발하는데도 조금도 고칠 기미가 없었다. 결국 광해군 자체가 폭군이고 적폐였다.

05. 탈북자를 살려내다

명나라가 망해가자 청나라 박해를 피해서 탈북자들이 조선으로 망명했는데, 광해군이 이들을 죽이라고 했지만 장만장군이 살려냈다.

▌탈북자들이 넘어오고 있었다

광해군은 겁이 많아서 누르하치의 비위를 거스르지 않으려고 전전긍긍하였다. 1619년 3월에 강홍립의 군대가 심하에서 패하고 누르하치가 화가 나서 압록강으로 쳐 들어오니, 장만이 압록강으로 나가서 적을 막아냈다. 적들이 9개월간 틈을 보다가 장만의 방어가 견고하니 군사를 돌려 돌아갔다. 우리는 압록강에서 늘 지키지만 저들은 압록강에서 지키는 일이 없었다. 우리가 그쪽으로 침공할 리가 없기 때문이다. 그런데 탈북자들이 우리 쪽으로 넘어오고 있었다.

▌도망자들을 잡아 보내라!

누르하치는 1616년에 나라를 세우고 명나라를 공격하기 시작하였다. 1618년에는 요동 땅 절반을 차지하고, 1619년에는 10만이 넘는 명군을 전몰시켰으며, 우리의 1만 3천군사도 전몰시켰다. 요동 땅은 대부분 청나라의 세력권으로 들어가고, 항복한 명나라 장수들이 청군의 장수가 되어 명나라 백성들을 탄압하였다. 그러니 요동에 있던 명나라 백성들이 툭하면 조선쪽으로 도망쳐 왔다. 지금의 탈북자들과 흡사하였다.

이 문제가 커지자 누르하치가 겁 많은 광해군에게 협박하는 문서를 보내왔다. "도망해오는 명나라 사람들을 모두 잡아 돌려보내라! 그들은 간첩질을 한 죄인들이다. 간첩들을 잡아 보내지 않는다면 조선이 청나라에 대한 적대행위로 간주하고 우리는 조선을 징벌할 수밖에 없다. 우리는 형제의 나라인데 불행한 일이 있어서는 안 될 것이다." 참으로 오만방자한 협박이었다.

▌망명자들을 죽여라!

광해군은 또 다시 잔뜩 겁을 먹고 삼정승과 비변사 당상들을 불러 놓고 누르하치의 요구대로 조선으로 넘어오는 명나라 군사들을 잡아 보내자고 하였다. 그러자 대신들이 "도망해오는 명군을 잡아서 보내는 것은 명나라와의 의리상 불가합니다." 하니, 광해군이 꾀를 내어 "그러면 그 자리에서 불문곡직하고 그냥 죽이자."라고 하였다. "후일 명나라에서 항의해도, '우리는 명군인 줄 모르고 국경으로 침공하는 청나라 첩자인 줄 알고 죽였다.'고 하면 될 것이다." 하였다. 실로 광해군다운 얄팍한 모책이었다.

이렇게 해서 국경 방책이 결정되고 이 명령이 국경으로 시달되어 실행케 되었다. 이 당시 삼정승은 박승종·박홍구·조정이었는데 광해군의 의견을 막을 만한 배짱도 없는 인물들이다. 비변사 당상들도 처남인 유희분과 이이첨·유공량 등이었는데, 광해군의 의견을 돌릴만한 인물은 없었다. 이제 꼼짝없이 탈북자들이 죽음에 몰렸다.

▍장만장군이 탈북자들을 살려냈다

이때 장만장군은 국경으로 나와 있었다. 이런 국방정책을 통보받을 즈음 조정의 낭관(郎官)들이 장만장군에게 도움을 요청하였다. "실제로 국경에서 이런 조치가 취해진다면 정말 큰일입니다. 이 일을 막을 분은 장군밖에 없으니 상소를 올려 이 일을 막아 주십시오."

낭관들이 국사의 중요한 사항을 대신들에게 논해달라고 요청하는 것은 법식에 있는 직무였다. 낭관들의 요청을 받은 중신들은 왕의 하문이 없어도 국사에 끼어들 수 있었다. 장만은 이러한 법식에 따라 아래와 같은 상소를 올려 광해군의 어이없는 국방정책을 막아냈다. 낭관들의 요청이 없는데 장만이 스스로 나서서 상소를 올렸다면, 외관에 있는 자가 나선다고 비방을 받을 수도 있는 문제이다. 낭청들이 법식에 따라 요청했고, 장만은 법식에 따라 의견을 주달한 것이다.

"요동 땅에 살고 있는 명나라 백성들이 청군의 수탈을 견디지 못하여 동맹국인 우리나라로 도망해 오는데, 그들을 국경에서 쳐 죽인다면 개·돼지 같은 오랑캐들과 무엇이 다르겠습니까? 예절과 의리를 중요시하는 우리로서는 도저히 할 수 없는 짓입니다."

장만의 논쟁을 접한 조정대신들도 비로소 용기를 얻어 광해군에게 "장만의 견해도 일리가 있습니다." 하였다. 상소문을 다 읽은 광해군도 "그렇다면 경들이 알아서 문제가 생기지 않도록 조치를 하라." 하였다.

이렇게 해서 장만은 망명해오는 명나라 장수와 백성들의 목숨을 살려냈다. 장만이 아니었으면 그들은 영문도 모르고 국경에서 불귀의 객이 되었을 것이다. 지금도 중국에서는 북한의 탈북자들을 잡아서 보내는 비인도적인 참극이 있다. 장만은 그 당시 벌써 인본주의(人本主義)의 선각자로서 모두가 눈을 감고 모른척 할 때, 홀로 용기 있게 나서서 임금의 마음을 돌려 탈북자들을 살려놓았다. 이것이 진정한 인본주의 장수의 용기였다.

낙서집 자료

[낙서집] 3권 상소 20. 도망해오는 한인(漢人)을 죽이지 말기를 청하는 상소문 (1621년)

신(臣)이 병으로 침석(枕席)을 의지함이 이미 3년이 넘었습니다. 한 가닥 쇠잔한 목숨이 아침 아니면 저녁 때 장차 끊어질 것이오니 어찌 기밀을 의논하는 일에 참여하여 말을 보태오리까만, 적명(賊名: 적의 요청)이 있다고 해서 낭관(郎官)들이 법식에 따라 신에게 수의(收議: 의논)할 공문을 보낸 것입니다.

① 그중에서 하나가 도망해오는 한인(漢人: 명나라 사람)을 국경에서 없애 버리자는 의논이 있사오니 참으로 슬픕니다. 이런 말이 어찌하여 여기에 이르렀습니까? 옛말에 이른바 일언(一言)으로 나라를 잃는다고 한 말이 불행히도 이와 비슷합니다. 반복하여 생각해도 그 뜻의 소재를 깨닫지 못하겠습니다. 생각하면 저 노적(奴賊: 청나라)이 사새(沙塞: 사막 변방) 사이에서 센 척하며 대방(大邦: 명나라)을 원수로 한 것이 4년입니다. 명·청의 전쟁(기미년전쟁)으로 2, 3의 변방의 성이 도륙의 장(場)이 되고 십만(十萬)의 왕사(王師: 명군)가 흉한 칼날 아래 머리를 나란히 하고 죽었으며 썩은 나무를 꺾듯이 하면서도 먼저

② 군사를 우리에게로 돌리지 아니함은 우리의 병력이 강함이 있어서 두려워하는 것이 아니오라 이웃의 의리를 범하기 어려움이 있기 때문입니다. 다만 우리가 천조(天朝: 명)에 군신(君臣)과 부자(父子)의 의리가 있고, 서

쪽(명나라쪽)에는 대군(大軍: 명군)의 지킴이 있으니 돌이켜보아 우리나라
는 대국(大國: 명)의 원호가 있음으로 쓰이오니, 아직 요동의 기세가 확보
되지도 아니했는데 먼저

③ 우리 국경을 범하여 우리와도 틈이 생긴다면 이는 앞으로는 천조(天朝)의
중병(重兵)을 막아야 하며 뒤로는 우리나라의 공격을 받게 되니, 앞뒤로
적이 생기게 하는 것은 병가(兵家)에서 크게 꺼리는 것입니다.

적(賊: 누르하치)이 비록 인의(仁義)는 부족하지만 흉하고 교활함은 남
음이 있으며, 전쟁의 길에서 늙었습니다. 때문에 근년 이래로 연이어 사신
을 보내어 왕래하며 지연하면서 한편으로 우리의 허(虛) 실(實)을 엿보며,
한편으로 우리가 명나라 돕는 길을 막아 뒤돌아보는 근심을 끊고 중원(中
原)으로 나아가려는 의도를 온전히 하자는 것입니다. 이제 수임(受任) 호장
(胡將: 청나라 장수)된 자가 우리를 협박하여 조선으로 도망가는 한인(漢
人)들을 죽이라 하는 것은 저 노추(奴酋)의 중책을 두려워하여 변성(邊城)
을 겁주어 그 죄를 면하자는데 지나지 못하는 것입니다.

④ 수임 받은 호장 처지에 노추의 명령도 없이 망령되게 우리를 공격한다는
것은 절대로 그러할 리가 없으니 빈 말로 공갈하는 것이오, 저 적의 교활한
모략이 어찌 하나둘이 도망해 오는 연고로 해서 가볍게 우리 국경을 침범하
겠습니까?

우리에게 있어서는 오직 마땅히 병마(兵馬)를 증강하며 적이 오면 상대
하려는 모습을 보이며, 사실대로 직언하며 '천조(天朝)는 부모의 나라이며,
도망해 오는 사람이 이미 우리 국경에 들어왔다면 의리상 내주지는 못한다'
고 하여야 합니다. 그리고 명나라에 대해서도 우리가 강(江)의 지킴을 풀고
도망온 한인(漢人)들을 거두어 조정에 아뢰게 하여 저 적(賊)이 우리의 국
경을 침범한 일을 알리도록 한다면, 이는 한인(漢人)으로 직접 목격한 것이
니 요광(遼廣: 요동)의 모든 장수(명나라 장수들)는 더욱 우리가 타의(他意)
없음을 믿을 것이며, 소금과 장물도 보내주었으니 이제는 우리가 저 적(청)
과 서로 내통했다느니 하는 비방이 자연히 사그라질 것입니다. 저 적은 치
지 아니해도 스스로 깨어질 것이며 대의(大義)가 천하에 밝을 것인데, 이런
것은 도모하지 않고, 도리어 국경에서 그들(도망오는 명군)을 베어 버리고
자 하는 것은 무엇이며, 노추(奴酋)에게 죄 지은 자를 우리가 반드시 죽여야
할 이유가 있습니까? 억지로 이름 해서 간첩이라고 하나 이 이치의 근거는
무엇입니까?

⑤ 우리나라 사람도 죄 없는 자를 죽인다는 것이 불가한데 하물며 한인(漢人)으로, 궁해서 우리에게로 돌아온 자를 도리어 죽인다는 것은 인정으로도 차마 할 짓이 아니요, 사리(事理)로도 마땅한 것이 아닙니다. 이로 인하여 청나라와 우리가 틈이 생긴다 해도 의리만으로도 절대로 죽임은 불가한데, 하물며 이것으로 해서 장차 명나라와의 사단이 터짐을 기필하지 못하면 되겠습니까? 이 일(한인을 죽임)이 만약에 실천되면 신은 두렵거니와 다음날 변방의 일이 이보다 더욱 중한 것이 있다고 할 제, 그 손을 묶고 명령을 노추에게서 들어야하는 근심도 있지 않겠습니까?

이(夷: 청나라)와 노(虜: 도망해온 명군)를 상대함에 있어 하나의 주장만을 고집함도 불가하지만, 일이 천조(天朝: 명)와 관계되오니 신중하게 대처하지 않는 것도 불가합니다. 엎드려 빕니다. 성명(聖明: 왕)께서는 신의 차(箚: 글)를 비국(備局)에 내리시어 다시 토론하여 후회가 없도록 하옵소서. 신은 오랜 병 끝이라 허술(虛術)을 띠고 있으나, 마음에 먹은 바가 있기에 감히 침묵만 지키며 우리 성명(聖明)하심을 저버리지 못하겠습니다.

이 글은 1621년 여름에 올린 상소다. 청이 탈북하여 조선쪽으로 도망가는 한인(漢人)들을 잡아서 보내라고 하자, 광해군은 명과의 관계 때문에 잡아서 보내기는 어려우니 국경에서 묻지도 말고 죽이라고 하였다. 이런 명령을 받은 총사령관 장만은 광해군의 잘못된 명령을 정면으로 반박하며 질책하여 광해군의 결단을 돌려 탈북자들을 살려냈다.

이 상소문은 인본주의 철학자 장만장군의 위대한 정신이 보이는 대목이다. 싸움만 잘한다고 명장(名將)이 되는 것이 아니다. 인본주의를 바탕으로 적이든 아군이든 사람의 목숨을 살려내는 장수가 진정한 명장이다. 장만은 자신의 목숨을 걸고 임금의 오판을 설득하여 인명을 살려낸 진정한 명장이었다. 이 때 탈북한 명나라 사람들은 전주로 보내서 한인(漢人) 마을을 이루고 살게 하였다고 전해진다.

06. 위졸들의 녹봉 주청

궁궐 공사로 나라살림이 어려워져서 광해군이 위졸들의 녹봉을 주지 않자, 장만장군이 홀로 주청하여 찾아주었다. 위졸들은 광해군과 장만을 어떻게 생각했겠는가? 장만은 뼛속까지 민본(民本)주의자다.

▌위졸들에게 봉급이 중단되었다

광해군은 처음에 민생의 일에도 관심을 보이며 제법 민생정치를 하였다. 그러나 정권이 10년이 넘어가고 왕권을 위협하는 임해군·영창대군·능창군·인목대비 등이 제거되자 방종한 정치가 시작되었다. 가장 심한 것이 궁궐공사와 대북파의 전횡이었다. 10년이라는 짧은 기간 동안에 궁궐을 4개씩이나 중건하였으니 백성들의 고통은 이루 말할 수가 없었다. 설상가상으로 왕권보호를 위한다는 명목으로 이이첨 그룹과 개시가 저지르는 부패와 전횡이 백성들을 도탄으로 빠트렸다. 백성들은 전쟁의 공역과 궁궐공사의 공역을 동시에 치르며 또한 이이첨의 대북파 세력들과 김개시의 착취까지 삼중고(三重苦)에 거덜이 났다.

▌장만장군이 홀로 나서서 위졸들에게 봉급을 찾아주었다

이러한 과정에서 국고는 텅텅 비었고, 조정에서는 위졸들의 녹봉을 주지 못하는 불상사가 발생하였다. 그러나 광해군은 대수롭지 않게 여겼다. 공직자들은 녹봉이 없어도 뇌물로 먹고 살 수 있다고 여긴 것이다. 사헌부와 사간원의 언관들도 입을 다물고 있었다. 이들 또한 이이첨의 대북파들이 장악하고 있었기 때문이다. 대북파들은 광해군의 궁궐공사에 편승하여 세금 방납(防納)제도를 이용하여 백성들을 갈취하고 있었다. 방납제도는 백성들에게 부과된 세금을 대신 납부하고 이득을 챙기는 가장 대표적인 수탈 방법이었다. 그로 인하여 세금이 10배나 올라가기도 했다.

결국 이 일도 장만장군 홀로 나서서 위졸들에게 녹봉을 지급하라고 주청하였다. "전하! 위졸들의 녹봉은 비단 위사(衛士)들만을 위하는 것이 아닙니다. 조정의 실직이 없는 자들은 모두 그 녹봉만 바라보고 있습니다. 그러니 특별히 참판 이하로 하여금 속히 녹정을 거행하도록 하십시오." 장만장군의 이런 상소가 2번이나 거듭되자 광해군은 마지못하여 위졸들의 녹봉부터 마련해 주라고 하였다.

광해군의 폭정을 연산군과 비교해보자. 연산군이 상식을 뛰어넘는 포악한 폭정을 했다면, 광해군은 은근히 백성을 죽이는 사악한 폭정을 하였다. 백성들에게 미치는 고통은 연산군 때보다 오히려 더 심각하였다. 그런데 광해군은 왜 장만의 말이라면 들어 주었는가? 국방문제 때문이었다. 광해군이 겁을 먹고 있는 부분은 두 가지다. 하나는 쿠데타로 인한 왕권찬탈이며, 하나는 외침이다. 왕권찬탈 문제는 이이첨이 막아준다고 믿었으며, 외침은 장만이 없으면 안된다고 믿었다. 그래서 이이첨과 장만은 잘라낼 수가 없었다. 그런데 이이첨은 그 권력으로 백성을 갈취하고 있었고, 장만은 그 권력으로 백성들을 살려내고 있었다.

이이첨과 장만은 같은 정권하에서 색깔이 전혀 다른 권력자로 부상하였으니, 서로 탄핵하고 싸우는 일은 당연하다. 장만은 이이첨의 백성 갈취를 탄핵하며 이이첨을 잘라야 백성이 산다고 했지만, 이이첨은 장만을 잘라야 왕권이 산다고 하였다. 충신과 간신을 구별할 줄 모르는 광해군은 결국 간신 이이첨을 선택하고 장만을 잘라버렸다. 장만을 잘라내자 민심이 급격하게 이반되어 인조반정을 당하여 쫓겨나고 말았다. 광해군은 백성 위하는 마음도 없었지만, 충신과 간신을 구별하는 능력도 없는 혼군이었다.

조선왕조실록 자료

광해 13년(1621) 7월 7일　병조판서 장만의 사직 청한 차자를 받아들이지 않다

병조판서 장만이 상차하였다. "신의 병세가 깊고 무거워 언제쯤 출사할 수 있을지 기약할 수 없습니다. 속히 녹정(祿政)을 마련하여 위사(衛士)들의 소망을 풀어 주시고, 신의 직임을 체차하여 직무 없는 몸으로 조리할 수 있도록 해주소서."

왕이 답하였다. "요즘 나랏일이 위급한 지경인데, 수상부터 모두가 질병을 핑계하여 번거롭게 진달한 소장이 이미 여러 차례이다. 흉적들이 남쪽으로 깊이 침입한다면 수상 이하는 한가히 누워서 자신들만 편하게 지낼 수 있겠는가? 아무리 생각해도 그 저의를 알지 못하겠다. 기쁨과 슬픔을 함께 해야 할 대신들이 무정하게 나라의 위급함을 돌아보지 않으니, 다른 사람들이야 말할 것이 있겠는가? 이는 모두 임금답지 못한 내가 왕위에 있어서이니, 천장만 바라보며 부끄럽고 애통해 할 뿐이다. 경은 비록 병이 있다 하더라도 조리한 지 오래되었을 뿐 아니라 사체도 다른 대신들과 다르니, 불가불 출사해야 할 것이다. 위사들에게 부록(付祿)하는 것이 무슨 감내하기 어려운 노고가 있다고 그러는 것인가. 다시금 사양하지 말고 속히 나와 직임을 살피도록 하라." 하였다.

광해 13년(1621) 7월 20일　녹봉을 내릴 것과 체차를 정한 병조판서 장만의 상소

병조판서 장만이 상차하였다. "본조의 녹정(祿政)은 비단 위사(衛士)들을 위하는 것만이 아닙니다. 조정의 실직이 없는 자들은 모두 그 녹봉을 바라고 있습니다. 신은 오랜 질병으로 아직도 먹지 못하고 있습니다. 신이 비록 집에 있으나 이런 일은 동료들과 적절하게 논의할 수 있습니다. 다만 정석(政席)에 참여하지 못할 뿐입니다. 그러니 특별히 참판 이하로 하여금 속히 녹정을 거행하도록 하십시오. 그리고 신은 병세로 보아 출사할 가망이 없습니다. 앞으로 결코 거둥하는 데에 따르기가 어려우니, 속히 체면하소서."

왕이 답하였다. "경의 병에 차도가 있는 것을 알게 되니, 참으로 기쁘다. 녹정의 도목정(都目政)은 우선 아관(亞官)으로 하여금 처리하도록 하비(下批)하였으니, 경은 안심하고 오래도록 조리하여, 대례(大禮) 전에는 기어이 나와 직임을 살피도록 하라."

비록 임금에게 미움을 받더라도 민생을 위해서 바른 말을 올리는게 올바른 공직자의 자세다. 이런 것이 장만의 위대한 정신이다. 전쟁터에서 목숨을 버려 나라를 지키는 일보다도 더 어려운 것이 부귀영화 움켜진 고위 공직자가 임금의 잘못을 질책하여 백성을 살리는 정치다. 조선의 역사 속에서도 이러한 국방장관이 있었다. 광해군도 장만의 진정성을 알기 때문에 이를 받아주었다. 위졸들은 장만을 어떻게 생각하였을까? 그래서 "볼만=장만"이라는 노래가 나온 것이다. 장만은 볼만한 인물이라는 뜻이다. 지금의 국어사전에는 그 뜻이 왜곡되어 "구경만 하는 사람"으로 전해진다.

07. 광해시대 방납제도의 민폐(民弊)

▌민폐의 근원은 광해군에게 있었다

장만장군은 민폐의 근원이 광해군에게 있다고 판단하였다. 이이첨이 이끄는 대북파의 국정농단은 광해군의 비호 때문에 가능한 것이다. 그래서 자신을 임명한 주군의 잘못을 질책하는 상소를 19번이나 올렸다. 하지만 광해군은 장만의 간절한 상소에 대노하여 장만을 파직시켜버렸다. 광해시대 민폐의 원인은 전쟁대비와 궁궐공사의 공역이다. 그러나 이보다도 더 큰 민폐는 세금을 거두어들이는 방납제도의 비리 운용에 있었다. 전쟁대비에 10이 들어갔다면 궁궐공사에는 20이 들어갔으며 방납제도를 악용하여 탐관들이 빼내가는 수탈공역은 30이 넘었으니 백성들의 고통을 짐작할 수가 있다.

장만장군은 방납제도로 인한 민폐를 막기 위해서 목숨을 걸고 비판하는 상소를 여러 번 올렸다. 광해군은 장만의 간절한 상소를 묵살하고 폭정으로 민생을 파탄 내다가 쫓겨나고 말았다. 조선 전쟁시대 백성을 어렵게 만든 인물은 선조보다도 광해와 인조의 무능과 이기주의가 더 큰 영향을 끼쳤다.

▌방납제도란 무엇인가?

방납(防納)제도란 백성들이 낼 세금을 방납업자가 대신 내주고 그 세액에 이자를 붙여서 방납업자가 백성들에게 받아내는 세금징수 제도이다. 정부는 세금징수가 수월해서 좋았고, 중간 관리들은 방납업자를 통하여 뒷돈이 생겨서 좋았다. 오직 백성들만 죽을 맛이다. 백성들이 이자를 잘 내지 못하면 사나운 모리배들을 데리고 가서 몽둥이질을 하였으니 백성들의 수탈의 고통은 이루 말할 수가 없었다.

방납제도는 어떠한 철학에서 만들어졌는가? 한마디로 말하면 민본민생과는 정반대되는 백성을 오르지 수탈의 대상으로만 생각하는 나쁜 철학에서 만들어진 세금징수 제도이다. 장만장군은 이를 고쳐달라고 광해군에게 여러 번 간청하였지만 광해군은 듣지 않았다.

▌왜 광해시대 방납제도가 극성을 부렸는가?

나쁜 임금 때문이다. 방납제도를 민폐로 만드는 것은 악덕 관리들이다. 이것을 막는 것은 임금의 직무이지만, 광해군은 백성들의 고통에 대하여 안쓰러운 마음이 별로 없는 인물이다. 광해군은 백성들이 죽거나 말거나 별로 관심이 없고, 오직 궁궐공사에만 매달렸다. 그러니 중간 관리들이 방납제도를 악성 민폐로 만들어서 백성들을 수탈하는 것이다.

방납제도가 광해군 때 처음으로 생긴 것은 아니다. 하지만 그 민폐는 광해군 때 가장 극성을 부렸다. 그 이유는 광해군과 이이첨이라는 두 악덕 인물들이 만들어낸 결과물이다. 이를 말려야 할 삼정승과 사헌부 사간원 관리들은 광해군과 이이첨이 두려워 모두가 입 다물고 있었다. 오직 장만장군만이 이들의 적폐를 광해군에게 아뢰어 탄핵하였다. 하지만 주범이 광해군이었으니 탄핵이 먹혀들지 못했다. 그래서 장만장군은 광해군을 목표로 삼아서 폭정을 중단하라는 질책상소

광해군이 무리하게 공사했던 경희궁

를 19번이나 올린 것이다,

광해즉위년 1608년 8월 16일 상소에서 거론하였으며, 1616년에는 이이첨이 이끄는 대북파 방납제도의 전횡(專橫)을 신랄하게 탄핵하였다가 도리어 최기(崔沂)의 가짜역모사건에 몰리어 파직을 당하였다. 1622년 6월 29일에는 작심하고 휴가까지 얻어서 평산에서 목욕한 후 대북파 방납제도의 수탈을 탄핵하였다. 이때 또 파직을 당하였다. 그래도 포기하지 않고 1623년 1월에 또 대북파의 방납제도의 전횡을 탄핵하였다.

조선왕조실록 자료

광해군 즉위년(1608) 8월 16일 비변사가 함경감사 장만의 진폐차자에 회계하다
비변사가 함경감사 '장만의 진폐차자(陳弊箚子)'에 대하여 회계하였다. …… 전렵·둔전·좌대(坐隊)·면방(免防) 등에 따른 갖가지의 폐단이 이루 다 말하기 어려운가 하면, 또 매질이 너무 잔혹하여 매를 맞다가 목숨을 잃기까지 하나, 병민(兵民)이 위협과 잔혹에 질리어 감히 감사에게 호소하지 못한다니 너무도 통분한 노릇입니다. 공물은 비록 감면이 되었다 하여도 이러한 병폐들이 아직도 제거되지 않고 있다면, 이는 상공(上供)만 줄였을 뿐이지, 병민에 대한 침해와 수탈은 종전과 마찬가지입니다.

광해14년(1622) 6월 29일 장만이 사직하면서 두 궁궐의 역사에 원망이 많다고 아뢰다
병조판서 장만이 상차하여 사직하면서 마땅히 조치해야 할 일을 진달하고, 또 두 궁궐의 역사가 원망을 불러일으키고 있으니 때가 아니라고 하였는데, 왕이 답하였다. "사직하지 말라. 가을철이 이미 닥쳐서 오랑캐 기병의 세력이 더욱 성해지고 있다. 경이 이미 나랏일이 위급한 줄을 알았다면 왜 올라오지 않고 물러가서 큰소리만 치는가. 영건하는 일에 대해서 경의 생각이 이와 같았다면 무오년사변이 생긴 초기에 어찌 말하지 않았는가. 지금은 이미 거의 다 완성되어서 전에 들인 공력을 포기하기가 어렵다. 앞으로 어찌 나무를 베고 운반하는 일이 있겠는가. 위를 공격하는 말만 하지 말라. 경도 마찬가지로 나라뿐이니 빨리 올라와서 마음을 다하여 직무를 보살펴서 군사에 대한 일을 잘 처리하도록 하라."

〈해설〉: 위의 상소는 『낙서집』 상소편 21항에 남아있다. 장만은 위 상소로 인하여 2번째 파직을 당하였다. 1616년 5월에도 대북파의 전횡을 탄핵했다가 파직되었고, 1617년 3월 21일에야 복직되었다. 또 1622년 6월 29일에 대북파의 전횡을 탄핵했다가 광해가 대노하여 8월 12일에 파직되었다.

광해14년(1622) 8월 12일 장만이 병을 이유로 사직을 청하자 비로소 허락하다
병조판서 장만이 병 때문에 여러 번 사직하였는데, 이때에 이르러 비로소 체직되었다.

낙서집 자료

[낙서집] 21. 휴가를 청하여 목욕한 뒤 당시의 정사를 논한 차자 〈1622. 6. 29〉
전하께서는 오늘날 국가의 형세에 대해 어떠하다고 여기시는지요? …… 국가가 보존되는 것은 나라의 근본인 백성이 있기 때문입니다. …… "백성이 병들면 나라가 망한다." 하였습니다. 예로부터 어찌 백성이 없는데도 나라를 잘 보전한 경우가 있었습니까? ……

궁궐을 보수하는 공역이 을묘년(1615)에 일어났으며, 전쟁이 일어난 것은 무오년(1618)에 시작되었습니다. 8년 동안 토목공사를 일으키고 5년 동안 국경을 지키느라 8도가 소란스러웠고 국고와 가계가 거덜났습니다. 백성들의 피부를 벗기고 골수를 깨뜨리니 들판에 곡소리가 처절하며, 서로 이끌며 도망쳐서 10집 가운데 9집이 비었습니다. 곳곳의 수령들은 탐욕과 방종으로 재물을 약탈하니, 마치 도적들이 강탈하는 것과 같았습니다. ……

그런데도 묘당(의정부)에서는 이를 말하지 않으니 이는 묘당이 전하를 저버린 것이요, 사헌부와 사간원은 입을 다문 채 말 한 마디 하지 않으니 이는 사헌부와 사간원이 전하를 저버린 것이며, 사인(士人)과 서민들까지도 아무도 말 한 마디를 올려 우리 임금께 알려주는 사람이 없으니 이는 사인과 서민이 전하를 저버린 것입니다. ……

전장의 물자 수요를 어찌 하찮다고 이르겠습니까? 한 가지의 공역의 문제만 가지고도 백성들의 힘을 손상시키고 백성들의 재물을 고갈시키기에 충분한데, 하물며 또 새 궁궐의 큰 역사를 일시에 모두 일으키는 경우이겠습니까? …… 삼가 바라옵건대 밝은 성상께서는 궁궐의 공역을 잠시 정지하시고 모든 힘을 오랑캐 방비에 기울이도록 하실 것이며, 변경의 사태가 조금 누그러지기를 기다렸다가 한꺼번에 공역을 마치도록 하소서. 이는 다만 1, 2년 정도 조금 늦추는 셈이니, 공정에 무슨 지장이 있겠습니까?

[낙서집] 22. 시폐(時幣)를 논(論)하는 차자 〈1623.1.초순〉

신의 병이 더하면서부터 반년 동안 경기도 사이에 몸을 붙이며 몇 골의 민정(民情)을 살펴보니, 선혜청(宣惠廳)을 마련하면서부터 민간의 불평이 십(十)에서 팔구(八九)는 없어졌습니다. 그런데 근자에 천사(天使:명 사신)의 왕래와 건축잡물(궁궐공사)의 책정으로 부역이 날로 일어남으로 인하여, 민(民)이 명령에 견디다 못해 서로 거느리고 도망함으로 십실(十室)에서 구(九)는 비었습니다. 대게 세도가 한번 변하면서 사람들이 염치가 없어집니다.

모든 군읍(郡邑)의 배당이 반드시 세력 있는 자의 방납(防納:세금의 대납)으로 해서, 꼴과 곡초와 말뚝과 들풀 같은 것은 산과 들에서 자라니 쉽게 해결 되는 것으로 대단한 민폐(民弊) 거리가 아닌데도 경중(京中)의 사람들이 다투어 해당 관청의 고관에게 부탁하여 싼 값으로 사서 도감에게 대리 납품을 함으로 해서, 민간(民間)에 떠맡겨 이익의 굴(窟)로 삼으니 한 묶음의 풀과 한가지의 나무가 많은 것은 이삼십냥(二三十兩)에 이르게 합니다.

그 사이에 백성들이 직접 갖추어 납부하려면 관청에서 물리치고 받아주지 않아, 시골 백성으로 하여금 오래 머물지 못하도록 하고, 발도 부치지 못하게 하였습니다. 방납업자로부터는 오히려 범람하도록 무절제하게 받아들여 놓고는, 방납업자들은 사나운 종들을 데리고 직접 민간(民間)으로 찾아가서 방납비용의 독촉을 성화(星火)같이 하여, 백성들은 소 팔고 집 팔아도 겨우 급한 원금비용만 완료할 뿐 뒤에 오는 이자가 꼬리를 이으면서 채찍과 몽둥이가 낭자합니다. ……

남자는 부지런히 밭을 갈고 여자는 길쌈을 해도 일 년의 수탈을 감당하기에 부족하다며, 늙은이 부축하고 어린아이 이끌고 흩어져서 다른 곳으로 가는 것을 괴이쩍다 할 것도 없습니다. 풀과 나무도 이와 같은데, 하물며 돈과 비단이야 오죽 하겠습니까? 경기도 안에서 이와 같으니, 외지방(外地方)이야 더 생각함 즉합니다.

이익은 간사한 놈의 손으로 들어가고 원망은 구중(九重)의 대궐로 돌아

가는 것을 신은 간절히 아파합니다. 백성은 나라의 근본입니다. 한번 흩어진 뒤에는 누구와 더불어 호위하겠습니까? 이것은 유사(有司)의 신(臣)들이 성인(임금)의 뜻을 본받지 아니하며 봉직(奉職)함이 무상(無狀)해서 생기는 일입니다. 신은 창덕궁의 역사를 시작하는 처음부터 완공할 때까지 전후 십여 년 수임(受任)함이 오랜 것으로 신 같은 자도 없을 것입니다. 신이 서울에서 임금님 모시고 있으면서 일찍이 교외(郊外)의 지척에서 민생의 수고가 이와 같이 극에 달함을 알지 못하였사오니, 신(臣)의 죄 마땅히 백번 죽어도 오히려 가볍지만, 대궐의 역사가 이미 끝나게 되니 이제 중지(中止)하기도 어려운 것입니다.

금일에 급한 사무는 유사(有司)를 신칙하여 쌓인 폐단을 개혁하며 번거롭고 가혹함을 없이하여 범람하도록 정하는 절차를 금지하사, 방납(防納)의 법을 엄하게 하여 민생의 거꾸로 매어달인 급함을 늦추어 주시오면 오히려 고기의 목마름의 바람을 위로하기에 족하겠습니다. 업드려 비옵니다. 성명(聖明)께서는 살피소서.

08. 인조반정과 장만장군의 역할

장만은 부하들이 쿠데타를 건의하자 반대하였다. 그러면서 자신이 광해를 설득하여 폭정을 막아보겠다고 하였다. 그래서 광해군에게 폭정을 중단하라는 항명성 상소를 19번이나 올렸다. 이는 백성 살리기 위해서 자신을 버린 진정한 공직자의 자세였다. 지금의 공직자들도 본 받아야 할 교훈의 역사다. 이러한 참모가 있다면 현군이 되지 않겠는가?

▌광해군의 폭정이 심해졌다

광해군의 폭정은 1618년 인목대비가 폐출되고 이항복이 죽으면서 심해졌다. 이항복과 이덕형은 죽고 이원익과 기자헌이 유배가면서 원로들이 모두 사라지자, 광해군의 방종이 시작된다. 이후 4년 동안 장만장군 홀로 광해군의 방종을 말리다가 끝내 쫓겨나고 말았다.

광해군 폭정의 핵심은 두 가지다. 하나는 지나친 궁궐공사에 따른 과도한 재원차출과 노역이며, 다른 하나는 이이첨의 대북파와 김개시(김상궁)같은 홍위병들이 저지른 부패와 가렴주구다. 수많은 탐관들이 이이첨에게 줄을 대고 벼슬을 사니, 이들이 또 탐관이 되어 백성들을 수탈하였다.

백성들은 전쟁대비로, 궁궐공사로, 탐관들의 가렴주구로 2중 3중으로 착취를 당하니 죽을 맛이다. 폐비 사건으로 선비들의 민심까지 돌아가 버렸다. 이이첨이 소수인 대북파만으로 공안정치를 끌고가니, 소북파·서인파·남인파가 모두 등을 돌렸다. 광해군은 영창대군·능창군 제거사건과 인목대비 폐비사건을 억지로 밀어붙여 스스로 적을 만들었다.

▌인조의 쿠데타는 세 곳에서 시작되었다

쿠데타는 세 곳에서 시작되었다. 하나는 신경진·이서·구굉·인조(능원군) 그룹이고, 하나는 이귀·최명길·김자점 그룹이며, 하나는 김류 그룹이다. 이 세 그룹을 하나로 묶어낸 사람이 신경진이다. 신경진·이서·구굉·김류는 모두 장만의 부관들이고, 최명길은 장만의 사위다. 그리고 이귀는 장만의 종형의 사위다.

이들은 모두 광해군 정권에서 핍박당해 **위협**을 느꼈다. 언제 이이 첨의 칼날이 자신들을 향해서 들어올는지 불안하였다. 풍수지리를 보는 사람이 정원군의 집터에 왕기가 서려있다고 하니, 광해군이 정원군 집터를 헐어버리고 그 자리에 경희궁을 지었다. 정원군의 세째 아들 능창군이 똑똑하다고 하니 역모로 몰아서 죽여 버렸다. 능창군이 죽자 정원군도 그 충격으로 죽었다.

▌신경진이 쿠데타를 건의하였다

정원군의 장남인 인조(능원군)는 동생과 아버지가 억울하게 죽자 광해군에게 복수하려는 마음을 심었다. 구굉은 인조의 외숙부이고, 신경진은 인조의 백부인 신성군의 처남이다. 구굉·신경진·이서는 무관으로서 절친한 사이다. 신경진이 가장 급한 성격이어서 장만에게 쿠데타를 건의하였다. 이때 이이첨에 의해서 인목대비 폐비 사건이 일어났으니 인심이 돌아서고 쿠데타 명분은 충분하였다.

정원군

"장군! 이이첨 당파들이 임금을 현혹시켜 직언하는 선비들을 모조리 죽였으며, 백성들을 갈취하여 도탄에 **빠트렸습니다**. 장군께서는 백성을 살려보려고 남북으로 뛰고 있지만, 이들은 죽이고 있습니다. 군사를 일으켜 이들을 일거에 몰아내고 백성과 선비들을 살려야 합니다."

장만이 쿠데타를 반대하였다

장만은 쿠데타 요청에 반대하였다. "그대는 말이 너무 쉽다. 백성을 살리는게 그렇게 쉬운게 아니다. 그들만 제거되면 백성들이 살아나겠는가? 또 누구를 보위에 올려 다스리겠는가?" 신경진이 답하였다. "능원군이라면 능히 백성을 구제할 것입니다. 이미 약속도 되어 있습니다. 장군만 승낙하면 순조롭게 될 것입니다." 하였지만 장만은 반대하였다. "능원군이 광해군보다 낫겠는가? 백성도 살리고 군주도 살려야 한다. 내가 광해군을 설득해보겠다." 장만은 1618년 6월부터 1622년 8월까지 4년 동안 광해군에게 질책의 상소를 19번이나 올렸다. 하지만 광해군은 끝내 듣지 않고 장만을 파직시켜 버렸다. 이후 장만은 통진에 은거하며 병을 치료하였다.

이귀는 다급한 상황이었다. 군 최고 실세인 장만이 광해군과 오랜 갈등 끝에 파직되어 쫓겨나자 쿠데타 세력들은 절호의 기회를 얻었다. 신경진은 기회가 왔다고 판단하여 이귀를 찾아갔다. 마침 이귀의 부인(장만의 당질녀)이 세상을 떠나니 문상을 핑계로 자연스럽게 만나서 거사의 뜻을 전했다. 이때 이귀는 이미 인목대비 구출 계획에 참여하여 구속되있다가 개시(광해군의 애첩)에게 뇌물을 주고 간신히 석방된 상태였다. 다른 증거가 나타나면 또 다시 구속되는건 시간문제로 불안한 상황이었다. 이귀는 세상을 뒤집어야 살 수가 있었다. 신경진의 거사 계획이 이귀에게는 생명줄 같았으니 당장 동맹을 맺었다. 상중임에도 아들 이시백을 불러 맹세하게 하였으니 그 다급한 심경을 알만하다.

김류도 거사의 뜻을 품고 있었다. 신경진과 김류는 임진왜란 때 충주 전투에서 함께 싸우다가 전사한 신립과 그의 부장 김여물의 아들

들이니 금방 의기가 투합되어 동맹하였다. 신
경진은 세 개의 그룹을 통합시키는데 성공하
였다. 그런데 김류·이귀·최명길만 문과를 급
제한 문관이고 나머지는 모두 무관이나 유생
들이다. 통합은 신경진이 하였지만, 이제부터
작전은 문관 출신인 이귀와 최명길이 맡았다.

인조반정은 군부와 선비들의 합작품이다.
반정의 정당성은 선비들이 만들고 군부는 행

김류

동대원이다. 정당성이 그럴듯해야 선비들의 참여를 이끌어 낼 수가
있고, 추후에 반정을 인정받게 된다. 인목대비 복권·민생파탄 복원
·폭정의 종식 등의 명분이 그럴듯하였다. 최명길의 화려한 문장력이
여지없이 발휘되어 선비들의 마음을 파고들었다. 그래서 많은 선비들
이 동참하였다.

▌장만이 쿠데타에 동의하였다

그런데 장만의 반대가 문제였다. 이귀는 장만을 가장 어려워한다.
같은 서인이지만 장인의 동생이며 처가 집안의 존장이니 어렵지 않을
수가 없었다. 장만은 선조 때부터 군의 최고 요직으로 20년 동안이나
주도하였으니 어찌 따르는 장수들이 없겠는가? 장만 모르게 군사를
움직일 수가 없었다. 장만은 박정희의 쿠데타 때 장도영의 역할과 비
슷한 입장이었다. 장도영은 양쪽 눈치만 보다가 결국 팽(烹)당했지만
장만은 그렇게 하지 않았다. 장만은 자신의 철학대로 선명하게 위치
를 정하였다. 그래서 쿠데타에 참여하지 않고도 다시 등용된 것이다.

이귀 와의 담판 : 장만이 통진에서 병을 치료하고 있는데 이귀가

최명길을 대동하고 장만을 찾아왔다. 마지막 담판을 짓기 위해서 장만을 찾아온 것이다.

이귀가 먼저 말문을 열었다. "영공께서는 주군을 설득하여 백성을 살려보겠다고 위험한 상소를 여러 번 올렸지만 효과가 없었습니다. 죄 없는 선비들과 백성들은 여전히 죽어나가고 있습니다. 이제 백성들을 살려낼 길은 오직 반정뿐입니다. 영공의 결단이 절박하게 필요합니다."

장만이 오랜 침묵 끝에 답했다. "그대들의 말이 더 맞는 듯합니다. 나는 임금을 설득하여 임금도 살리고 백성들도 살려보려고 모든 것을 버리고 무진 애를 썼지만 가망성이 없습니다. 하루하루 백성들은 죽어가고 이제는 그대들의 뜻을 말릴 명분도 없습니다."

이귀가 장만에게 앞장설 것을 간청했다. "영공께서는 오랫동안 무관들을 이끌어 그들의 복심을 받고 있으며 또한 백성들을 잘 다스려 민심을 얻고 있으니, 장군이 앞장선다면 백성과 군사들 모두가 한마음으로 장군을 따를 것입니다."

장만이 답했다. "거사에도 도리가 있습니다. 나는 이미 주군으로부터 높은 관직을 받고 이 정권에서 직무를 본 것이 오래 되었습니다. 비록 주군의 잘못을 고칠 것을 주장하다가 파직되었다고는 하나, 내가 앞장서서 주군을 심판한다는 것은 또 다른 의리를 범하는 일입니다. 나는 백성 살리는 뜻에만 동참하겠습니다." 이제 장만의 동의를 얻었으니 군부를 움직이는 난관이 풀렸다.

인조반정의 주체들은 대부분이 장만의 부하들이었다. 최명길은 문과 급제 후 병조좌랑으로 잘 나가다가 이이첨의 모함으로 쫓겨난지 9년이나 지났지만 이이첨의 견제로 벼슬길에 나갈 수가 없었다. 자연스럽게 반정 동지들과 어울렸는데, 이귀는 군부 실세인 장만장군을 의식해서 최명길을 반정세력 중심에 넣었다. 이귀의 아들 이시백을 비롯해서 김자점·장유 등 젊은 인재들이 최명길의 재주에 홀려 같이 어울려 다녔다. 이 당시 최명길은 홍제동에 있는 장만의 빈 집에서 기거하며 매일 밤 이들과 어울려 반정모의를 하였다. 많은 계획이 최명길에게서 나왔다.

이들은 장만의 동의를 받고 매우 신속하게 반정을 진행시켰다. 장만장군도 반정에 뜻을 같이 했다는 소문이 전달되자, 그때까지 망설이던 많은 사람들이 결단을 내리고 반정에 참여하였다. 장만의 종제였던 장돈 장군도 망설이다가 장만이 동의를 했다고 하니 반정에 참여하였다. 그러나 장만은 결코 앞에 나서지 않았다. 장만의 심복인 정충신도 남이홍도 나서지 않았다. 정충신은 후일 인조반정 세력들이 서로 치고 받고 싸움질을 일삼자 "이래서 장만이 너희들과 반정을 같이 하지 않은 것이다." 하였다.

장만은 쿠데타에 동의한 후 주군에게 마지막 설득의 상소를 올렸다. 그 내용은 『낙서집』 3권 상소편 22. 시폐(時幣)를 논(論)하는 상소문 편에서 소개되었다. 쿠데타가 일어날 수 있다는 암시였지만 광해군은 알아보지 못하다가, 두 달 후 쿠데타를 당하고 말았다.

▍쿠데타는 신속하게 이루어졌다

쿠데타는 장만이 동의하면서부터 신속하게 이루어졌다. 막판에 이괄이 포섭되고 광해군의 호위대장인 이홍립까지 가세되면서 생각보다 빨리 진행되었다. 장단부사 이서가 군사 400명을 움직이고, 이천부사 이중로가 군사 100명을 이끌고 오기로 하였으며, 나머지 참여자들은 집안의 노비들을 거느리고 1623년 3월 12일 밤 12시까지 홍제원으로 모여서 같이 행동하기로 계획하였다.

계획이 누설되었다. 1623년 3월 12일 오후에 이이반이 길거리에서 역모 소식을 엿듣고는 친척인 김신국에게 고변하였다. 김신국은 바로 영의정 박승종에게 보고하였다. '이귀와 김류가 대장이고, 호위대장인 이흥립까지 가담했다'는 구체적인 고변이었다. 박승종이 친척 이흥립에게 역모에 가담했느냐고 다그치자 이흥립은 잡아 떼었다. 광해군에게도 보고되었지만, 광해군은 후궁들과 연회에 빠져서 등한시하였다. 역모 고변이 원체 많다보니 내성(耐性)이 생긴 것이다.

광해군이 골든타임을 놓쳐버렸다. 그저 알았다고만 하고 어떠한 조치도 취하지 않았다. 이이첨이 고하는 가짜 역모사건에 과민한 반응을 보이던 이전의 광해군과는 판이하게 달라졌다. 임해군·영창대군·능창군·인목대비까지 제거된 마당에 감히 누가 역모를 하겠느냐는 자신감이 생긴 것이다. 연회는 끝날 줄을 모르고 밤 12시는 금방 닥쳐, 광해군은 초기 진압의 기회인 골든타임을 놓쳐 버렸다. "관련자들을 즉각 모조리 잡아들여라!"라는 말 한 마디만 했어도 쫓겨나지 않았을 것이다. 광해군은 역시 무능했다.

계획이 누설되었다는 소문을 접한 이귀와 최명길은 거사 시간을 앞당겼다. 집합시간을 8시로 당기고, 12시에 대궐로 진입하겠다는 문서를 장단부사 이서에게 전달하였다. 이서는 급히 서둘렀지만 8시까지 대지는 못하였다.

홍제원 역에서 기다리던 능원군(인조)은 밤 9시가 넘어가자 초조해졌다. 이서의 군사가 가장 중요한데 아직 오지 않는다. 능원군은 홍제역에서 기다리지 못하고 연신역까지 나가서 초조하게 기다렸다. 거의

10시가 되어서야 이서의 군사가 고개 너머로 나타났다. 능원군은 너무도 반가워 달려가 끌어안으며 맞이하였다. 이때 대장인 김류가 집에서 나오지 않는다는 소식이 전해졌다. 김류는 계획이 누설되었다는 소문을 듣고 겁을 먹어, 오금이 저려서 나오지 못한 것이다. 최명길이 사람을 보내서 독촉하였다.

김류가 늦자, 모여 있던 대오가 흔들리며 흩어지고 있었다. 이귀가 재빨리 이괄에게로 가서 "안되겠다. 이대로 죽을 수는 없다. 그대가 대장을 맡으라!" 하였다. 이괄이 대장이 되어 흔들리는 군사를 일거에 되잡고 대궐로 진군하려고 할 때 김류가 나타났다. 김류가 대장으로 군사를 이끌려고 하자 이괄이 대들었다. "그대는 이미 대장 자격을 잃었다." 하니, 김류가 말하기를 "누구 마음대로 대장을 바꾸나! 내가 늦은 것이 아니다. 원래 시간은 12시다. 그대들이 일찍 나온 것이다." 이귀와 최명길이 이괄을 설득하여 다시 김류가 대장으로 진군을 시작하였다.

진군한지 1시간도 안되어서 창의문을 도끼로 깨부수고, 자정이 되기 전에 창덕궁으로 진입하였다. 대궐문은 이미 내통한 이흥립이 열어주었다. 광해군은 도망가고 대궐 안팎에서 수십 명의 군사들과 접전했지만, 용맹한 장돈의 활약으로 대궐은 쉽게 장악되었다. 장돈은 기마술이 뛰어나, 말 위에서 대적하는 호위 군사들을 순식간에 베어버리고 제압했다.

창덕궁은 쉽게 장악되었다. 이흥립의 내응으로 궁궐 호위군을 쉽게 장악하고 창덕궁을 접수하였다. 인조는 궁궐을 수색하여 광해군을 찾도록 하였다. 광해군은 다급해지자 내시의 등에 업혀 궁을 빠져나가 의원 안국신의 집에 숨었다. 광해군은 누가 자신의 왕권을 찬탈할까

봐 늘 노심초사하며 과민하게 반응했던 인물이다. 그래서 형제까지 증거도 없이 반역으로 몰아서 죽였는데, 막상 쿠데타가 일어나니 너무도 쉽게 무너졌다. 이이첨의 신통한 정보능력도 힘을 쓰지 못하였으며, 개시의 천리안도 아무런 도움이 되지 못하였다.

광해군은 충신 장만을 잘라내고 썩은 동아줄만 움켜잡고 있었다. 이흥립의 내응도 한 몫 하였지만, 광해군이 워낙 위졸들에게 인심을 잃어서 광해를 위해 싸우려는 군사가 없었다. 궁궐을 지키는 도감의 막강한 군사들도 누구하나 나서지 않았다. 위졸들의 봉급도 주지 않았으니 누가 광해군을 위해서 싸우려고 했겠는가? 인과응보였다. 내시의 등에 업혀 궁궐을 빠져나가 의원 안국신의 집에 숨었지만, 불과 몇 시간 만에 안국신에 의해서 고발되어 체포되었으니 광해군의 평소 인덕을 알 만하다. 장만장군이 광해군에게 올린 마지막 상소문이 생각난다. "전하! 모두가 떠나간 뒤에 누구와 더불어 호위하시려고 하십니까?"

인조는 잡혀온 광해군을 이끌고 경운궁(덕수궁)에 유폐되어 있는 인목대비에게 가서 반정의 내막을 고하였다. 인목대비로부터 새로운 왕으로 추대받기 위함이었다. 내막을 진해들은 인목대비는 철천지원수 광해군을 당장 죽일 것을 요구하였다. 광해군이 자신의 아들인 영창대군을 죽이고 자신까지 10년 동안이나 유폐시켜 죽이려고 하였으니 그 원한이 오죽 했겠는가? 하지만 인조의 입장에서는 광해군을 죽일 경우 반정의 명분이 사라질 것이다. 인목대비를 설득하여 광해군을 유배시키는 선에서 허락을 얻어내고, 인목대비의 교지를 받아서 덕수궁 즉조당에서 조선 16대 왕으로 즉위하였다.

낙서집 자료

『낙서집 보유』 2권 (02.10). 『우암집』(송시열) 능성군 구굉의 묘비(墓碑)에서
능성공 구굉이 이서와 사이가 좋았다. 어느날 서로 말하기를, "인도(人道)
가 멸(滅)하였다. 나라가 망하려는가. 이때에 어찌 천명을 받은 자가 없으
리오"하니, 능성공이 이르기를, "그렇다!" 하면서 인조대왕의 봉호(능양군)
를 말하며 이르기를, "이분이 참으로 그 사람일 것이다." 하면서 드디어 이
서와 공(구굉)의 외형(外兄) 신경진과 조카인 구인후와 의논을 정하고 모두
관서로 달아나서 비장으로 체찰사 장만을 섬겼다. 장만이 하루는 백상루(百
祥樓)에 올랐다. 능성공이 틈을 타 모사(반정(反正))를 말하니 장만공은 '의
롭다' 하면서도 마침내 듣지는 아니했다.

조선왕조실록 자료

인조1년(1623) 윤10월 18일 정사훈(靖社勳)을 감정토록 명하여 53명을 녹훈 하다

김류(金瑬)·이귀(李貴)를 불러 대신과 함께 빈청에 모여서 정사훈(靖社勳)
을 감정(勘定)토록 명하여 53명을 녹훈하였다.

-.1등; 김류(金瑬)·이귀(李貴)·김자점(金自點)·심기원(沈器遠)·신경진(申
景積)·이서(李曙)·최명길(崔鳴吉)·이흥립(李興立)·구굉(具宏)·심명세
(沈命世) 등 10명

-.2등; 이괄(李适)·김경징(金慶徵)·신경인(申景禋)·이중로(李重老)·이시
백(李時白)·이시방(李時昉)·장유(張維)·원두표(元斗杓)·이해(李邂)·신
경유(申景裕)·박효립(朴孝立)·장돈(張暾)·구인후(具仁垕)·장신(張紳)·
심기성(沈器成) 등 15명

-.3등; 박유명(朴惟明)·한교(韓嶠)·송영망(宋英望)·이항(李沆)·최내길(崔
來吉)·신경식(申景植)·구인기(具仁墍)·조흡(趙洽)·이후원(李厚源)·홍진
도(洪振道)·원유남(元裕男)·김원량(金元亮)·신준(申埈)·노수원(盧守元)·
유백증(俞伯曾)·박정(朴炡)·홍서봉(洪瑞鳳)·이의배(李義培)·이기축(李
起築)·이원영(李元榮)·송시범(宋時范)·강득(姜得)·홍효손(洪孝孫)·김련

(金鍊) · 유순익(柳舜翼) · 한여복(韓汝復) · 홍진문(洪振文) · 유구(柳頓) 등 28명

인조반정의 최고 주역은 이귀다. 인조반정은 군부와 선비들의 합작품이다. 군부인 신경진, 이서, 구굉이 먼저 모의를 시작했지만 가장 적극적인 인물은 이귀였다. 이귀는 이미 역모사건으로 구속되었다가 개시에게 뇌물을 써서 겨우 풀려난 다급한 상황이었다. 그래서 죽기 살기로 반정에 매달렸다. 촉이 빠른 이귀는 젊은 선비들의 우상인 최명길을 잡았고, 최명길은 많은 선비들을 끌어들였다. 이귀의 아들인 이시백과 이시방도 반정에 참여하여 공신이 되었다. 인조반정이 성공하고 공신을 정할 때 이귀의 발언권이 가장 크게 작용되었다. 1순위를 김류에게 양보하는 대신 자신의 측근들을 대거 참여시켰다. 반정 후에도 이귀가 인조의 복심을 잡고 있었다.

조선왕조실록 자료

인조1년(1623) 윤10월 19일 김류 이하를 인견하고, 녹훈의 타당여부를 논의하다
이귀가 아뢰기를, "장만이 서쪽으로 갈 적에 신이 평산에서 만났는데, 신이 시사(時事)에 대해 언급하자 장만은 신의 말이 매우 옳다고 하였고, 의거의 소식을 듣고 나서는 매우 기뻐하였으며, 계획을 세운 것도 많습니다." 하였다. 김류는 아뢰기를, "장만이 미리 알기는 하였으나 정훈(正勳)에 참여된다는 것은 과합니다." 하였다.

장만은 최명길을 통하여 인조반정 정훈에 참여되지 않도록 조치하였다. 광해 정권에서 병조판서까지 지낸 사람이 반정에 참여하여 훈

신이 된다는 것은 우스운 일이다. 장만은 백성을 살리기 위해서 반정의 뜻에는 동의했지만, 훈신에 참여할 마음은 전혀 없었다. 이귀와 김류도 장만의 뜻을 알고 있었지만 위와 같은 대화는 인조에게 장만의 역할을 자연스럽게 알리려는 의도였다.

09. 조선 전쟁시대 45년

▌조선 전쟁시대

조선 역사 한중간에 1592년부터 1637년까지 불과 45년 동안에 임진왜란·정유재란·심하전쟁·인조반정·이괄전쟁·정묘호란·병자호란 등 7번의 전쟁이 일어나는 전쟁시대가 있었다. 조선의 굵직굵직한 전쟁들은 모두 다 이 시대에 일어났으니, 이 시대를 가리켜 조선 전쟁시대라고 부른다. 조선 전쟁시대가 임진왜란 7년으로 끝난 것이 아니라 그 뒤로도 38년간이나 더 이어져, 백성들의 삶은 피폐해질 대로 피폐해져 아비규환의 지옥 같은 시대였다.

이런 시대에도 대비하고 전략을 짜서 백성들을 지켜낸 영웅들이 있었으니 바로 이순신·장만·최명길이다. 임진란 때는 이순신이 지켜냈지만, 이어지는 다섯 차례의 전쟁들은 모두 장만과 최명길이 지켜냈다.

▌장만과 최명길은 중립외교로 전쟁을 막았다

위아래가 모두 국제정세의 변화를 읽지 못하고, 오직 존명사대에만

사위 최명길

빠져서 나라 전체를 전쟁으로 몰고갈 때, 장만과 최명길은 선각자로서 국제정세를 정확하게 읽고 청도 인정해야 한다는 중립외교를 주창하여 여러 번 전쟁을 막았다. 심하전쟁·정묘호란·병자호란은 장만과 최명길이 중립외교로 막아낸 전쟁들이다.

1619년 심하전쟁 때 이이첨을 비롯한 대부분의 신하들은 존명사대에 빠져서 세상이 변한 것도 모르고 청과 싸우자고 하였으며, 광해군은 청에 붙어서 목숨만 구하자고 하였다. 이때 체찰사 장만은 절묘한 중립외교 전략을 주창하여 전쟁을 막았다.

1627년 정묘호란 때 장만은 청의 침공을 예언하며 청도 인정을 하자는 중립외교를 촉구하였다. 인조는 전쟁이 없을 것이라는 간신들의 말에 현혹되어 중립외교를 허물었지만, 막상 청이 침공하자 다급해져 청에 머리를 소아리며 중립외교인 화친 맹약으로 전쟁을 수습하였다. 인조가 장만의 중립외교 주청을 좀 더 일찍 받아들였다면 정묘호란은 없었을 것이다. 하지만 인조는 정묘호란을 겪고도 곧바로 잊어버리고 친명배청 정책을 고수하였다.

1636년 병자호란 때 최명길은 청의 침공을 예언하며 중립외교인 화친전략을 촉구하였다. "청도 인정해야 전쟁을 막을 수 있습니다." 하였지만, 인조는 정묘호란을 겪었으면서도 존명사대에 빠져 청을 계속 무시하는 정책만 고집하였다. 척화파 신하들이 "청과 화친은 명을 배

신하는 일이므로 절대로 해서는 안 됩니다." 하는 말만 받아들였다. 막상 청이 침공하자 다급해진 인조가 청에 머리를 조아렸지만, 이번에는 너무 늦어서 중립외교도 통하지 않고 항복으로 전쟁을 수습하였다. 인조가 최명길의 중립외교 주청을 좀 더 일찍 받아 들였다면 병자호란은 없었을 것이다.

어쨌든 심하전쟁·정묘호란·병자호란은 시대를 앞서간 장만과 최명길의 중립외교 전략으로 수습되었다. 광해군과 인조가 좀 더 일찍 장만과 최명길의 중립외교 전략을 받아 들였다면 3번의 전쟁은 사전에 막을 수 있었다. 장만과 최명길은 변화된 국제 정세를 정확하게 내다보고 시대를 앞서간 중립외교 전략을 주창하여 위기에 빠진 나라를 3번씩이나 구하였다.

▌선조·광해·인조는 왜 장만을 발탁했나?

전쟁시대를 맡은 선조·광해·인조는 하나같이 장만을 국방의 책임자로 발탁하여 전쟁을 대비하게 하였다.

왜 그랬을까? 장만이 군사지식이 뛰어나고 전략이 탁월했기 때문이다. 부하들을 다스림에 잘못된 결과는 모두 자신의 잘못으로 보고하고 잘한 것은 모두 부하들의 공로로 보고를 올리니, 부하들이 모두 사력을 다해 따랐다.

장만이 가는 곳마다 백성들이 "볼만=장만"을 연호하며 환호하였다. 이를 알아본 선조는 장만을 충청, 전라, 함경, 평안, 경상도 등 5개도 관찰사로 삼아서 백성의 가려운 곳을 어루만져주게 하였다. 그래서 장만이 임진란의 전후복구 업적을 이루게 된 것이다. 장만이 전략이 뛰어나고 백성들을 잘 다스려 단결시키니 선조·광해·인조가 장만을 국방의 책임자로 발탁하여 전쟁을 대비하게 하였다.

사대주의가 나쁜 것은 아니다. 사대주의보다 자주국방이 더 좋지만, 고려와 조선은 강대국들 틈새에 낀 약소국이다. 민생을 접어걸고 오직 전쟁에만 몰두하여 억지로 강대국인 것처럼 행세해야 옳겠는가? 지금의 북한이 그렇다. 그런다고 강대국이 되겠는가? 민생만 망치고 만다. 고려와 조선은 물론 자주국방의 힘도 길러야 했지만 부족한 부분은 외교의 지혜로 채워야 했다. 지금의 대한민국도 마찬가지다. 사대주의(事大主義)는 약소국이 강대국에 보조를 맞추는 외교정책이다. 이성계는 사대주의 외교로 평화를 얻었다.

▌이성계는 친명 사대주의 외교로 전쟁을 막았다

태조 이성계

1392년에 이성계가 고려를 멸하고 조선을 세웠다. 1370년에 명나라가 몽고세력을 몰아내고 중원의 패자로 떠오르자 이성계는 이 시기를 놓치지 않고 친명(親明) 사대(事大) 외교전략을 구사하여 평화공존의 시대를 열었다. 물론 명에 대한 관계가 대등한 관계가 아니라 사대의 관계이므로 자주성을 잃었다는 비판도 있지만, 작은 나라로서 강대국과의 관계를 적절하게 설정하여 오백년 평화공존의 시대를 열었던 일은 이성계의 국방외교(國防外交) 업적으로 칠만하다.

만일 조·명 관계를 사대관계가 아닌 대등한 대립관계로 설정했다면 명은 조선을 대등한 국가로 인정했을까? 아마도 조선 정벌전쟁을 일으켰을 것이다. 조선은 싸우거나 항복하거나 엄청난 피해를 당했을 것이다. 친명외교 정책으로 명나라의 지배를 받았다고는 하나, 고려가 몽고의 지배를 받은 일과는 전혀 달랐다. 내정(內政)의 독립성이 보장되었던 것이다.

어쨌든 이성계의 친명외교 덕분으로 조선은 개국이래 200년 동안이나 전쟁 없는 시대를 살아왔다. 하지만 평화의 시대가 계속될 수만은 없었다. 이번에는 일본이 떠오르면서 문약국인 조선을 넘보아 임진왜란이 일어났다. 이때 조선의 지도자들이 현명하게 대처하지 못하여 엄청난 비극을 불러오고 말았다.

▍선조는 외교 무지로 전쟁을 불러오고 말았다

우리에게 임진란의 역사는 이순신의 드라마로 전달되었다. 그래서 이순신이 주인공이 되고 나머지 인물들은 모두가 엑스트라가 되어 버렸다. 원균은 주인공을 위하여 천하의 악역이 되었으며, 선조 또한 어리석은 군주의 대명사가 되어 버렸다.

이 글에서 원균을 논할 생각은 없다. 조선은 200년 동안이나 전쟁이 없다 보니, 군주나 신하들 모두가 전쟁에 대한 지식이 없었다. 국방이나 전략에 탁월한 인재를 발탁하여 쓴 적도 없었다. 유성룡·윤두수·이원익·이덕형·이항복 모두가 유능한 신하들이지만 전쟁에는 지식이 없었다. 이런 상황에서 일본이 갑자기 가도정명(假道征明), "명나라를 정벌하러 갈 테니 조선은 길을 빌려 달라"고 하였다. 선조가 신하들에게 대책을 물었지만 누구하나 시원한 대답은 없었다. 일본을 정탐하기 위해서 통신사를 보냈지만 이들 또한 전쟁을 아는 인물들이 없어서 전쟁이 있을 것이다 없을 것이다 두 편으로 갈라져서 논쟁만

하였다.

이때 선조는 '전쟁이 없을 것이다'는 주장을 선택하였다. 이것이 선조의 가장 큰 실책이었다. 무능한 선조가 일본의 침략을 오판하고 대비할 기회를 잃어서 피해가 커졌다. 그러나 좀 더 냉철하게 살펴보면 선조만의 잘못은 아니었다. 그 당시 신하들 모두의 잘못이다. 후대를 이은 광해와 인조는 임진왜란을 겪고 난 후에도 전쟁이 없을 것이라는 주장을 선택하여 전쟁을 또 당했으니, 광해와 인조는 선조보다 더 무능한 군주이다.

선조·광해·인조를 비롯한 조선의 리더들은 외교가 무지하여 국제정세의 변화를 읽지 못하고, 오직 명만 바라보는 잘못된 사대주의에 빠져서 왜와 청을 무시하여 여러번 전쟁을 당하였다.

임진왜란·심하전쟁·정묘호란·병자호란은 모두 외교가 무지하여 오직 존명사대(尊明事大)에만 매달려 왜와 청을 무시하다가 당한 전쟁들이다. 이때 장만장군은 변화된 국제정세를 정확하게 읽어내고 청도 인정해야 한다는 중립외교를 주창하여 전쟁을 막아냈다.

10. 조선의 왕들은 무엇을 잘못했는가?

조선 전쟁시대를 맡은 선조·광해·인조는 전쟁에 무능한 군주들이다. 그래서 많은 오판을 하였다. 그들이 전쟁의 위기를 맞아 무엇을 잘못했는가? 잘못을 알아야 반성하고 교훈을 얻게 될 것이다. 무능한 선조·광해·인조를 도와서 전쟁을 치렀던 장만과 최명길은 어떠한 역할을 하였는가?

▌임진왜란은

▶ 선조가 "설마! 왜(倭)가 감히 명을 상대로 전쟁을 하겠는가?" 하며, 대비도 없이 멍하니 있다가 당했다. 임진왜란은 선조의 외교 무지가 불러들인 전쟁이다.

▶ 장만은 임진란에서 이순신이 전사한 직후 뒤늦게 선조에게 발탁되어 충청·전라·함경·평안·경상도 등 5개도 관찰사로서 전후복구를 기적처럼 이루어 죽어가는 백성들을 살려냈다. 임진란의 전후복구가 기적처럼 빨랐던 것은 장만의 백성 단결시키는 재능 때문이었다. 그리고 적에게 넘어갔던 4군에서 여진인들을 쫓아내고 회복시켜 청과의 전쟁을 대비하였다. 4군 회복은 역사에 남을 만한 업적으로, 이후 심하전쟁에서 국경을 지키는데 결정적인 역할을 하였다.

▌심하전쟁은

▶ 광해가 "설마! 청이 명을 이길 수 있겠는가?" 하며, 장만의 파병반대 주청을 무시하고 강홍립을 파병했다가 당했다. – 심하전쟁은 광해의 오판이 불러들인 전쟁이다.

▶ 장만은 "전하! 청이 명을 이길 수 있습니다. 파병을 중단하고 중립전략을 써야합니다." 하였지만, 광해가 거절하다가 뒤늦게 장만의 중립외교 전략을 받아들여 그나마 전쟁의 확산을 막았다.

▌광해의 폭정은

▶ 광해가 장만의 중립외교 전략으로 인하여 국경이 조용해지자 또 다

시 방종해져서 궁궐공사를 밀어붙이며 가렴주구를 하여 민생을 파탄내고 있었다. – 광해군의 폭정은 지나친 궁궐공사로 인한 민생파탄으로 시작되었다.

▶ 장만은 심하전쟁을 수습한 공로로 광해군으로부터 엄청난 대우를 받았지만, 광해군이 궁궐공사로 민생을 파탄내자 폭정을 중단하라는 항명상소를 19번이나 올렸다. 백성을 살리려고 국방장관으로서 임금에게 목숨을 걸고 항명을 한 진실한 용기야말로 공직자들이 본 받아야 할 귀중한 교훈의 역사다. 하지만 광해군은 간신 이이첨을 선택하고 충신 장만을 잘랐다. 그래서 결국 탄핵되고 말았다.

▌인조반정은

▶ 광해가 "설마! 나를 칠 자가 또 있겠는가?" 하며 방종하다가, 장만을 잘라낸 뒤에 인조반정이 일어나 쫓겨나고 말았다. – 인조반정은 광해군의 오판으로, 국방책임자 장만을 잘라서 일어난 군사 정변이다.

▶ 장만은 부하들의 쿠데타 건의에 반대하였다. "이제 백성을 살릴 길은 오직 주군을 바꾸는 길 뿐입니다." 하였지만, 장만은 "내가 광해를 설득하여 폭정을 막아보겠다." 하며, 광해군에게 폭정을 중단하라는 항명상소를 19번이나 올리다가 파직되었다. 장만이 파직되자 불안을 느낀 부하들이 쿠데타를 일으켜 광해군을 몰아내고 말았다. 이때 광해군이 장만의 주청을 받아들여 국정농단의 핵심인 이이첨을 잘랐다면 인조반정은 없었을 것이다. – 광해의 가장 큰 죄목은 충신과 간신을 구별하지 못한 죄다.

▌이괄의 반란은

▶ 인조가 "설마! 이괄이 반역하겠는가?" 하며, 이괄의 반골기질을 몰라보고 너무 높이 등용했다가 당했다. – 이괄전쟁은 인조의 인사 실패가 불러들인 전쟁이다.

▶ 장만은 이미 성공한 이괄의 쿠데타를 뒤집고 끊어진 조선왕조를 다시 이어놓았다. 장만이 아니었다면 조선왕조는 232년 만에 끝나고 말았을 것이다. 장만은 끊어진 조선왕조를 다시 이어놓은 사직의 원훈이지만 모든 관직을 사양하고 낙향하였다. 성공한 쿠데타를 뒤집고도 모든 관직을 사양하고 낙향한 인물이 장만 말고 또 있겠는가? – 이 또한 권력자가 본 받아야 할 귀중한 교훈의 역사다.

▌정묘호란은

▶ 인조가 "설마! 명이 있는데 청이 조선을 침공하겠는가?" 하며, 태만하다가 대비도 못하고 당했다. – 정묘호란은 인조의 외교 무지가 불러들인 전쟁이다.

▶ 장만은 "청은 반드시 조선을 침공할 것입니다. 외교로 풀 수 없다면 안주성방략을 써야합니다." 하였지만, 인조는 전쟁이 없을 것이라는 간신들의 말에 현혹되어 장만의 중립외교도 안주성방략도 허물고 훈련조차 못하게 하다가 전쟁을 당하고 말았다. 장만이 개성으로 출전하여 막은 뒤에야 청의 화친 요청으로 수습되었다. – 정묘호란은 결국 청도 인정해야 한다는 장만의 중립외교 수준에서 수습이 되었다. 인조는 철저하게 청을 무시하다가 한 대 얻어맞고야 청을 인정하는 외교를 하였다. 장만이 없었다면 인조는 이때 이미 항복했을 것이다.

▌병자호란은

▶ 인조가 "설마! 청이 또 조선을 침공하겠는가?" 하며, 계속해서 청을 무시하고 명만 추종하다가 또 당했다. 병자호란 때는 장만·정충신· 남이흥 장군 등이 모두 죽고 최명길만 남았다. 최명길과 김기종이 장만의 유언에 따라 안주성방략을 주청했지만 인조는 또 거절하며 의주에서 지키라고 하였다. – 병자호란은 인조의 무능한 고집과 외교 무지가 또 불러들인 전쟁이다.

▶ 최명길은 장인 장만의 정책을 따라 "청은 외교로 풀어야 합니다." 하며 청과의 화친 전략을 주청했지만 인조는 최명길의 주청을 무시하다가 또 전쟁을 당했다. 인조는 남한산성으로 몽진했지만, 식량이 떨어지자 뒤늦게 최명길의 화친전략을 받아들였다. 그러나 너무 늦어서 항복까지 당하고 말았다. –병자호란도 결국 청도 인정해야 한다는 장만이 주장하던 중립외교 수준에서 수습이 된 전쟁이다.

▌조선 전쟁시대 45년간 7번의 전쟁들은

무능한 선조·광해·인조의 외교 무지에서 출발되었다. 나라가 불운하여 외세가 침공하는 시기에 하필이면 무능한 임금들이 전쟁을 맞게된 것이다. 역사가들은 선조를 가장 무능한 임금으로 꼽지만, 저자는 광해와 인조가 더 무능하다고 역설한다. 그러나 이순신·장만· 최명길 같은 구국의 인재들이 있어서 위기에 처한 나라를 구하였다. 그런데 나라를 구하는 방법이 전투보다 외교에 있었다는 사실에 주목해야 한다.

전쟁을 막아내는 방법에는 3가지가 있다. 첫째는 외교로 막아내는 방법이고, 둘째는 싸워서 막아내는 방법이며, 세째는 항복으로 막아

내는 방법이다. 그중에서 외교로 막아내는 방법이 가장 상책이다. 임
진왜란 때는 싸워서 막아냈지만, 명을 설득하여 참전시킨 것은 외교
의 공적이다. 심하전쟁 때는 장만의 중립외교로서 전쟁을 막았다. 정
묘호란과 병자호란도 역시 명과 청을 동시에 인정하는 중립외교의
수준에서 수습이 되었다. 존명사대에서 벗어나 주변국의 능력을 알
아차리고 이에 맞는 외교를 찾는 것이 중요하다. 외교의 기본은 적의
능력과 의중을 아는 것이 가장 중요하다. 이는 지금 대한민국의 국방
에서도 중요한 과제다. 우리는 북한의 능력과 의중을 얼마나 알고 있
는가? 또 다시 외교의 무지로 인하여 전쟁을 불러와서는 아니 될 것
이다.

▌임진왜란에서 선조는 무엇을 잘못했나?
– 외교에 무지해서 대비를 잘못했다.

임진왜란에서 선조의 가장 큰 잘못은 정보를 오판하여 전쟁을 대비
하지 못한 것이다. 왜는 가도정명(假道征明)을 표방하며 2년 전부터 사
실상의 선전포고를 하였다. 하지만 선조는 정보를 오판하여 2년의 시
간을 허비하다가 대비도 없이 전쟁을 당하고 말았다. 가도정명이란
'왜가 명을 치러 가는데 조선은 길을 빌려주고 식량과 군사를 대라'는
협박이었다. 이는 사실상의 선전포고이지만, 전쟁에 대한 지식이 없
던 조선 조정은 이 문구를 오판하였다. 당시 조선은 존명사대에 매몰
되어 왜와 청에 대한 외교에는 관심조차 없었다. 그러다 보니 왜의
힘이 어느 정도인지 알 수가 없었다.

왜의 상황을 정탐할 목적으로 통신사를 보냈는데, 정사 황윤길은
왜가 전쟁을 일으킬 것이라고 보고했지만, 부사 김성일은 '왜는 전쟁

을 일으킬 능력이 없다'고 보고하였다. 가뜩이나 존명사대에 매몰된 대신들은 왜를 무시하며 김성일의 보고를 옳다고 하였다. 선조 또한 전쟁에 대한 지식이 없고 겁이 많아서 전쟁을 회피하고자 하였다. 그래서 전쟁이 없을 것이라는 말에 현혹되어 전쟁을 대비하지 않았다. 이는 전쟁을 담당하는 리더로서 매우 무능한 짓이다.

전쟁을 앞두고 적의 상황을 정탐한다면 제대로 해야 한다. 비밀리에 수십 명의 첩자들을 보내서 샅샅이 살펴보아야 적의 상황을 알게 될 것이다. 그런데 선조는 공식적인 통신사로 하여금 적의 동태를 정탐하게 하였으니 정탐전략부터가 잘못되었다. 이런 유치한 정탐으로 정확한 정보를 얻을 수 있겠는가? 선조의 무능함이 그대로 나타나는 대목이다. 선조의 잘못은 존명사대에 매몰되어 왜와의 외교를 등한시한 점이다. 또 적의 선전포고를 받은 뒤에 정탐도 그르치고 정보분석도 그르치고 전쟁대비도 못한 점이다. 임진왜란은 선조의 무능 때문에 당한 전쟁이다.

▌심하전쟁에서 광해는 무엇을 잘못했나?

– 명.청 사이에서 정세를 오판하였다.

심하전쟁에서 광해의 가장 큰 잘못은 장만의 파병반대 주청을 묵살하고 강홍립을 파병시켜 1만3천의 군사를 죽거나 포로가 되게 한 점이다. 다행히 패전 후 뒤늦게나마 장만의 중립외교 전략을 받아들여 전쟁의 확산은 막아냈다. 처음에는 명이 이길 것으로 보고 파병을 결정했다가, 강홍립의 패전 후에야 청과의 화친을 주장하였다.

광해의 잘못은 그렇게도 믿고 있던 전략가 장만이 이미 파병의 위험성을 여러 번 알렸는데도 불구하고 파병을 결정한 일이다. 광해군

의 오판으로 전쟁을 당하고 말았으니 이는 광해군의 실책이다. (『광해군일기』 1619년 3월 12일 참조)

▍ 정묘호란에서 인조는 무엇을 잘못했나?

– 명·청 사이에서 정세를 오판하였다.

정묘호란에서 인조의 가장 큰 잘못은 존명사대에 빠져서 장만의 중립외교 전략을 묵살한 점이다. 또 안주성방략마저 거절하고 쿠데타가 두려워 훈련도 못하게 하여 적으로 하여금 침공할 마음을 갖게 만든 점이다. 인조는 선조와 마찬가지로 전쟁이 없을 것이라는 이귀의 말에 현혹되어 전쟁 대비를 허물어 버렸다. (『인조실록』 1625년 6월 19일 참조)

인조의 잘못은 자신이 등용한 최고사령관 장만이 그렇게도 간절하게 주장하는 안주성방략을 파기한 점이다. 장만은 청이 침공할 것이라며 대비를 촉구하였지만, 어리석은 인조의 귀에는 전쟁이 없을 것이라는 이귀의 말이 더 솔깃하게 들렸다. 오판으로 대비도 없이 전쟁을 당하고 말았으니 이는 인조의 잘못이다.

▍ 병자호란에서 인조는 무엇을 잘못했나?

– 청의 힘을 오판하였다.

병자호란에서 인조의 가장 큰 잘못은 존명사대에 빠져서 청의 의중을 오판하고 최명길의 화친 주청을 묵살하여 적으로 하여금 침공할 마음을 갖게 만든 점이다. 인조는 존명사대에 철저하게 빠져, 정묘호란을 당하고도 명이 세다고 믿고 있었다. 그래서 명이 있는 한 청이 또 조선을 침공하지 못할 것으로 믿었다. 그래서 국방대비는 허술하게 하고 외교 면에서는 계속해서 청을 무시하는 정책을 표방하였다. 인조의 강력한 친명정책으로 인하여 청은 조선을 반드시 정벌해야 할 대상으로 여겼다.

　인조의 잘못은 외교 무지에서 빚어진 친명반청 정책이었다. 전쟁의 원인을 자신이 만들고도 상대방이 왜 침공하는지를 몰랐다. 조선이 청의 인접국가로서 친명반청 정책을 쓰면 청이 위협을 느껴 조선을 침공하리라는, 삼척동자도 알만한 논리를 모른 것이다. 그러면서도 친명반청 정책은 고집으로 밀어부쳤다. 이 점이 인조의 잘못이다.

11. 장만장군은 누구인가?

　장만은 문무(文武)의 재주를 겸비한 정치가로서, 조선 전쟁시대에서 선조·광해·인조에게 발탁되어 위급한 나라의 운명을 세 차례나 구해낸 인물이다. 장만은 민본(民本) 민생(民生)에 중점을 둔 정치가이자 장수로서 백성 살리는 일에 몸과 마음을 다바쳤다. 이를 임금이 알아주고 학자들이 알아주고 백성들이 알아주니 후세에 이름이 떨친 것이다. 장만은 "장만한다!"라는 말을 남겨 후세에게

유복 차림의 장만 영정
〈경기도박물관〉

대비의 철학을 심어 주었다.

임진왜란에서는: 전후 복구를 기적처럼 이루어 죽어가는 백성들을 구하였다.

심하전쟁에서는: 명·청 사이에서 중립정책을 만들어 위기에서 나라를 구하였다.

광해의 폭정에서는: 백성 살리려고 폭군에게 19번씩이나 질책의 상소를 올렸다.

인조반정에서는: 주군보다 백성을 먼저 살려야 한다며 반정에 동의하였다.

이괄의 난에서는: 흩어진 군사로 반란군을 토평하고 조선왕조를 다시 이어놓았다.

정묘호란에서는: 전쟁을 예고하고 안주성방략으로 위기에서 나라를 구해냈다.

병자호란에서는: 최명길에게 사신구국의 용기를 가르쳐 나라를 구하게 하였다.

▎장만장군을 아십니까?

장만장군을 아십니까? 하면 - 대부분 "잘 모른다"고 한다. 역사를 전공한 학자들조차 "이괄의 난 때 도원수 이야기인가요?" 하면서 되묻는다. 장만장군에 대해서 잘 모른다는 뜻이다.

지금도 해마다 김포 옥성사에서 나라를 살렸던 장만 장군의 중립정책을 기리며
추모제를 지내고 있다.

저 자 **장기홍**(張基洪)

1917년에 충청도 청주시 내덕동에서 태어났으며, 1937년 21세 때 청주 연초공장에 입사하여 1972년 56세로 정년퇴직시까지 국가공무원으로서 봉직하였다.

6·25사변 당시 34세로 청주지방 연초전매지국을 서무주임으로 다녔으며 후에 경리계장을 하였다. 동네 사람들을 연초공장에 많이 취직시켜 주었다. 고맙다고 돼지고기 소고기를 많이들 사가지고 왔는데 이튿날 모두 다 돌려주었다. 섭섭하다고 되려 욕을 많이 먹었다. 하지만 그 덕분에 무사하게 대통령 훈장을 타고 정년까지 다닐 수가 있었다. 경리계장은 돈을 만지는 자리로 유혹이 많은 자리지만, 철학으로 뇌물을 받지 않았다. 정직과 청렴한 공무가 몸에 밴 공직자로서, 6.25사변 당시 중산층 말단 계층으로서, 대식구를 거느리고 어려운 피난살이를 겪었다. "요즘 젊은이들에게 참고가 되기를 바란다."면서 전쟁의 피난일기를 남겼다.

편저자 **장석규**(張錫奎)

1949년 충북 청주에서 태어나 청주대학교에서 행정학을 전공했으며, 체신부에서 공무원 생활을 하였다. 30대 후반부터 시화공단에 건축자재 공장을 짓고 현재까지 (주)태흥산업 대표이사로 있다.

2006년부터 장만장군의 국가를 지켜내는 호국사상과 대비철학에 심취되어서 장만에 대한 연구를 시작하였다. 저서로는『팔도도원수 장만장군』·『조선전쟁시대와 장만장군』·『알려지지 않은 이야기 장만장군』·『장만 평전』등의 책을 펴냈고, 장만의 문집 『낙서집(洛西集)』의 국역작업과 장만장군기념사업회 등 장만의 역사를 알리는 일에 전력하고 있다.

낙서장만총서 3
내가 겪은 6·25 피난일기와 광해군의 중립외교

2025년 4월 3일 초판 1쇄 펴냄

저 자 장기홍
편저자 장석규
펴낸이 김흥국
펴낸곳 도서출판 보고사

책임편집 이소희
표지디자인 김규범

등록 1990년 12월 13일 제6-0429호
주소 경기도 파주시 회동길 337-15 보고사
전화 031-955-9797
팩스 02-922-6990
메일 bogosabooks@naver.com
http://www.bogosabooks.co.kr

ISBN 979-11-6587-796-5 94910
     979-11-5516-932-2 (set)
ⓒ 장석규, 2025

정가 22,000원